普通高等学校体育专业教材

棒垒球运动

张天峰　李哲　主编

高等教育出版社·北京

内容提要

棒垒球运动是一项深受广大群众喜爱、讲究战略战术，集力量、速度、智慧和美感于一身的户外集体球类运动项目。本书主要内容包括棒垒球运动概述、棒垒球基本技术、棒垒球基本战术、棒垒球教学、青少年棒垒球运动业余训练、棒垒球运动体能训练、棒垒球运动科研工作、棒垒球运动的竞赛组织与裁判工作、棒垒球运动的其他形式等。本书可作为普通高校体育教育专业棒垒球普修课、专修课教材，也可作为运动训练专业棒垒球专项课的辅助教材，也是从事棒垒球教学、训练指导工作者的参考用书和广大棒垒球运动爱好者的自学用书。

图书在版编目（CIP）数据

棒垒球运动 / 张天峰，李哲主编. -- 北京 : 高等教育出版社，2022.9
ISBN 978-7-04-058838-5

Ⅰ. ①棒… Ⅱ. ①张… ②李… Ⅲ. ①棒球运动-高等学校-教材 ②垒球运动-高等学校-教材 Ⅳ. ①G848

中国版本图书馆 CIP 数据核字（2022）第 109688 号

Bangleiqiu Yundong

策划编辑 郭 恒　责任编辑 郭 恒　封面设计 王 洋　版式设计 马 云
责任绘图 邓 超　责任校对 刘俊艳 胡美萍　责任印制 朱 琦

出版发行 高等教育出版社
社　　址 北京市西城区德外大街 4 号
邮政编码 100120
印　　刷 涿州市京南印刷厂
开　　本 787mm×960mm 1/16
印　　张 17.5
字　　数 310 千字
购书热线 010-58581118
咨询电话 400-810-0598
网　　址 http://www.hep.edu.cn
　　　　 http://www.hep.com.cn
网上订购 http://www.hepmall.com.cn
　　　　 http://www.hepmall.com
　　　　 http://www.hepmall.cn
版　　次 2022 年 9 月第 1 版
印　　次 2022 年 9 月第 1 次印刷
定　　价 35.00 元

物 料 号 58838-00

编 委 会

主　　编：张天峰　南京工业大学·中国垒球学院

李　哲　华东理工大学

副 主 编：陈　军　南京工业大学·中国垒球学院

解　鑫　南京工业大学·中国垒球学院

编委会成员（以姓氏笔画为序）：

王　骏　上海外国语大学

杨　益　华东政法大学

张　健　天津体育学院·中国棒球学院

张　健　南京体育学院

张哲敏　上海交通大学

邵　年　沈阳体育学院

林致诚　厦门大学

郑　伟　大连大学

解涛瑞　南京工业大学·中国垒球学院

蔡协清　南京工业大学·中国垒球学院

前　言

2018 年，教育部《普通高等学校本科专业类教学质量国家标准》（简称《国标》）颁布实施后，高校体育专业建设进入了新的发展阶段。棒垒球运动为高校运动技能教学中的重要球类运动项目，棒垒球运动课程也是《国标》中的运动技能模块课程，但目前还没有专门针对棒垒球专项教学的专业教材。因此，本教材的出版填补并完善《国标》运动技能模块课程教材体系，也进一步丰富了体育专业教材体系，为全国高校开展棒垒球运动教学提供教学支持。

2020 年 10 月，中共中央办公厅、国务院办公厅印发的《关于全面加强和改进新时代学校体育工作的意见》指出，要围绕教会、勤练、常赛，逐步完善“健康知识 + 基本运动技能 + 专项运动技能”的学校体育教学模式，这为本教材提供了崭新的理念指引和编写要求。在此基础上，本教材的编写更加注重内容与思政相结合、理论与实践相结合、宏观与微观相结合、案例与拓展相结合，全面介绍棒垒球运动的基本知识、国内外发展动态，吸纳新时期体育研究新成果，充实棒垒球运动教学与训练的新理念和新方法。努力实现知识传授、能力培养、价值引领三个方面的统一。

本教材在高等教育出版社 2017 年出版的《球类运动——乒乓球　手球　垒球　羽毛球》（第 3 版）垒球篇的基础上，借鉴了南京工业大学·中国垒球学院《棒垒球运动》自编讲义，对技战术部分内容进行了系统的梳理和调整，增加了棒垒球教学、青少年棒垒球业余训练、棒垒球体能训练、棒垒球运动科研工作等章节内容。同时，编写组深入挖掘了棒垒球运动所蕴含的育人价值相关内容及案例，落实立德树人根本任务。此外，鉴于慢投垒球、软式棒垒球、五人制棒垒球在全民健身活动和学校体育教育中的开展越来越广泛，本教材单列相关章节予以介绍。这些补充和完善，使得本教材内容体系更具科学性、系统性与全面性。

本教材的呈现方式注重图文并茂，大部分动作示范由国家队队员完成，同时配有大量教学视频、动画等多媒体资源，以二维码链接的方式直观生动地呈现技术动作和战术演练，每章末附有思考题，全书最后附有参考文献，有助于教师和学生拓展使用，大大增强了本教材的实用性和时代性。

本教材由教育部全国高校体育教学指导委员会委员，南京工业大学体育学院院长，中国垒球学院院长张天峰教授领衔主编。编委会成员汇集了中国棒球学院、中国垒球学院、天津体育学院、沈阳体育学院、上海交通大学、大连大学、厦门大学、华东理工大学、上海外国语大学、华东政法大学、南京工业大学等院校的 14 位业界知名专家与青年学者。全书由张天峰、李哲统稿、定稿。

本教材既可作为全国普通高校运动训练专业、体育教育专业的专修、普修教材，也可作为从事棒垒球运动青少年教学、训练与指导工作者的实用教程和广大棒垒球运动爱好者的自学用书。

在教材编写过程中，得到了中国棒球协会主席陈旭，中国垒球协会主席杨旭，高等教育出版社体育分社社长范峰，中国垒球协会教练员委员会主任国家级教练宋秋元，中国垒球协会训练总监国家级教练刘雅明，江苏省女子垒球队主教练员国家级教练黄维纲等的鼎力支持，在此一并表示衷心的感谢。

全体编委在编写过程中虽努力做到尽心尽力，力求尽善尽美，但难免会有不妥之处，恳请广大读者谅解并提出宝贵意见。

编者

2021 年 12 月

目 录

第一章

棒垒球运动概述

本章提要

本章主要阐述棒垒球运动发展概况、我国棒垒球运动发展历程、棒垒球运动简介与育人价值以及棒垒球主要赛事。

学习目标

1. 了解世界棒垒球运动的发展概况。
2. 了解我国棒垒球运动的发展历程。
3. 了解棒垒球运动的特点。
4. 了解棒垒球运动的育人价值。
5. 了解棒垒球运动主要赛事。

第一节　棒垒球运动发展概况

棒垒球运动是一项类似攻占堡垒、以棒击球的集体对抗性球类运动项目。棒垒球运动集力量、速度、智慧和美感于一体，既有高度的技术性，又深具趣味性和游戏性，具有较高的欣赏价值，被誉为“竞技与智慧的结合”。该项运动要求运动员有快速的反应和准确的判断，而击球员需要用球棒准确击打投手投出的球，使棒垒球运动被誉为当今世界最难的球类运动。

棒垒球运动是一项个人与团队完美融合的运动，其既强调个人智慧和技能，又讲究战略战术；队员之间分工明确、责任清晰，既有主动配合、团结合作，为集体荣誉牺牲个人利益的集体主义精神，又有关键时刻挺身而出的英雄主义精神。因此，棒垒球运动是一项非常适合实施课程思政的体育运动。

棒球和垒球虽有“孪生姐妹”之称，但二者在比赛场地、球体、比赛局数以及投球方式和离垒规定等方面皆有所不同。棒球运动在其发展的一百多年历程中只限在男子中开展，自 20 世纪 90 年代起女子棒球才在全球得到推广，而垒球运动则是男女都可以进行的竞赛项目。

经常参加棒垒球运动，不仅有利于发展速度、力量、灵敏等身体素质，还有利于心理素质的锻炼和培养，尤其对机智灵活、勇猛顽强、沉着果断等意志品质以及团队意识、集体主义精神与集体荣誉感的培养均具有积极的促进作用。

一、棒垒球运动的起源与发展

（一）棒球运动的起源与发展

关于棒球运动的起源，英国人认为是从流行于加拿大的“绕圈球”演变而来，而美国人则认为是由英国的板球（Cricket），也称圆场球（Rounder）演变而来。据史料记载，板球早在十四、十五世纪就盛行于英国，并随着英国人开拓美洲大陆而传到美国东北部。在发展过程中，其名称也因地而异，有的称板球、有的称圆场球、有的称市镇球（Town Ball）、还有的称垒球（Base Ball）。这类活动在十八、十九世纪美国东北部的各州已相当盛行。1839 年美国人窦布戴伊在纽约州库帕斯镇组织了一场与现代棒球比赛十分相仿的棒球比赛，比赛在波士顿队和纽约队之间进行。这场比赛被视为现代棒球运动的开始。

图 1-1-1　亚历山大·乔伊·卡特赖德

1845 年，在经历了数次演变之后，年仅 25 岁的美国人亚历山大·乔伊·卡特赖德为统一名称和打法，制定了棒球运动史上第一部棒球运动竞赛规则，并正式采用棒球（Baseball）这一称谓。其中场地图形、尺寸以及大多数规则条文迄今仍在使用，棒球这一名称也一直沿用至今。卡特赖德也因此被称为“世界棒球之父”（图 1-1-1）。1846 年，纽约的尼克斯队（Knickerbockers）和一支由板球（Cricket）队员组成的棒球队进行了历史上有规则以来的第一次棒球比赛。

南北战争以后，棒球运动迅速遍及美国各地。随着 1869 年美国职业棒球史上第一支职业球队“辛辛那提红色长袜队”（Cincinnati Red Stockings，图

1-1-2）的诞生，以及 1871 年美国职业棒球联盟的成立，开启了美国职业棒球的新纪元，促进了棒球运动在美国的快速发展。1910 年时任美国总统威廉·霍华德·塔夫脱正式批准棒球为美国的“国球”，成为“人人都懂、人人会打”的全民性体育运动项目。

图 1-1-2　辛辛那提红色长袜队

随后，棒球运动被带到世界各地。主要集中在拉美各国和地区，以及日本、韩国、菲律宾、中国台湾等国家和地区。其中，日本的发展最为迅速。棒球运动自 1873 年从美国传入日本后，起初在大学开展，但随着 1934 年职业棒球运动的创建，使棒球运动逐渐成为日本国民喜爱的运动项目。而甲子园球场则更为闻名，更具影响力，它不仅是日本高中棒球的代名词，更是日本棒球少年追逐梦想的圣地。棒球运动在日本的普及程度与竞技水平之高可与美国媲美。

1938 年，世界棒球协会在美国成立，后改名为国际棒球联合会（International Baseball Federation，IBAF，简称国际棒联），总部设在美国，1994 年迁址至瑞士洛桑。1938 年在英国伦敦举行了首届世界业余棒球锦标赛。美国职业棒球联盟联赛（Major League Baseball，MLB，简称美国职棒大联盟）则是世界棒坛顶级赛事。

自 20 世纪 90 年代开始，女子棒球运动在全球得到了推广，并于 2004 年 7 月在加拿大埃德蒙顿举办了首届女子棒球世界杯赛。

（二）垒球运动的起源与发展

垒球运动起源于美国，是由棒球运动演变而来的。在 19 世纪末，为了在刮风下雨或天寒地冻的天气条件下还能打棒球，人们将棒球场缩小移至室内，取名为“室内棒球”（Indoor Baseball）。由于室内空间的限制，所以将球体改为大而软、球棒改为短而细，同时对某些技术动作做了限制。由于“室内棒球”场地小，对技术和体力要求较低，随着参与人的不断增加，已有的室内球场已满足不了需要，于是在1908年被移至室外进行，但仍被称为“室内棒球”。不过也有地区称“女孩球”（Kitten Ball）、“内场球”（Diamond Ball）、“娱乐球”（Recreation Ball）或软球（Mush Ball），而且各地区的规则也有差异。

1933年，费希尔（Fisher）和鲍利（Pauly）在芝加哥组织了该项运动的首届全美锦标赛，共有20支队伍参加。为了使该项运动得到推广与发展，比赛期间正式将该项运动命名为垒球（Softball），同时美国业余垒球协会ASA（Amateur Softball Association）宣告成立，费希尔（Fisher）担任了第一任会长，并制定了第一部“垒球竞赛规则”。从此，现代垒球运动在美国广泛流传，并逐渐向世界各地传播。

第二次世界大战以后，垒球运动在世界许多国家和地区得到了广泛的开展。美洲、亚洲、欧洲、拉丁美洲、大洋洲和非洲的很多国家和地区将垒球列为本国或本地区的球类运动项目之一，还经常举办一定规模的国际比赛。

1952年国际垒球联合会成立（International Softball Federation，ISF，简称国际垒联），总部设在美国。美国的垒球运动拥有广泛的群众基础，因此，其垒球运动竞技水平处于国际领先地位。在历届垒球世界锦标赛中，美国男女垒球队都曾取得优异成绩。

二、棒垒球运动与奥运会

棒球在1921年斯德哥尔摩奥运会、1984年洛杉矶奥运会和1988年汉城奥运会上被列为表演项目，1992年在巴塞罗那奥运会被列为正式比赛项目。女子垒球运动则在1996年亚特兰大奥运会上被列为正式比赛项目。然而在2005年国际奥委会新加坡全会上有关2012年伦敦奥运会设项投票中，棒球、垒球运动因未超过半数而无缘伦敦奥运会，之后又无缘2016年里约奥运会。

为了使棒球、垒球运动重返奥运大家庭，原国际棒联（IBAF）和原国际垒联（ISF）于2013年4月在日本东京正式合并成世界棒垒球联合会（World Baseball Softball Confederation，WBSC，图1-1-3）。国际棒联原主席、世界棒垒球联合会主席里卡

图1-1-3 世界棒垒球联合会成立

多·法卡利认为，“世界棒垒球联合会的成立，在推动棒垒球重返奥运会的道路上我们又迎来了重大的里程碑”。原国际垒联主席、世界棒垒球联合会联合主席唐·波特认为，“世界棒垒球联合会的理念是让全世界所有的男孩和女孩有机会打棒球和垒球，让他们能够通过奥运会的激励从事棒球和垒球运动”。

在世界棒垒球联合会的不懈努力下，2016 年 8 月，国际奥委会投票通过了 2020 年东京奥运会新增棒球、垒球等五个运动项目的提案，使棒垒球运动再次回归奥运大家庭。

为了使棒垒球运动的发展形成持续推动力，世界棒垒球联合会在 2017 年创立了 5 人制棒垒球运动项目。由于该项目具有年轻化、快节奏、不受场地器材限制、容易开展的特点，近几年得到了较快的发展，并列入 2022 年（因新型冠状病毒肺炎疫情推迟至 2026 年）达喀尔第 4 届青年奥运会正式比赛项目。

由于棒垒球运动的普及程度和发展的局限性，加之其在欧洲受关注度较低等因素，2024 年巴黎奥运会组委会在向国际奥委会上报的追加候选项目中棒球、垒球落选，使棒垒球运动又一次无缘奥运会。

世界棒垒球联合会是棒球和垒球运动项目的国际管理机构，总部位于瑞士普利（图 1-1-4），毗邻奥林匹克首都洛桑。世界棒垒球联合会在亚洲、非洲、美洲、欧洲和大洋洲的 138 个国家和地区拥有 198 个会员协会，是国际奥林匹克委员会承认的国际单项体育组织，也是夏季奥林匹克项目国际单项体育联合会协会、国际体育联合会总会、国际单项体育联合会总会、国际世界运动会协会联合会成员，英语和西班牙语是其官方语言。

图 1-1-4　世界棒垒球联合会所在地

第二节　我国棒垒球运动发展历程

棒球、垒球运动分别在19世纪中后期，20世纪初期传入我国。综合棒球、垒球在我国发展的社会背景、发展特点、标志性事件的考虑，棒垒球运动在我国的发展可划分为：传入与传播、推广与停顿、恢复与发展、合作与探索4个时期。

一、传入与传播时期（19世纪中后期—1949年）

我国棒球运动的发展历史可追溯到19世纪中后期。1873年清朝政府选派包括铁路工程师詹天佑在内的30名学生赴美留学，留学期间，他们在耶鲁大学组织了“中华棒球队”（图1-2-1）。1881年，这批留学生归国，将棒球运动带入了中国。另外，鸦片战争后，大量传教士进入中国，并在各地兴办教会学校和基督教青年会，棒球、垒球和其他诸如篮球、网球、田径等运动项目一样，随教会学校和基督教青年会传到了中国。同时，大批华侨、留学生回国对我国棒垒球运动的传播与开展起到了积极的推动作用。

图1-2-1　中华棒球队

棒球、垒球传入我国后，首先在北京、天津、上海等城市开展，之后逐渐发展到江苏、浙江、广东、湖南、湖北、山东等省的一些大城市。棒垒球运动在学校较为普及，教会学校尤为突出。1895年，上海圣约翰书院学生麦惠安、杨锦魁等在校园内开展了棒球活动。同期，清华大学、南开大学、天津新学书院、沪江大学、南洋公学等校也相继开展了棒球或垒球运动。

1905年6月2日，上海圣约翰大学和上海基督教青年会在青年会体育场举行了中国历史上第一场华人棒球比赛。1907年，北京汇文书院与通州协和书院举行了一场棒球比赛，这也是中国最早的一场校际正式棒球比赛。

棒球是1913年至1934年10届远东运动会的正式比赛项目，中国参加了其中 8 届的比赛，仅获得两次亚军。1915 年，在上海举行的第 2 届远东运动会上，菲律宾女子垒球队进行了表演赛，这是目前史料记载最早的一次垒球比赛。

1914 年 5 月，在北京举行的旧中国第 2 届全国运动会上，棒球运动首次被列为正式比赛项目，之后直至第 6 届也都被列为正式比赛项目，第 7 届则为表演项目。1924 年 5 月武昌举行的旧中国第 3 届全国运动会女子垒球比赛是我国最早的一次垒球全国性赛事。之后，1933 年起的第 5 至第 7 届全国运动会都将女子垒球列入正式竞赛项目。除此之外，自 1914 年起，地区性、地方性以及大学等运动会也都设有棒球或垒球项目。同时，大学之间也经常进行比赛。该时期，男子一般兼顾棒球、垒球，女子仅参加垒球活动。

1932 年，梁扶初先生回国，之后用其毕生精力在中国推广棒垒球运动。由于其对中国棒垒球运动的贡献诸多，故被称为“中国棒球之父”（图 1–2–2）。1940 年前后，由在上海的粤籍青年组建的“熊猫队”（图 1–2–3）与在上海的日本返沪青年组建的“翼队”合并，以“熊猫”为队名。“熊猫”棒球队成立后的十余年中，成为中国棒球界名副其实的顶流。

图 1–2–2　梁扶初先生

图 1–2–3　熊猫队

抗日战争时期，在延安和晋察鲁豫军区等地，棒垒球运动得到了一定的开展，但垒球不如棒球开展得广泛。此外，棒垒球运动还被作为提高投掷能力、增强作战素质的一项内容纳入到军事训练中。

二、推广与停顿时期（1950—1970 年）

1949 年中华人民共和国成立后，在党和国家的关怀下，棒垒球运动得到了快速的发展。20 世纪 50 年代初，棒垒球运动被许多体育院校列为球类课程之一，这为培养和造就棒垒球运动专业人才创造了有利条件，也为新中国棒垒球运动的发展奠定了良好的基础。

该时期，棒垒球运动主要在沿海大城市和抗战时高校迁校的西北、西南地区的大、中学校以及部队中开展，特别受广大知识分子的喜爱。由于棒球和垒球差异较小，垒球运动开展较为容易，所以很多爱好者都是从参与垒球运动开始再发展到棒球运动。

1952 年，第 1 届全军运动会将棒球运动列为正式比赛项目，有 8 支队伍参加了比赛，这对棒垒球运动的开展起到了积极的推动作用。

1953 年开始，棒垒球运动在上海、北京、天津等地区得到了较为广泛的开展。在全国各地棒垒球运动逐步普及，地方性赛事日益频繁的基础上，1956 年，国家体委将棒球、垒球运动列入全国竞赛计划。同年 9 月，在北京举行了新中国成立后的第一次全国性棒球和男子垒球表演赛，共有上海、齐齐哈尔、旅大（现大连）等 4 支棒球队和北京、上海、天津等 7 支男子垒球队参加。1957 年 8 月在沈阳举行了全国八单位棒球锦标赛和 14 城市中学生男子垒球赛。

1959 年，第 2 届全军运动会共有 14 支棒球队参赛，而女子垒球则首次被列为正式比赛项目，共有 12 支队伍参加。同年，在北京举行的第 1 届全国运动会上，棒球、女子垒球被列为正式比赛项目，共有 24 支棒球队和 22 支女子垒球队参加了比赛。这是我国棒垒球运动史上规模最大的棒球、垒球赛事，标志着中国棒垒球运动进入了一个新的阶段。20 世纪 50 年代的十年对中国棒垒球运动的发展起到了奠基作用。

1960 年后，我国进入了暂时的经济困难时期，棒垒球运动被列为“保留”项目，赛事基本消失，队伍解散，有的体育院校仅将棒垒球作为介绍项目给予保留。

1965 年，棒垒球运动，未被列入第 2 届全国运动会正式比赛项目。棒垒球运动的开展也从 50 年代的“高峰”跌落至“低谷”，我国棒垒球运动由此进入了一个持续多年的暂时停顿阶段。

三、恢复与发展时期

（一）恢复时期（1971—1980 年）

1971 年，按照国家体委的指示精神，各地陆续开始恢复棒垒球运动。1974 年 10 月在西安举行了恢复棒垒球运动后的首次全国性比赛，共有 9 支棒球队和 10 支垒球队参赛。在 1975 年第 3 届全国运动会将棒球、女子垒球列为正式比赛项目后，棒垒球运动的发展开始提速，许多省市成立了集训队，更多省市的基层棒垒球运动得以复苏，继而又有了新的发展。而随着 1975 年 5 月日本棒球、垒球队访问天津和 1977 年 8 月中国棒球考察团、中国青年女子垒球队出访日本，开启了中国棒球、垒球国际交往的大门。1979 年 8 月，全国十三城市少年垒球锦标赛在延吉市举行，共有 13 支女队，11 支男队参加了比赛，这是中华人民共和国成立后参加队数最多，规模最大的全国性少年垒球竞赛活动。之后，围绕中国女子垒球赶超世界先进水平的目标，我国暂停了男子垒球项目的开展。1979 年，第 4 届全国运动会棒球和女子垒球比赛各有 14 支队伍参加，中国棒垒球运动再次初现规模。同年，中国棒垒球协会成立（1986 年分为中国棒球协会和中国垒球协会）。1980 年初，中国棒垒球协会加入国际垒联，1981 年又加入国际棒联，从此，我国棒球和垒球运动进入国际棒垒球运动大家庭。1984 年、1986 年中国棒球协会、中国垒球协会分别取得亚洲棒球联合会与亚洲垒球联合会的合法席位。

（二）发展时期

1. 棒球运动的发展时期（1981—1999 年）

由于棒球未在 1983 年第 5 届全国运动会被列为正式比赛项目，所以一些省市解散了棒球队，砍掉了棒球项目，使我国棒球运动的发展再次陷入低谷。随着棒球被列为 1987 年第 6 届全国运动会正式比赛项目，给“全运战略”背景下的中国棒球运动带来了新的发展机遇。为此，中国棒球协会制定了适合中国国情的发展策略，建立了儿童、少年、青年、成年“一条龙”竞赛训练体制，并在很短的时间内取得了显著的效果。中国少年软式棒球队自 1986 年起连续夺得世界少年软式棒球比赛的前二名。在此基础上，1991 年提出了“巩固少儿棒球基础、重点抓青棒、以青棒促成棒”的工作方针，使中国棒球运动得到了持续发展。中国棒球队由 1985 年第一次参加亚洲棒球锦标赛的倒数第一名，跃升至 1989 年第三次参加亚洲棒球锦标赛的第四名。与此同时，高校棒球运动和职工棒球运动也得到了发展。1983 年、1987 年分别举行了第 1 届全国高校棒球邀请赛和第 1 届全国职工棒球邀请赛。

2. 垒球运动的发展时期（1981—2008 年）

1981 年 7 月，第 1 届世界青年女子垒球锦标赛在加拿大埃德蒙顿举行，中国青年女子垒球队参加了比赛，这是中国垒球发展史上，中国队第一次参加大型国际赛事。比赛中，全体运动员在领队、教练的带领下，团结奋战、努力拼搏，最后获得第三名，震惊了国际垒坛。这标志着自 20 世纪 70 年代初期恢复垒球运动以来，中国女子垒球经过不到 10 年的努力和奋斗，已成为世界女子垒坛一支极具实力的新军。

1983 年，第 5 届全国运动会，女子垒球虽然未被列为正式比赛项目，但这并未改变中国女子垒球运动赶超世界一流强队的信心。1985 年 7 月，中国青年女子垒球队再次出征在美国北达科他州法戈市举行的第 2 届世界青年女子垒球锦标赛。比赛中，中国女垒姑娘们不畏强手、团结协作、顽强拼搏，一路过关斩将，并在决赛中以 1 ：0 战胜东道主美国队，赢得了锦标赛冠军（图 1-2-4）。这是中国垒球发展史上第一个世界冠军，也预示中国女子垒球运动向一个新的高度迈进。

图 1-2-4　中国青年女子垒球队获得世界青年女子垒球锦标赛冠军

1986 年 1 月，第 6 届世界女子垒球锦标赛在新西兰的奥克兰举行，中国女子垒球队参赛。首次参赛的中国女垒姑娘们在比赛中先后战胜了上届冠军新西兰队及多个世界一流强队，最后在决赛中以 0∶2 惜败于美国队，屈居亚军。在之后的第 7 届（1990 年美国）、第 8 届（1994 年加拿大）世界女子垒球锦标赛中，中国女子垒球队分获第三和第二名，标志着中国女子垒球队已经进入世界强队行列。

1996 年 7 月，中国女子垒球队出征美国亚特兰大第 26 届奥运会。比赛中，中国姑娘以奋勇进取、不畏艰险的精神风貌，以出色的发挥、非凡的毅力、惊人的意志和不屈不挠的拼搏精神，摘得了奥运会女子垒球比赛的银牌（图 1-2-5）。这是中国垒球几代人的接力前行，是 20 世纪初垒球运动传入中国后，中国垒球发展的一个巅峰阶段。之后，在 2000 年悉尼第 27 届奥运会和 2004 年希腊第 28 届奥运会上，中国女子垒球队经过奋力拼搏，最后均夺得第四名，虽然成绩有所下滑，但仍处于世界强队的行列。

图 1-2-5　中国女子垒球队获得奥运会银牌

2003 年第 7 届世界青年女子垒球锦标赛落户南京工业大学（图 1-2-6）。共有五大洲 14 个国家和地区的运动队参加了比赛。本次比赛意义非凡，开创了中国垒球史上的三项第一，即中国大陆首次承办最高水平的国际垒球赛事；“非典”过后中国第一次承办的世界锦标赛；中国第一次在高校举办的世界级锦标赛。

图 1-2-6　第 7 届世界青年女子垒球锦标赛开幕式

四、合作与探索时期

（一）棒球运动的合作与探索时期（2000 年至今）

1992 年棒球成为奥运会正式比赛项目，1996 年中国棒球协会首次提出“发展职业棒球”这一理念，并着手与国外资本合作，积极筹备中国棒球联赛。经过几年筹备，中国棒球联赛于 2002 年开始正式启动，当时虽然仅有 4 支球队，但它标志着中国棒球运动开始向市场化迈进。2003 年 11 月，中国棒球协会与美国职业棒球大联盟签署合作协议，共同推进棒球运动在中国的普及与发展。作为协议内容的一部分，美国职业棒球大联盟派遣前联盟球员担任中国国家棒球队主教练和投手教练。在美国教练团队的执教下，中国棒球队在 2005 年的亚洲棒球锦标赛中力克韩国队获得第三名，取得世界杯参赛资格，实现了中国棒球运动的历史性突破。在 2008 年北京奥运会上战胜了世界强队中国台北队，书写了中国棒球奥运历史。与此同时，中国教练员和运动员纷纷走出国门，到美国职业棒球大联盟学习和训练。2008 年 3 月，北京五棵松奥林匹克棒球场举行了美国职业棒球大联盟中国公开赛，久负盛名的洛杉矶道奇队和圣地亚哥教士队进行了两场比赛，观众热情高涨，棒球场座无虚席。

2009 年“MLB PLAY BALL！”中国青少年棒球发展计划在北京、上海、广州、天津、无锡 5 个城市（2013 年增加成都）的部分小学启动（2013 年延伸至初中）。该发展计划启动至今，共有 200 多所中小学，20 多万中小学生（8 至 14 岁）参与了活动，累计超过 120 万在校学生接触棒球。同年，美国职业棒球大联盟全国首家棒球发展中心（Developing Center，DC）在无锡市锡山区东北塘中学正式落成，之后又落户常州市北郊中学和南京市东山外国语学校，标志着美国职业棒球大联盟在推动中国棒球运动的普及与发展迈上了新的台阶，对中国棒球运动的发展起到了积极的推动作用。

2014 年，国务院《关于加快发展体育产业促进体育消费的若干意见》出台后，各路资本齐聚体育产业，棒球项目也备受关注，2015 年，中国棒球协会被国家发改委列为体育产业试点单位。2018 年 11 月，中国棒球协会和首钢体育正式签约，携手推进中国棒球联赛职业化改革。2019 年 8 月，中国棒球职业联盟正式成立，简称中职棒（CNBL），并与美国职业棒球大联盟签署战略合作备忘录。同时，中职棒加强与世界高水平职业棒球联赛的合作与交流，全面促进中国棒球职业联赛的国际化和职业化。另外，加强与国内大、中、小学棒球队和社会棒球俱乐部的互动、交流、指导和赛事组织等合作，使中职棒成为国际化与本土化紧密结合的职业联赛。

2016 年 8 月，国际奥委会宣布棒球项目回归东京奥运会，这给中国棒球运动注入了新的生机。中国棒球协会以此为契机，一手抓国家队的提高，一手抓青训和青少年普及。2017 年，在国家体育总局的部署下，中国棒球协会与首钢体育合作共建首钢金鹰棒球队，并引入外教团队和外籍球员，同时赴美国参加独立联盟职业联赛，并在高强度、高水平比赛中锻炼队伍，提升球员能力和技战术水平，争取为中国在棒球项目的突破做出更大贡献，为今后完成各种重大比赛任务夯实基础，积累厚度。随着学校棒球活动开展的日趋活跃，青少年棒球俱乐部与培训机构的应运而生，中国棒球协会构建了 U10、U12、U15、U18 青少年赛事。与此同时，业余棒球运动也得到了较快的发展，覆盖了大学以及社会各界棒球运动爱好者。

2018 年 10 月，中国棒球协会与天津体育学院合作共建中国棒球学院（图 1-2-7），翻开了中国棒球运动的崭新一页。中国棒球学院将构建多渠道、多元化的人才培养体系。通过引进高水平的国际教练团队和保障团队，实施科学系统的训练，选送优秀青少年棒球运动员出国训练和比赛，促进青少年棒球运动员水平的提高，实现该项目国内和国际的深度融合发展。

图 1-2-7　中国棒球学院成立

（二）垒球运动的合作与探索时期（2009 年至今）

2004 年希腊奥运会后，由于受到垒球项目在奥运会出局的影响，中国女子垒球后备人才的培养受到了很大的冲击，呈现青黄不接的现象，竞技水平渐入低谷。2017 年世界棒垒球联合会（WBSC）公布的世界垒球排名，中国女子垒球队位列第 12 名。

为了遏制中国女子垒球竞技水平的逐渐下滑，中国垒球协会与中国教育学会体育与卫生分会密切合作，大力推进软式棒垒球进中小学体育课堂，并举办各种竞赛活动。目前国内开展软式棒垒球的学校已超万所，遍布31个省市自治区，参与学生逾十万。同时，依托学校、社会力量，多元化开展垒球活动，使中国青少年垒球人口持续增长，暂停了近40年的男子垒球也得以恢复。另外，中国垒球协会还与昆山市体育局、广东熊猫体育文化产业有限公司合作，举办全国慢投垒球“健康赢”活动和中国慢投垒球企业联赛。“健康赢”活动总决赛每年有大学、俱乐部近50支队伍参加，吸引近1 000名垒球爱好者参与，成为中国慢投垒球传统和经典赛事，同时也是垒球爱好者的节日。而中国慢投垒球企业联赛，则有近300支队伍参加，遍布中国23个城市，持续时间9个月左右，成为继全国慢投垒球“健康赢”活动后又一个慢投垒球经典赛事。

随着垒球项目回归东京奥运会，中国垒球协会于2017年与首钢体育合作共建首钢金鹰女子垒球队，通过引进美国教练团队，选派国内精英运动员赴美训练，并参加美国职业女子垒球联赛，从而锻炼队伍，学习世界高水平职业球队的管理理念、训练方法和竞赛经验，提升中国女子垒球竞技水平，打造世界一流的女子垒球队，冲击东京奥运会资格赛，并在东京奥运会上取得优异成绩。由于中国女子垒球人才数量和质量的下滑，同时亚太区强手如林，在2019年上海举行的2020年东京奥运会女子垒球亚太区资格赛中负于澳大利亚和中国台北队痛失东京奥运会入场券。虽冲奥失利，但对夯实中国垒球发展基础，推动中国垒球运动可持续发展提供了宝贵的经验。

为了全方位推动中国垒球运动事业发展，2020年12月，中国垒球协会、江苏省体育局、江苏省教育厅和南京工业大学共建的中国垒球学院成立（图1-2-8）。该学院秉承体教融合、产教融合的办学理念，通过统筹教育、体育和社会各界的多方资源，依托中国垒球协会的国家级平台和综合性大学的办学与科研优势，构建形成一所集人才培养、训练竞赛、科学研究、社会服务、对外交流和文化传播等功能为一体的国内顶尖、国际一流的垒球专业学院。

图1-2-8　中国垒球学院成立

五、中国大学生棒垒球运动的发展

棒垒球运动在高校具有一定的基础。进入 20 世纪 80 年代后，北京、上海、天津、广州、大连、沈阳等地高校棒垒球运动的开展已相当活跃，已开始举办高校年度比赛或校际比赛。在此背景下，1983 年在国家体委的支持下，大连工学院（现为大连理工大学）举办了首届全国高校棒垒球邀请赛，共有 11 所普通院校、2 所体育院校参加了棒球比赛，6 所普通院校，1 所体育院校参加了垒球比赛。之后，该赛事被当时的国家体委列入年度竞赛计划。1990 年之后，由于各种原因，该项赛事停办。

随着改革开放的深入，接受棒垒球文化的大学生越来越多，部分大学开设了棒垒球专项课，并开展日常训练，棒垒球活动日趋活跃。2003 年，中国大学生体育协会棒垒球分会在北京北方工业大学成立，次年在广东省黄村体育训练中心、南京工业大学分别举行了首届中国大学生棒球、垒球联赛总决赛。之后，每年举行一届，规模不断扩大。

2015 年，中国大学生体育协会棒垒球分会首次组队参加了在韩国光州举行的第 28 届世界大学生运动会棒球比赛。2018 年第 2 届亚洲大学生女子垒球锦标赛在南京工业大学举行，以南京工业大学为班底的中国大学生女子垒球队获得冠军。

目前，全国共有 31 个省市自治区的大学拥有棒球队或垒球队，其中 5 所高校被教育部列为试办高水平棒球学校。

第三节　棒垒球运动简介

一、棒垒球运动场地

棒垒球比赛场地为直角扇形，从空中俯视像一颗“钻石”，故也被称为“钻石”球场（图 1-3-1）。球场的直角两边是区分界内地区和界外地区的边线。界内地区分为内场和外场，内场呈正方形，正方形的四个角各设一个垒位，扇形尖角处的垒位是本垒，其余依逆时针方向分别为一垒、二垒和三垒。本垒为五边形的白色板（简称本垒板），由橡胶制成（图 1-3-2），其他垒位为长 38.1 厘米，宽 38.1 厘米，高 7.62~12.7 厘米的正方形垒包，由帆布或橡胶等材料制成（图 1–3–3，图 1–3–4）。内场以外地区为外场，呈扇形。比赛场地外一、三垒两侧分别设有队员席和练习区，供运动队休息和热身使用。

图 1-3-1　棒垒球场

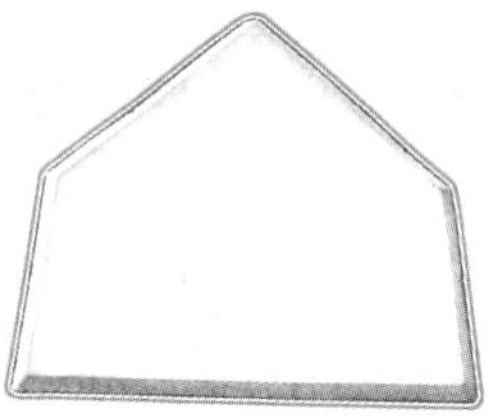

图 1-3-2　本垒板

图 1-3-3　垒包

图 1-3-4　双垒包

二、棒垒球运动器材

棒垒球运动器材主要包括：棒球、垒球（图 1–3–5，图 1–3–6）、手套（包括分指手套，图 1–3–7，连指手套，图 1–3–8）、棒球棒、垒球棒（图 1–3–9，图 1–3–10）、钉鞋（图 1–3–11）、比赛服（图 1–3–12）、头盔（图 1–3–13），护具（包括护面、护胸、护腿，图 1–3–14）等。

图 1-3-5　棒球

图 1-3-6　垒球

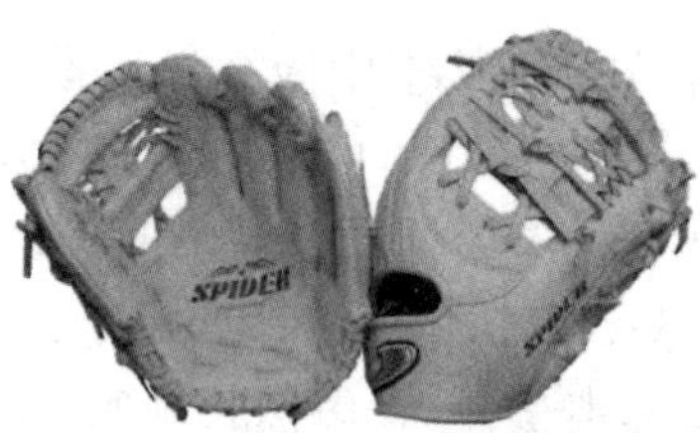

图 1-3-7　分指手套

图 1-3-8　连指手套

图 1-3-9　棒球棒

图 1-3-10　垒球棒

图 1-3-11　钉鞋

图 1-3-12　比赛服

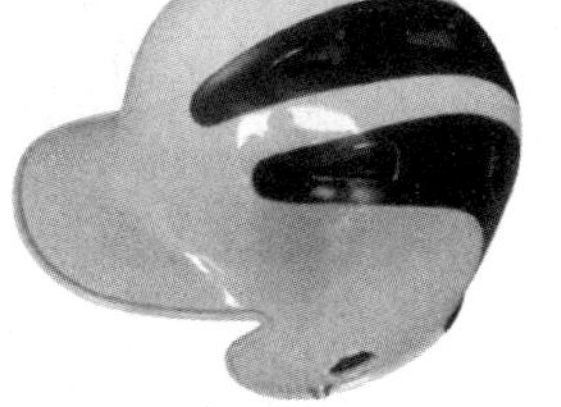

图 1-3-13　头盔

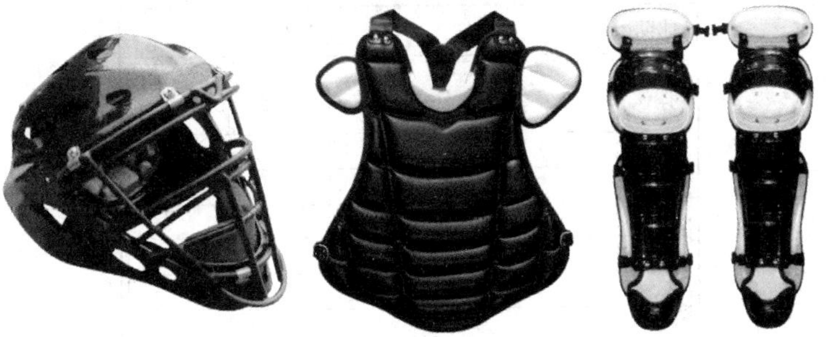

图 1-3-14　护具

三、棒垒球比赛简介

棒垒球比赛时，双方各有 9 名队员出场。9 名队员分别为① 号位（F1）投手、② 号位（F2）接手、③ 号位（F3）一垒手、④ 号位（F4）二垒手、⑤ 号位（F5）三垒手、⑥ 号位（F6）游击手、⑦ 号位（F7）左外场手、⑧ 号位（F8）中外场手和⑨ 号位（F9）右外场手（图 1-3-15）。

比赛开始前，双方通过掷硬币方式决定主客队（即攻守权）。主队（先守一方）9 名队员按赛前提交的“上场队员名单”（图 1-3-16）中的防守位置站位。客队（先攻一方）9 名队员则按赛前提交的“上场队员名单”中的击球次序依次轮流进入击球区击球。

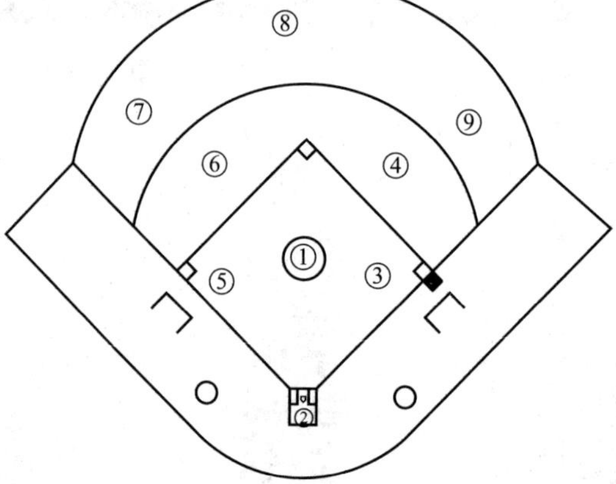

图 1-3-15　防守位置

棒 垒 球 比 赛

上场队员名单

年　月　日　　　　　　　攻/守　　球场

球队	教练

棒次	姓　名	背号	位置
1			
2			
3			
4			
5			
6			
7			
8			
9			
10			

替 补 队 员 名 单

姓　名	背　号

图 1-3-16　上场队员名单

比赛由投手向对方击球员投球开始。投手要按规则规定的方法和要求投球。投出的球在落地前进入“好球区”为“好球”，否则为“坏球”（图 1-3-17）。“坏球”击球员未击，判为一“球”，累计四“球”，击球员则安全进占一垒，然后由第二名击球员继续击球，以此类推。“好球”未击，或“好球”“坏球”击而未中，或击成界外球（两“击”之前），判为一“击”，累计三“击”时，判击球员“出局”，然后由下一位击球员继续击球，以此类推。

图 1-3-17　好球区

当击球员将球击在界内时，击球员便成为“击跑员”，必须向一垒跑进，如果能安全进占一垒，即成为“跑垒员”，跑垒员可以伺机继续向二垒、三垒乃至本垒跑进，若能安全跑回本垒，则为本队赢得一分；若击跑员或跑垒员在触踏欲进占垒位之前防守队员已持球触踏该垒位，或在跑垒途中（碰触垒位之前）被防守队员持球触及身体，即判“出局”。当进攻队累计有三人（包括击球员）出局时，双方交换攻守。两队各攻守 1 次，即为“一局”。正式比赛棒球一般为 9 局，垒球为 7 局，得分多者获胜。

四、棒球运动与垒球运动的主要区别

棒球运动和垒球运动虽有“孪生姐妹”之称，但也有不同之处，主要体现在场地、器材、投球方式、离垒、比赛局数等方面。

（一）运动场地

棒球场和垒球场的形状和区域划分相同，但尺寸有所不同。

棒球投球距离为 18.44 米（投手板前沿中心至本垒尖角的距离），投手投球时所触踏的投手板高于本垒板 25.4 厘米，投手板置于以投手板前沿中心为圆心，直径为 5.48 米的龟背形土墩上（图 1-3-18）。同时，垒与垒之间的距离（简称垒间距离）为 27.43 米，两条边线至外场围墙 / 围网不少于 97.54 米，本垒经二垒延伸至中外场围墙 / 围网的距离不少于 121.92 米（图 1-3-19）。

图 1-3-18　棒球投手区

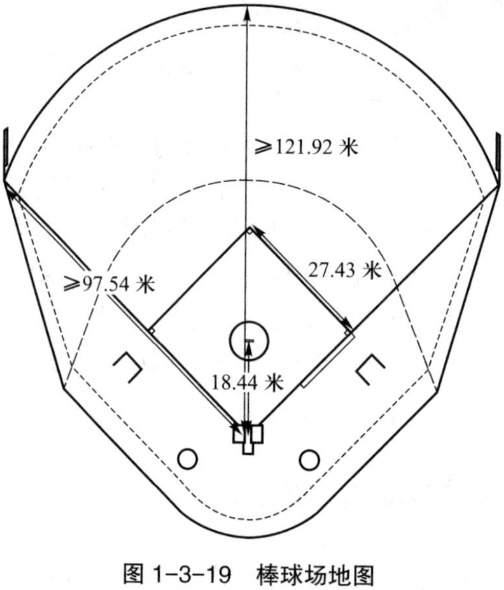

图 1-3-19　棒球场地图

垒球投球距离（投手板前沿中心至本垒尖角的距离）：女子为 13.11 米，男子为 14.02 米，投手投球时所触踏的投手板与比赛场地平齐（图 1-3-20）。另外，垒间距离为 18.29 米，两条边线至外场围墙 / 围网，以及本垒经二垒延伸至中外场围墙 / 围网的距离：女子为 67.06 米，男子为 76.20 米（图 1-3-21）。

为了避免在比赛中发生冲撞，垒球比赛在一垒使用双色垒包，垒包的白色部分放置在界内地区，橙色部分放置在界外地区（图 1–3–22）。

图 1–3–20　垒球投手区

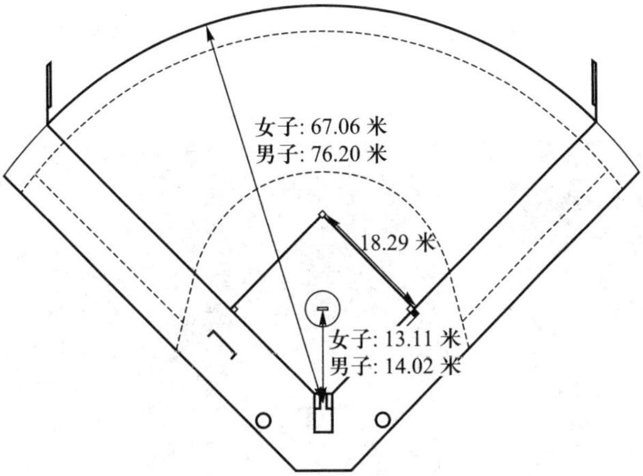

图 1–3–21　垒球场地图

图 1–3–22　垒球场双垒包

（二）运动器材

1. 球体

棒球、垒球的制作材料与工艺基本相同，都是用圆形软木、橡胶或类似材料作球心，绕以优质纱或丝线，再以两块白色（棒球、垒球）或黄色（垒球）马皮或牛皮或类似材料包紧平线密缝而成，球体表面平滑。棒球的重量为141.7~148.8克，周长为22.9~23.5厘米（图1–3–5）；垒球的重量则为177~200克，周长为30.2~30.8厘米（图1–3–6）。

2. 球棒

棒球棒最粗端的直径不超过6.6厘米，长度不超过106.7厘米（图1–3–9）。垒球棒最粗端的直径不超过5.7厘米，长度不超过86.4厘米（图1–3–10）。棒球棒无重量规定，而垒球棒的重量不得超过1 077克。

（三）投球

棒球投球通常为肩上投球法（图1–3–23），垒球则为下手投球法（图1–3–24）。

图1–3–23　棒球投球

图1–3–24　垒球投球

（四）离垒

棒球比赛中，垒上跑垒员在任何时候都可以离开自己所占有的垒位（图1–3–25）；而垒球比赛，垒上跑垒员须在投手投球出手后才可以离开自己所占的垒位（图1–3–26）。

（五）比赛局数

棒球比赛一般为9局，尤其是职业比赛（2020年以后，U23、U18世界杯棒球赛将采用7局新赛制）；垒球比赛为7局。

图 1-3-25　棒球离垒

图 1-3-26　垒球离垒

第四节　棒垒球运动的育人价值

棒垒球运动和其他体育运动一样，能够有效地促进人的全面发展，但其特殊的运动方式和比赛规则又赋予了其更多独特的育人价值。经常参与棒垒球训练和比赛，能够有效地提升人的运动能力、健康行为和体育品德等核心素养。

一、集体主义和英雄主义精神的完美结合

棒垒球运动是一项类似攻占堡垒的集体球类项目。防守时，9 名运动员分布在场地各个位置，他们既各司其职，又互相配合、协作、策应。进攻时，9

名队员按击球顺序轮番击球、跑垒。同时，根据场上情况进行掩护偷垒，或为帮助队友进垒、得分进行牺牲触击、抢分触击等各种战术的选择与配合。这就需要培养运动员要具有强烈的集体主义精神，能够正确处理好个人与集体的关系，懂得集体利益高于个人利益，个人利益服从集体利益，局部利益服从全局利益。

与此同时，棒垒球运动又是一项更需要“英雄”的集体球类项目。在比赛中，常常会出现仅凭一名运动员的努力而帮助球队扭转局面并最终夺取胜利的情况。例如，进攻方一名击球员面对 9 名防守队员，在全场观众的注视下完成击球任务，或成功上垒，或护送垒上队友进垒、得分，或击出漂亮的本垒打，这不仅仅需要精湛娴熟的技术，还需要拥有勇于担当、敢于发挥、善于表现的英雄主义精神。再如投手，投手是整个球队的防守核心，投手可以凭借自己正常稳定的发挥，用一次次投球将击球员投杀出局。一名优秀的棒垒球运动员可以在比赛的困境中发挥自己出色的技战术水平和能力，克服困难、战胜对手，成功地将球队带向胜利，也可以在球队遇到困难和挫折时，展现其独特的人格魅力，成为球队的核心，配合教练员使球队摆脱困境、重新振作。因此，培养每一名棒垒球运动员敢于克服超常程度的困难、主动承担更大责任的英雄主义精神，使他们成为拯救球队的英雄，是每一个棒垒球教练员努力的方向。

二、直面挫折，提升抗压能力

虽然在棒垒球场上不缺乏“成功体验”，但其实棒垒球运动是一项“体验失败”的运动。通常情况下，一场比赛，或一个赛季的比赛，运动员的安打率能达到 30% 左右已经是相当不错了，也就说一名运动员在一场比赛，或一个赛季的比赛中，70% 的击球是不能安全上垒的，属于击球失败。正如足球进球所引起的狂喜程度远大于篮球投中，棒垒球场上的成功也弥足珍贵。经常参与棒垒球训练和比赛，可以有效地提高运动员接受挫折，客观面对挫折的能力，并勇于接受挑战。

在棒垒球的进攻和防守中，每一名运动员都将承受比赛的压力。作为投手，千方百计通过投球速度，以及球速和球路变化来抑制击球员的击球，不让他们击出安打，特别是在垒上有跑垒员，尤其是一、二、三垒有跑垒员时，投手若能将击球员投杀出局，则将给全队带来巨大的鼓舞和胜利的希望。同样，每名击球员，经常会遇到“3 球 2 击”的困境，能否击出、击好下一个球，同样也会改变场上的形势，创造胜利的良机。因此，棒垒球运动还有助于培养运动员承受压力、克服困难、战胜自我的能力。

三、培养永不言弃的拼搏精神

棒垒球比赛没有时间限制，只有当进攻方三人出局才交换攻守，因此只要裁判没有宣判第三人出局，进攻方一直存在得分、改变场上比分的机会，甚至比赛会是一场精彩绝伦的大逆转。“再见安打”“再见本垒打”更是成了比赛中最为精彩的局面，被球迷们津津乐道。棒垒球比赛最后半局的教育意义就是在于培养运动员只要比赛没有结束就永不言弃、坚忍顽强、坚持战斗的拼搏精神。

四、启迪智慧，提升决策能力

棒垒球运动由于其进攻与防守截然分开的特点，更增加了其育智的价值。首先，由于进攻与防守的分开，为进攻与防守增加了更多的准备时间，因此棒垒球运动的战术相对于其他项目就更为复杂多变。其次，棒垒球比赛的节奏相对较慢，每一次进攻或防守之间都会有短暂的停顿，这就留给了运动员和教练员更多的思考时间。因此一名优秀的棒垒球运动员不仅需要有高超的竞技水平，还要有敏捷的思维能力。例如，进攻时击球员与投手间的博弈不仅是双方运动员击球技术与投球技术的比拼，更是双方智慧、谋略和胆识之间的较量。跑垒员偷垒与防守队员防守间的角力，除了训练时的反复演练，更需要在比赛中的精心策划或灵机一动。防守时处理垒上多名跑垒员的选杀，除了有“优先原则”可以遵循外，更需要有审时度势随机应变的能力，以及果断坚决的胆略。因此，棒垒球比赛一直被人们称为“智者的游戏”。

第五节 棒垒球运动重要赛事

一、国际棒垒球重要赛事

（一）国际棒球重要赛事

1. 世界棒球经典赛

在 2012 年伦敦奥运会棒球项目出局的背景下，美国职业棒球大联盟（MLB）与原国际棒球联合会（IBAF）共同策划了世界棒球经典赛，并允许美国职业棒球大联盟现役球员代表各自国家和地区参赛。首届赛事的第一场比赛于 2006 年 3 月 3 日在日本开始，然后受邀的 16 个国家和地区分 4 地进行总共 39 场的比赛。2009 年，举行了第 2 届比赛，之后每 4 年举行 1 届（奥运会举办年的次年进行）。中国棒球队参加了以往 4 届的比赛，均在小组赛阶段遭淘汰。历届世界棒球经典赛成绩如表 1-5-1 所示。

表 1-5-1　历届世界棒球经典赛成绩

届次	时间 / 年	比赛地点		冠军	亚军	第三名
		分组赛	决赛			
第 1 届	2006	日本，美国，波多黎各	美国	日本	古巴	韩国
第 2 届	2009	日本，墨西哥，波多黎各，加拿大	美国	日本	韩国	委内瑞拉
第 3 届	2013	日本，中国台北，波多黎各，美国	美国	多米尼加	波多黎各	日本
第 4 届	2017	日本，墨西哥，韩国，美国	美国	美国	波多黎各	日本

2. 奥运会棒球赛

棒球运动在 1921 年斯德哥尔摩、1984 年洛杉矶、1988 年汉城（现更名为首尔）奥运会被列为表演项目，1992 年巴塞罗那奥运会至 2008 年北京奥运会，以及 2020 年东京奥运会被列为正式比赛项目。在过去的 5 届奥运会棒球赛中，古巴成绩最好，获得了 3 次冠军。5 届奥运会棒球赛成绩如表 1-5-2 所示。

表 1-5-2　历届奥运会棒球赛成绩

时间 / 年	比赛地点	金牌	银牌	铜牌
1992	巴塞罗那	古巴	中国台北	日本
1996	亚特兰大	古巴	日本	美国
2000	悉尼	美国	古巴	韩国
2004	雅典	古巴	澳大利亚	日本
2008	北京	韩国	古巴	美国
2021	东京	日本	美国	多米尼加

3. 女子棒球世界杯赛

2004 年，原国际棒球联合会（IBAF）在加拿大埃德蒙顿举办了首届女子棒球世界杯赛，共有 5 个国家和地区参加了比赛，之后每两年举行一次。在过去的 8 届比赛中，日本队成绩最好，获得了 6 次冠军。历届女子棒球世界杯赛成绩如表 1–5–3 所示。

表 1–5–3　历届女子棒球世界杯赛成绩

届次	时间 / 年	地点	冠军	亚军	第三名
第 1 届	2004	加拿大	美国	日本	加拿大
第 2 届	2006	中国台北	美国	日本	加拿大
第 3 届	2008	日本	日本	加拿大	美国
第 4 届	2010	委内瑞拉	日本	澳大利亚	美国
第 5 届	2012	加拿大	日本	美国	加拿大
第 6 届	2014	日本	日本	美国	澳大利亚
第 7 届	2016	韩国	日本	加拿大	委内瑞拉
第 8 届	2018	美国	日本	中国台北	加拿大

4. 美国职业棒球大联盟联赛

美国职业棒球大联盟简称美国职棒大联盟（MLB）是由“国家联盟”（National League，NL）和“美国联盟”（American League，AL）所组成。1903 年两个联盟达成协议，正式承认彼此在美国职业棒球的对等地位，并共同成立大联盟。美国职棒大联盟（MLB）联赛是当今世界公认的最高水平赛事，从竞技水平和市场运作都堪称世界一流，吸引来自世界各地的顶尖高手加盟。目前，美国职棒大联盟（MLB）共有 30 支球队，其中 29 支来自美国本土，另外 1 支来自邻国加拿大。美国职棒大联盟（MLB）所属的两个联盟各拥有 15 支球队，总冠军由两联盟冠军通过 7 战 4 胜制的比赛产生。截至 2020 年，美国联盟的纽约洋基队获得了 27 次总冠军，国家联盟的圣路易红雀队获得了 11 次总冠军，美国联盟的奥克兰运动家队和波士顿红袜队各获得了 9 次总冠军。

（二）国际垒球重要赛事

1. 奥运会垒球赛

奥运会女子垒球赛是当今世界女子垒坛最高水平的赛事。1996 年亚特兰大奥运会至 2008 年北京奥运会，以及 2020 年东京奥运会女子垒球都被列为正式比赛项目。在过去的 5 届奥运会中，美国队成绩最好，获得了 3 次冠军。5

届奥运会女子垒球赛成绩如表 1–5–4 所示。

表 1–5–4　历届奥运会女子垒球赛成绩

时间 / 年	比赛地点	金牌	银牌	铜牌
1996	亚特兰大	美国	中国	澳大利亚
2000	悉尼	美国	日本	澳大利亚
2004	雅典	美国	澳大利亚	日本
2008	北京	日本	美国	澳大利亚
2021	东京	日本	美国	加拿大

2. 世界垒球锦标赛

首届世界女子垒球锦标赛、男子垒球锦标赛分别于 1965 年、1966 年在澳大利亚的墨尔本和墨西哥的墨西哥城举行。男子垒球自 1968 年，女子垒球自 1970 年起，每 4 年举行 1 届。在女子垒球无缘 2012 年伦敦奥运会后，原国际垒联（ISF）为推广、普及垒球运动，让更多的人参与垒球运动，自 2010 年（女子垒球）、2013 年（男子垒球）起，每 2 年举行 1 届。2019 年开始，世界垒球锦标赛更名为垒球世界杯。在过去的 16 届世界男子、女子垒球锦标赛中，新西兰男队和美国女队成绩最好，分别获得了 7 次和 11 次冠军。历届世界锦标赛成绩如表 1–5–5，表 1–5–6 所示。

表 1–5–5　历届世界男子垒球锦标赛成绩

届次	时间 / 年	地点	冠军	亚军	第三名
第 1 届	1966	墨西哥	美国	墨西哥	新西兰
第 2 届	1968	美国	美国	加拿大	墨西哥
第 3 届	1972	菲律宾	加拿大	美国	新西兰
第 4 届	1976	新西兰	美国、加拿大、新西兰并列冠军		
第 5 届	1980	美国	美国	加拿大	巴哈马
第 6 届	1984	美国	新西兰	加拿大	美国
第 7 届	1988	加拿大	美国	新西兰	加拿大
第 8 届	1992	菲律宾	加拿大	新西兰	美国
第 9 届	1996	美国	新西兰	加拿大	日本

续表

届次	时间 / 年	地点	冠军	亚军	第三名
第 10 届	2000	南非	新西兰	日本	美国
第 11 届	2004	新西兰	新西兰	加拿大	澳大利亚
第 12 届	2009	加拿大	澳大利亚	新西兰	加拿大
第 13 届	2013	新西兰	新西兰	委内瑞拉	澳大利亚
第 14 届	2015	加拿大	加拿大	新西兰	委内瑞拉
第 15 届	2017	加拿大	新西兰	澳大利亚	加拿大
第 16 届	2019	捷克	阿根廷	日本	加拿大

表 1-5-6　历届世界女子垒球锦标赛成绩

届次	时间 / 年	地点	冠军	亚军	第三名
第 1 届	1965	澳大利亚	澳大利亚	美国	日本
第 2 届	1970	日本	日本	美国	菲律宾
第 3 届	1974	美国	美国	日本	澳大利亚
第 4 届	1978	萨尔瓦多	美国	加拿大	新西兰
第 5 届	1982	中国台北	新西兰	中国台北	澳大利亚
第 6 届	1986	新西兰	美国	中国	新西兰
第 7 届	1990	美国	美国	新西兰	中国
第 8 届	1994	加拿大	美国	中国	澳大利亚
第 9 届	1998	日本	美国	澳大利亚	日本
第 10 届	2002	加拿大	美国	日本	中国台北
第 11 届	2006	北京	美国	日本	澳大利亚
第 12 届	2010	委内瑞拉	美国	日本	加拿大
第 13 届	2012	加拿大	日本	美国	澳大利亚
第 14 届	2014	荷兰	日本	美国	澳大利亚
第 15 届	2016	加拿大	美国	日本	加拿大
第 16 届	2018	日本	美国	日本	加拿大

二、中国棒垒球重要赛事

（一）全运会棒垒球赛

全运会棒球、垒球赛事是我国最高水平的棒垒球比赛。在过去的14届全运会中，除第2届、第5届外，棒球、垒球运动都被列为正式比赛项目。历届全运会棒球、垒球成绩如表1–5–7，表1–5–8所示。

表1–5–7　历届全运会棒球比赛成绩

届次	时间/年	地点	冠军	亚军	第三名
第1届	1959	北京	北京	解放军	上海
第3届	1975	北京	天津	上海	北京
第4届	1979	北京	北京	天津	解放军
第6届	1986	四川（大连）	四川	天津	北京
第7届	1992	北京	北京	辽宁	天津
第8届	1997	上海	北京	上海	天津
第9届	2001	广东	天津	广东	北京
第10届	2005	江苏	天津	北京	解放军
第11届	2009	山东	广东	解放军	北京
第12届	2013	辽宁	北京	天津	江苏
第13届	2017	天津	天津	上海	江苏
第14届	2021	陕西	江苏	天津	北京

表1–5–8　历届全运会女子垒球比赛成绩

届次	时间/年	地点	冠军	亚军	第三名
第1届	1959	北京	北京	陕西	上海
第3届	1975	北京	天津	北京	陕西
第4届	1979	北京	北京	上海	天津
第6届	1986	广东	北京	天津	上海
第7届	1992	北京	北京	河南	天津
第8届	1997	上海	上海	北京	河南
第9届	2001	广东	北京	上海	解放军
第10届	2005	江苏	四川	上海	解放军

续表

届次	时间 / 年	地点	冠军	亚军	第三名
第 11 届	2009	山东	辽宁	广东	江苏
第 12 届	2013	辽宁	江苏	四川	辽宁
第 13 届	2017	天津	江苏	辽宁	北京
第 14 届	2021	陕西	江苏	四川	上海

（二）中国棒球联赛

中国棒球联赛始于 2002 年，由中国棒球协会创立，王朝公司负责运营。成立之初，中国棒球联赛只有 4 支队伍，2005 年扩编至 6 支队伍，2009 年增加至 7 支队伍。2009 年起，由于受棒球奥运会出局的影响，联赛的赞助逐年缩减，联赛的营运举步维艰，导致 2011 年开始停办。2014 年在几经周折后恢复举行，但原有的运营模式难以支撑联赛的持续发展，故 2017 年再次停办。2019 年，中国棒球联赛在中国棒球协会与首钢体育携手下重燃战火，并更名为中国棒球职业联赛，由此开启中国棒球运动职业化的新纪元。截至 2020 年，北京猛虎、天津雄狮成绩最好，各获得 6 次冠军，其次为广东猎豹、江苏钜马，各获得 1 次冠军。

（三）全国青年运动会垒球赛

全国青年运动会（简称青运会）的前身是创办于 1988 年的全国城市运动会（简称城运会），4 年 1 届。其主要目的是发现和培养竞技体育后备人才，也是调动青少年训练积极性的重要抓手，是我国奥运战略的重要组成部分。垒球项目于 2003 年第 5 届城运会被列为正式比赛项目。历届青运会垒球比赛成绩如表 1–5–9 所示。

表 1–5–9　历届青运会女子垒球比赛成绩

<table>
<tr><th>届次</th><th>时间 / 年</th><th>地点</th><th>组别</th><th>冠军</th><th>亚军</th><th>第三名</th><th>备注</th></tr>
<tr><td>第 5 届</td><td>2003</td><td>大连</td><td>U19</td><td>成都</td><td>北京顺义</td><td>大连</td><td rowspan="6">城运会更名为青运会</td></tr>
<tr><td>第 6 届</td><td>2007</td><td>武汉</td><td>U19</td><td>南京</td><td>广州</td><td>成都</td></tr>
<tr><td>第 7 届</td><td>2011</td><td>南京</td><td>U19</td><td>南京</td><td>大连</td><td>成都</td></tr>
<tr><td>第 1 届</td><td>2015</td><td>平潭</td><td>U19</td><td>上海</td><td>南京</td><td>北京</td></tr>
<tr><td rowspan="2">第 2 届</td><td rowspan="2">2019</td><td rowspan="2">中山</td><td>U19</td><td>四川省体校</td><td>西安市体校</td><td>珠海市体校</td></tr>
<tr><td>U16</td><td>扬州体校</td><td>北京芦城体校</td><td>攀枝花体育中学</td></tr>
</table>

注：二青会 U19、U16 男女俱乐部组成绩略。

思考题

1. 简述棒球、垒球运动的发展概况。
2. 简述我国棒垒球运动在不同发展时期的概况。
3. 简述棒垒球运动的奥运会历程。
4. 简述棒球运动和垒球运动的主要区别。
5. 简述棒垒球运动的育人价值。

第二章

棒垒球运动基本技术

本章提要

本章主要阐述棒垒球运动防守与进攻的各项基本技术动作、技术要点、练习方法以及常见错误与纠正方法。

学习目标

1. 了解并掌握棒垒球运动各项基本技术动作与技术要点。
2. 了解棒垒球运动各项基本技术的练习方法。
3. 了解棒垒球运动常见的错误技术动作，掌握纠正方法。

第一节　棒垒球运动基本防守技术

一、棒垒球运动移动技术

（一）碎步

1. 技术动作

两眼注视前方，两脚左右开立与肩同宽或稍宽于肩，两膝微屈，前脚掌着地，重心稍下降，上体稍前倾，两肘弯曲置于体侧，做原地快速跑（图 2-1-1）。

碎步示范动作

2. 技术要点

身体稳定，手臂无需摆动或小幅度摆动，步频要快。

3. 练习方法

看手势或听口令进行前后碎步跑动。

碎步练习方法

1　2　3　4

图 2-1-1　碎步

4. 常见错误与纠正方法

常见错误一：重心靠后。

纠正方法：上体前倾，提踵，重心前移，前脚掌着地，做行进间小步跑。

常见错误二：重心过高。

纠正方法：加大屈膝屈髋的幅度。

（二）跨步（以左手接球为例）

1. 技术动作

两眼注视前方，两膝弯曲，上体前倾，两臂屈肘位于体前，重心降低，投影点置于两脚之间。正手接球（接左侧方向球）时，右脚向接球方向用力蹬地，左脚向接球方向跨出一大步（图 2-1-2）。反手接球（接右侧方向球）时，向右转体，左脚向接球方向（右侧）跨出一大步（图 2-1-3）。上身前压，重心前移，左臂前伸至接球点。

跨步示范动作

1　2

图 2-1-2　跨步（正手）

1　　2

图 2-1-3　跨步（反手）

2. 技术要点

左脚跨步迅速有力，幅度适宜，同时根据跨步方向，随时调整左手接球手型。

3. 练习方法

（1）听口令或看手势做跨步练习。

（2）做不同方向固定点的跨步练习。

（3）碎步与跨步组合练习。先做原地碎步，在看到手势或听到口令后做跨步练习。

跨步练习方法

4. 常见错误与纠正方法

常见错误：步幅较小，重心偏高。

纠正方法：跨步脚触踏指定位置，上身前倾靠近大腿。

（三）侧滑步

1. 技术动作

两眼注视前方，两膝弯曲，上体前倾，两臂屈肘位于体前，重心降低，投影点置于两脚之间。向右侧滑步时，左脚内侧向右蹬地，并小跳步向右脚靠拢，右脚向右侧方向侧跨步，在右脚侧跨步落地后，左脚再次蹬地小跳步，以此类推（图 2-1-4）。左侧滑步反之。

5　4　3　2　1

侧滑步示范动作

图 2-1-4　侧滑步

2. 技术要点

滑步时两脚稍离地面，且保持低重心移动。最后一步滑步结束时，膝关节内扣，上体前倾，保持重心稳定。

侧滑步练习方法

3. 练习方法

（1）做固定步数滑步练习。

（2）看手势或听口令做左右两侧侧滑步。

4. 常见错误与纠正方法

常见错误一：两脚同时离地。

纠正方法：按侧滑步技术动作要求，由侧走步开始，逐渐过渡到慢速滑步，最后进入快速滑步；由侧滑一步开始，逐渐向连续多步过渡。

常见错误二：步幅过小，重心偏高。

纠正方法：加大屈膝屈髋的幅度，加强蹬地腿的蹬地力度和伸胯腿的伸胯幅度。

（四）侧身跑

1. 技术动作

两眼注视来球，向右侧侧身跑时，身体侧对跑动方向连续跑动（图 2-1-5）。左侧侧身跑反之（图 2-1-6）。

2. 技术要点

侧身跑时，身体稍向跑动方向倾斜。跑动时，膝关节指向侧后方。

3. 练习方法

（1）做两边侧交叉练习。

（2）看手势做侧身跑接后转身练习。

侧身跑示范动作

4　　3　　2　　1

图 2-1-5　侧身跑（右侧）

1　2　3　4

图 2-1-6　侧身跑（左侧）

侧身跑练习方法

4. 常见错误与纠正方法

常见错误：侧身不到位。

纠正方法：模仿分解练习。

二、接球手套与接球技术（以左手接球为例）

（一）接球手套

1. 接球手套的选择

手套的选择应考虑年龄、手型大小、手臂力量、防守位置等因素，以手能自如地控制手套为宜。同时依据规则，所有防守队员都可使用分指手套，而连指手套仅有接手和一垒手可使用。

2. 接球手套的佩戴

右手传球者左手佩戴手套，左手传球者右手佩戴手套。佩戴手套时应将五个手指伸入手套各个指鞘中。插入深度以舒适，伸屈、转动自如为宜。

（二）接腾空球

根据腾空球的飞行轨迹，可将其分为平直球与高飞球。

1. 接平直球

（1）技术动作。

① 准备姿势：正对传球者，两脚左右开立与肩同宽或稍宽于肩，上体稍前倾，重心稍下降，投影点置于两脚前脚掌之间，两手自然置于体前（图 2-1-7，1）。

② 接球：当正面来球即将接近身体时，两臂前伸，手套张开，将“甜点”

对准来球。若是腰部以上的球，则手套指尖向右上方，右手手指微屈靠近手套大拇指（图 2–1–7, 2）；若是腰部以下的球，则手套掌心向上，手套指尖向前，右手手指微屈靠近手套小指（图 2–1–7，4）。球进入手套碰触“甜点”后瞬间，手套微微合拢向后引，同时右手伸入手套拿球（图 2–1–7，3、5）。若来球远离身体，则左脚、左臂向来球方向前伸，手套张开，“甜点”对准来球（图 2–1–8）。

接平直球
示范动作

图 2–1–7　接平直球

图 2–1–8　接远离身体的球

（“甜点”是指手套拇指与食指间靠近指根的部位（图2-1-9），是接球的最佳位置。）

（2）技术要点。

① 手臂前伸放松，且稍早于球到达接球点。

② 两眼注视来球，正面及正面附近的球双手接，远离身体的球单手接。

③ 积极移动脚步，尽可能正对来球。

④ 根据不同来球随时调整手套手型（图2-1-10）。

图2-1-9　“甜点”

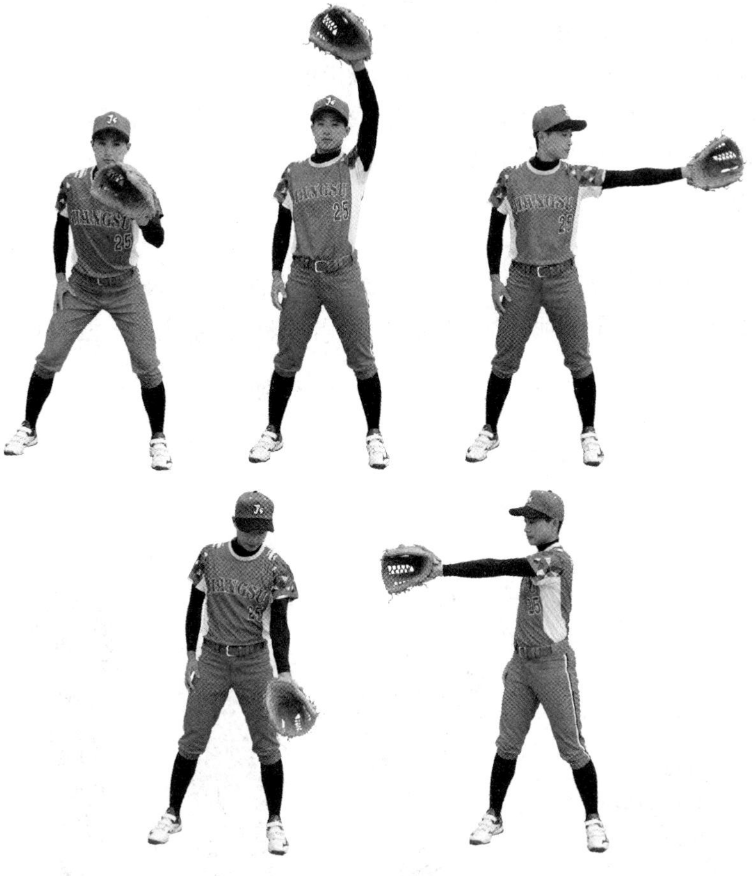

图2-1-10　接球手型

（3）练习方法。

① 看手势变换接球手型：练习者佩戴手套做好接球准备姿势，并根据不同方向的手势，做不同手型的徒手接球动作。

接平直球练习方法

接球手型示范动作

② 接抛球：两人一组，相距较近的距离，相互抛不同方向的球，根据来球变换手型接球。

③ 边跑边接：教练员站在固定位置抛球，接球者与抛球者保持一定距离。接球者向前跑动接球，接球后将球抛还给抛球者，依次进行。

（4）常见错误与纠正方法。

接球手型练习方法

常见错误一：双臂前伸过晚。

纠正方法：徒手接慢速球，佩戴手套接慢速球。

常见错误二：单手接正面球。

纠正方法：佩戴手套双手接慢速球。

常见错误三：掌心向上接球。

纠正方法：不戴手套，徒手接腰部以上的球。

（上述为接传出平直球技术，接击出平直球技术与接传出平直球技术相同。对接击出平直球的移动参照接高飞球。）

2. 接高飞球

（1）技术动作。

① 准备姿势（图 2-1-11，1）：面对来球方向，两脚略微前后开立，两膝弯曲，上体前倾，重心稍下降，投影点置于两脚前脚掌之间，两臂自然弯曲置于体前。

接高飞球示范动作

1　　2　　3　　4

图 2-1-11　接高飞球

② 接球：首先判断球的落点，同时迅速移动至落点处，在球下落接近头顶时，两臂屈肘自然上举至额前上方，“甜点”对准来球方向，接球下引。（图2-1-11，2—4）。

（2）技术要点。

① 若高飞球落点在接球者前方或两侧，则快速跑向落点附近；若高飞球落点在接球者后方或侧后方，则侧身快速跑向落点附近。

② 只要接高飞球的时间充足，都需在高飞球落点附近一边看球一边调整脚步，形成左脚在前的接球姿势，以便接球后用前交叉步或后交叉步的传球步伐快速衔接。

（3）练习方法。

① 自抛自接。

② 两人一组互抛互接。

③ 佩戴手套看手势侧身跑接球后转身练习。

④ 接传出、教练员棒击出的高飞球。

⑤ 内、外场练习时接高飞球。

接高飞球练习方法

（4）常见错误与纠正方法。

常见错误一：侧身跑不协调或使用交叉步移动。

纠正方法：先从两侧斜后方侧身跑练习开始，逐渐过渡到正后方侧身跑。

常见错误二：后转身变向慢。

纠正方法：看手势侧身跑接后转身；接球者先侧身跑，然后教练员将球抛在其跑动路线的反方向，让其变向后转身侧身跑接球。

常见错误三：判断错误。

纠正方法：连续接教练员棒击出或抛出的不同方向高飞球、平直球，以便熟悉高飞球、平直球的飞行轨迹。

常见错误四：跑动时左臂上举或前伸。

纠正方法：佩戴手套做各个方向的正面跑与侧身跑；接球者先跑动，然后接教练员抛出的球。

（三）双手接地滚球

根据接地滚球的技术动作，可将接地滚球分为双手接地滚球与单手接地滚球。而单手接地滚球又可根据手套手型分为正手接地滚球与反手接地滚球。双手接地滚球是棒垒球运动中最为常见，应用最为广泛的一项基本接球技术。而单手接地滚球通常是因两侧地滚球速度过快，接球者无法移动到正面而采用的一种接球方式。单手接地滚球需要接球者具有一定的双手接地滚球基础，而且对地滚球的速度、弹跳等变化具有一定的认知。这里主要介绍双手接地滚球。

1. 技术动作

（1）准备姿势。面对来球方向，两脚左右开立比肩宽，两膝弯曲，上体前倾，重心降低，投影点置于两脚前脚掌之间，两脚跟稍抬起，两臂自然弯曲置于体前（图 2–1–12，1）。

（2）准备接球。两脚左右开立比肩宽，左脚稍稍靠前，领先右脚半个至一个脚的距离，两膝外展，两脚尖对准来球，重心下降，投影点置于两脚前脚掌稍偏左脚的位置，上体前倾接近与地面平行，臀部稍高于膝关节（图 2–1–12，4）。

（3）接球。两臂肘关节内收，小臂靠拢前伸，手套张开向外旋转呈“簸箕状”至头部投影位置（接球点），“甜点”正对来球，右手五指微屈靠近手套小指（图 2–1–12，4）。当球进手套后，右手迅速护球，持球后引（图 2–1–12，5—6）。在后引过程中，右手伸入手套拿球，并以前交叉步或后交叉步，或垫步衔接完成传球（图 2–1–12，7—8）。

接地滚球示范动作

图 2–1–12　接地滚球

2. 技术要点

（1）在准备接地滚球前两眼注视来球。若来球为正面或左侧地滚球，则先由右脚定点，然后左脚找球定位，使球位于两脚之间偏左脚一侧（图 2−1−12，2—3）。若为右侧地滚球，则根据地滚球的远近，向右或右后侧做前交叉步或侧滑步，使球位于两脚之间偏左脚一侧，同时用右脚内侧撑地，膝关节内扣下压，以控制重心向右上方倾斜。

（2）手臂前伸放松，且稍早于球到达接球点。

（3）除因地滚球弹跳调整脚步和右侧地滚球外，其他所有地滚球都必须向前移动接球。

（4）若遇超快地滚球时，接球者可选择原地接球，但必须保持准备接地滚球的姿势，且手套与地面接近垂直。

（5）接地滚球与传球的衔接应保持连贯，身体重心逐渐上移。

3. 练习方法

接地滚球练习方法

（1）徒手练习。

① 单一徒手练习：练习者向前跑动几米后做一次徒手接地滚球接传球的动作。

② 连续向前移动徒手练习：在练习场地设置若干个标记，每个标记相距若干米。练习者慢跑或中速跑至标记附近时做一次徒手接地滚球接传球动作，直至完成在所有标记的接球动作。

③ 向右移动徒手练习：练习者做好接地滚球准备姿势，然后向右侧或右后侧做一至两次交叉步，或做一次侧滑步，紧接着做接地滚球接传球的徒手动作。完成后回到起始位进行下一次练习。

（2）互抛互接地滚球。两人一组，相距一定距离，做好准备接地滚球的姿势，彼此互抛互接地滚球。

（3）接抛出、传出地滚球。两人或多人一组，相距一定距离，相向站立。教练员或同伴抛、传地滚球，练习者接地滚球后将球传回给教练或同伴，依次轮转。从正面接地滚球开始，逐步过渡到两侧接地滚球。

（4）接教练员棒击出的地滚球。

① 接地滚球的距离与组织方式视练习者的实际能力和练习目的而定。

② 多球强化练习。

（5）结合内外场防守练习。

4. 常见错误与纠正方法

常见错误一：接地滚球脚步紊乱。

纠正方法：移动中找固定球的徒手练习。

常见错误二：准备接地滚球的时机稍晚。

纠正方法：练习者站在原地，当球滚动距接球者 2~3 米时，做接地滚球准备动作并接球。待较为熟练掌握之后，逐渐缩短和球的距离，同时逐渐加快地滚球的速度，在此基础上，再逐渐过渡到向前移动中接地滚球。

常见错误三：重心偏高。

纠正方法：两脚左右开立坐在略高于练习者小腿的凳子上接地滚球，之后挪掉凳子，维持坐在凳子上的姿势接地滚球。

常见错误四：接球点靠后。

纠正方法：原地保持正确的姿势接慢速地滚球，体验手臂前伸动作。在较为熟练地掌握后，逐步加快地滚球速度。

常见错误五：躲球。

纠正方法：穿戴接手护具和面罩接地滚球。

常见错误六：接右后侧地滚球重心较高。

纠正方法：做向右侧滑步练习，并加大右脚跨步幅度，注重右脚内侧撑地与右膝的内扣、下压。

常见错误七：接地滚球与传球脱节。

纠正方法：徒手或接慢速地滚球后俯身向前垫步或前交叉步传球。

（四）单手接地滚球

1. 技术动作

（1）准备姿势。面对来球方向，两脚左右开立比肩宽，两膝弯曲，上体前倾，重心降低，投影点置于两脚前脚掌之间，两脚跟稍抬起，两臂自然弯曲置于体前（图 2–1–12，1）。

（2）接球。

① 正手接球（左侧地滚球）：两眼注视来球，左脚向左侧跨步，重心移至左脚，上体前倾靠近大腿。左臂随左脚跨步前伸，手套张开，指尖向下，“甜点”对准来球置于接球点（图 2–1–13）。球进手套触及“甜点”后，手套微微合拢向上后引，右手快速跟上拿球，紧接着垫步或交叉步传球。

② 反手接球（右侧地滚球）：两眼注视来球，提左脚向右转体，重心移至右脚，右脚向右转动，屈膝弯腰，保持低重心。左脚向右跨步落于接球点附近，重心移至左脚，左臂随左脚跨步前伸，手套向内旋转并张开，指尖向下，“甜点”对准来球置于接球点（图 2–1–14）。球进手套触及“甜点”后，手套微微合拢向上后引，右手快速跟上拿球，紧接着垫步或交叉步传球。

图 2-1-13　正手接地滚球

图 2-1-14　反手接地滚球

2. 技术要点

（1）手套、左脚和右脚基本保持一条直线。

（2）低重心，屈膝弯腰，保持头部的稳定，两眼注视球进手套。

（五）接反弹球

根据球的落点和反弹高度，可将接反弹球分为接低反弹球和高反弹球（图 2-1-15）。

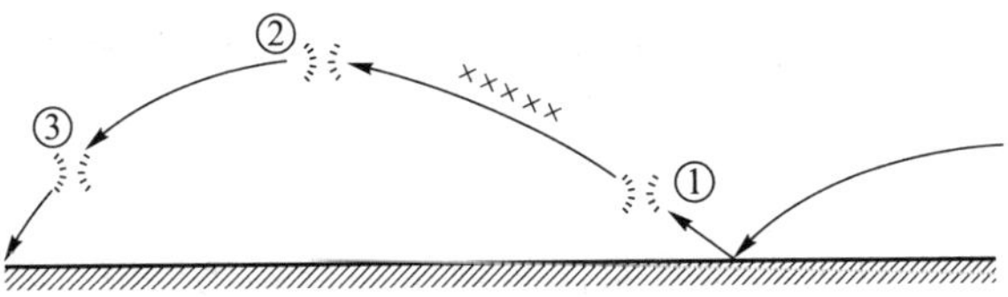

图 2-1-15　接反弹球示意图

接反弹球示范动作

1. 接低反弹球

低反弹球是指击出或传出的球落地后弹跳高度较低的球（图 2-1-15，1 号球位置）。

（1）技术动作。

① 准备姿势：面对来球方向，两脚左右开立比肩宽，两膝弯曲，上体前倾，重心降低，投影点在两脚前脚掌之间，两臂自然弯曲置于体前。（图 2-1-12，1）。

② 接球：两眼注视来球，判断球的反弹点，然后左脚向反弹点方向跨步成接地滚球姿势。在球落地瞬间，上体前倾，下颌贴近前胸，右肩稍稍向左下压，手套手指向下置于球的落点处，右手手指微屈靠近手套小指，同时左手手腕、手套掌心向来球方向微微用力平推。当球弹起进入手套“甜点”后，右手快速上前护球，并拿球后引。

（2）技术要点。

① 两眼注视球进手套。

② 正面靠近身体的反弹球需双手接。

③ 接两侧反弹球则先向来球方向侧滑步，形成正面对球，然后再双手接球。若没有侧滑步的时间，则采用单手接地滚球的方式完成接球。

（3）练习方法。

① 做跨步、侧滑步徒手接球练习。

② 靠墙接传出或教练员棒击出的正面反弹球。

③ 做接地滚球准备姿势接传出或教练员棒击出的不同方向反弹球。

接反弹球练习方法

（4）常见错误与纠正方法。

常见错误一：找不准反弹点。

纠正方法：半蹲或右腿跪地，右手在体前掷一弹球，左手手腕、手套掌心向来球方向微微用力平推接球，体会接反弹球的时机和手腕动作。

常见错误二：抬头接球，重心上移。

纠正方法：穿戴接手护具和面罩，靠墙或成接地滚球准备姿势接反弹球。

2. 接高反弹球

高反弹球是指击出或传出的球落地后弹跳高度较高的球（图 2–1–15，2 号球位置）。

（1）技术动作。

① 准备姿势：面对来球方向，两脚左右开立比肩宽，两膝微屈，上体前倾，重心下降，投影点置于两脚前脚掌之间，两臂自然弯曲置于体前（图 2–1–11，1）。

② 接球：两眼注视来球，判断球的反弹点，然后移动，调整脚步，选择球的弹跳最高点（图 2–1–15，2 号球位置）或最高点下落阶段（图 2–1–15，3 号球位置）接球，并根据球的高度采用接腰部以上（图 2–1–7，2）或腰部以下（图 2–1–7，4）平直球的方式接球。当球触碰手套“甜点”后，双手合拢后引，右手拿球，以交叉步或垫步衔接完成传球。

（2）技术要点。

① 根据球的反弹高度、反弹速度确定接球者与反弹点的距离，在准备接球时，左脚向前找球，重心移至左脚。

② 高于头顶的反弹球应选择下落阶段接球，其他反弹球尽可能选择弹跳最高点接球。若迫不得已必须在下落阶段接球，则接球时手臂应前伸，同时根据接球点与身体的距离选择单手或双手接球。

③ 在保证能接住球的前提下，尽可能减少球在地面上的反弹次数。

（3）练习方法。

① 中远距离传接反弹球。

② 接教练员棒击出的反弹球。

（4）常见错误与纠正方法。

常见错误：缺乏对反弹落点、反弹高度、反弹速度的认知。

纠正方法：接中远距离传出的球和接教练员棒击出的反弹球。

3. 封杀技术（以左手接球为例）

（1）技术动作。

① 准备姿势：正对传球方向，两脚左右开立，右脚踏垒，两臂左右分开，屈肘自然上举，给予传球者目标（图 2-1-16）。

② 接球：两眼注视来球。准备接球时，左脚向来球方向屈膝前伸，重心下降前移至左脚（图 2-1-17），同时根据来球的高低，采用接腰部以上，或腰部以下平直球的方式接球（图 2-1-7）。当来球远离身体时，左脚、左臂向来球方向前伸接球。接住球后，右脚离垒。

图 2-1-16　准备姿势

图 2-1-17　封杀

（2）技术要点。当传出的球超出接球者踏垒接球的范围时，接球者应弃垒接球，接住球后再返回踏垒。

4. 触杀技术（以左手接球为例）

（1）技术动作。

① 准备姿势：接球者两脚左右开立站在垒侧（图 2-1-18）或跨垒站立（图 2-1-19），同时屈膝、身体重心下降，上体前倾，两臂屈肘置于胸前。

图 2-1-18　垒侧站立

图 2-1-19　跨垒站立

② 接球：两眼注视来球，两膝弯曲，上体前倾，重心降低置于前脚掌，两臂屈肘接球。根据球的高低，采用接腰部以上或腰部以下平直球的方式接球。接球后，站立在垒侧的接球者，依据跑垒员的位置，向左或向右转体触杀跑垒员（图 2-1-20），跨垒站立的接球者，正面触杀跑垒员（图 2-1-21）。

图 2-1-20　垒侧触杀

图 2-1-21　跨垒触杀

（2）技术要点。

① 先接球后触杀。触杀最佳位置应为跑垒员身体距垒位最近的部位。通常情况下触杀时应双手持球。

② 跨垒站立触杀易与跑垒员发生冲撞，因此建议初学者采用垒侧站立触杀。

③ 无论采用哪一种触杀方式，触杀后都需迅速躲避，以免发生冲撞。

三、棒垒球运动传球技术（以右手传球为例）

传球是棒垒球防守技术中的另一项重要的基本技术。根据传球动作特征，可将其分为肩上传球、侧手传球和低手抛球。而握球是传球的基础，只有握球方法正确，才能传出又准又快的球。

（一）握球

握球分为三指握球和五指握球两种。持球者根据自己手型大小，尤其是手指长短来确定是三指握球，还是五指握球。目前，棒球一般采用三指握球，垒球采用五指握球。若手型较小，手指较短者，如小学生、学龄前儿童，棒球也可以采用五指握球。相反，若手型较大，手指较长者，垒球也可采用三指握球。

1. 握球方法

（1）三指握球。食指与中指按压在球面线缝上（图 2–1–22，1），两指间约一指宽，拇指内侧在球体的下端（图 2–1–22，2），无名指与小指自然弯曲置于球侧，掌心悬空，手腕放松（图 2–1–22，3）。

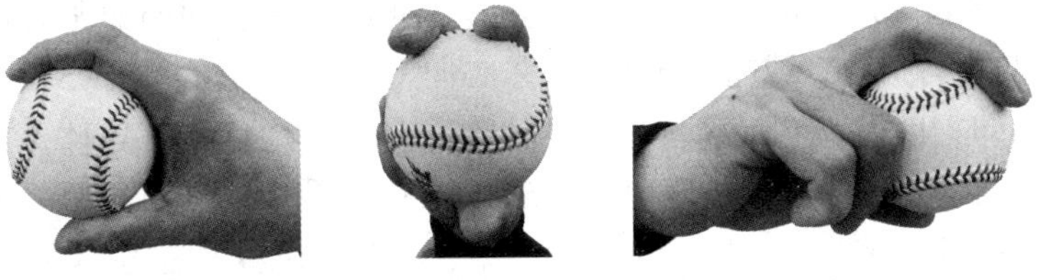

1　　2　　3

图 2–1–22　三指握球

（2）五指握球。食指、中指、无名指自然分开，同时压在球顶部的球缝上（图 2–1–23，1），拇指第一关节托扣在球的左侧下方（图 2–1–23，2），小指自然弯曲贴在球的右侧，掌心悬空，手腕放松（图 2–1–23，3）。

1　　2　　3

图 2-1-23　五指握球

2. 握球要点

握球要深，但球与虎口边缘要有适当间隙。食指与大拇指须在同一垂直面内。

3. 练习方法

持球向自己佩戴的手套连续传球、拿球。

4. 常见错误与纠正方法

常见错误一：掌心触球。

常见错误二：握球太浅。

常见错误三：食指与大拇指未在同一垂直面内。

纠正方法：眼睛注视手拿球，连续向手套传球、拿球。

（二）肩上传球

1. 技术动作

（1）准备姿势。两脚左右分开，右手持球，双手位于胸前，两眼注视传球方向（图 2-1-24，1）。

（2）持球后引。两眼注视传球方向，向右转体，左肩对准传球方向，重心置于右脚，左脚向传球方向伸踏，左臂自然前伸，持球手掌心向身后，手臂自然伸直向侧后方摆动至接近地面平齐时，屈肘上举至肘与肩平齐或略高于肩，前臂与上臂成 90° 或略小于 90°，掌心向上（图 2-1-24，2–5）。

（3）传球出手。左脚着地，重心前移，右脚蹬地，转髋转体，左臂屈肘后收，右臂由肩带肘顺势加速前挥，通过压腕，手指拨球将球鞭打出手（图 2-1-24，6—7）。

（4）随挥。球出手后，上体顺势转向左侧，重心移至左脚，右臂随惯性向身体左下方摆动，上体向左下压，右脚向前自然跟进（图 2-1-24，8）。

2. 技术要点

（1）从准备传球到传球出手，两眼应始终注视传球目标。

（2）左脚伸踏着地点在右脚与传球目标连线的左侧边。

（3）直臂后引时，要避免向身后摆动。

图 2-1-24　肩上传球

肩上传球
示范动作

（4）手腕上翻前要保持手臂的放松。

（5）由上向下压腕拨球，使球上下快速旋转。

3. 练习方法

（1）两人一组，做相距适当距离的单腿跪地传球，或两脚左右开立的原地传球。

肩上传球
练习方法

（2）做侧身对网原地传球练习。

（3）两人一组做由近到远的传接球练习。

（在安排传球同伴时需考虑两位练习者的传球能力，尽可能安排传球能力相仿者为一组。传接球区域内的传球必须保持球的飞行方向一致，不得形成交叉。区域外的传球方向不得与区域内的传球方向形成一致。）

（4）边跑边传。练习者分成两组，相向站立，保持适当距离。持球者把球传向接球者后，迅速跑动至对方队列中，接球者接住球后，向传球方向跑动几步，然后将球传给对方接球者，并迅速跑动至对方队列中。以此类推，反复练习。

（5）四角顺时针、逆时针、对角多种组合的传接球。

（6）接力后转身传球。若干名练习者成一路纵队排列，前后保持适当的距离。除排头和排尾外，其他练习者正面接球后，后交叉步接转身将球传给下一名练习者，以此类推，反复练习。若干个轮次练习后，排头、排尾与其他练习者交换位置。

（7）传球准确性练习。设置目标区域，练习者在适当距离外向目标区域传球。

4. 常见错误与纠正方法

常见错误一：传球时肘关节低于肩关节。

纠正方法：传球手拉住一端固定的橡皮筋，然后将肘关节上举至与肩平齐或略高于肩，做徒手传球练习。

常见错误二：无鞭打动作。

纠正方法：手持毛巾、绳子或细软树枝，面对墙面或镜子进行小臂鞭打压腕练习。

常见错误三：传球时小臂外展。

纠正方法：传球手拉住一端固定的橡皮筋，然后小臂上举至与地面垂直，或略微靠向头部，做传球徒手练习。

常见错误四：两肩与传球目标未成一条直线，伸踏脚着地偏右侧。

纠正方法：在地面上画一条正对传球目标的直线（5 米左右）。传球者右脚触踏直线做徒手或持球的传球练习。在传球转体时以直线为参照物，传球出手后检查伸踏脚是否在白线左侧边缘。

常见错误五：传球出手前右脚前移。

纠正方法：传球出手前，固定右脚，传球出手后，右脚外翻，脚背外侧贴地随重心被动前移。

（三）侧手传球

侧手传球适用于近距离低点接球后的传球，一般多用于内场防守。

1. 技术动作

（1）准备姿势。两脚左右开立比肩宽，双膝弯曲，重心降低，投影点置于两脚前脚掌之间，上体前倾（图 2-1-25，1）。

（2）持球后引。接球后，两眼注视传球目标，左脚向传球方向伸踏，左臂屈肘自然前伸，右臂屈肘后摆，前臂与上臂成 90° 或接近 90°，掌心向下

（图 2-1-25，2、3）。

（3）传球出手。左腿屈膝，前脚掌内侧着地，由下往上转体，重心前移，左臂屈肘内收置于腰部，右小臂加速前挥，手腕向内旋转压腕，手指拨球出手（图 2-1-25，4、5）。

（4）随挥。球出手后，右臂随出手方向自然摆动，与传球目标成一条直线（图 2-1-25，6）。

图 2-1-25　侧手传球

2. 技术要点

（1）从传球摆臂开始，直到传球出手，两眼始终注视传球目标。

（2）通过前交叉步或垫步调整传球方向，使左侧髋关节对准传球目标。

（3）传球时小臂与地面接近平行。

3. 练习方法

（1）做对挡网传球练习。

（2）两人一组，做相距适当距离传接球练习。

（3）站在不同的防守位置接地滚球后向不同的垒位传球。

4. 常见错误与纠正方法

常见错误：起身传球。

纠正方法：维持准备姿势做徒手传球练习，做维持准备姿势向挡网传球练习。

（四）低手抛球

低手抛球根据其动作特征，分为正手抛球和反手抛球。低手抛球适用于更近距离的传球，一般多用于垒位附近接球后的传球。

1. 正手抛球

（1）技术动作。

① 准备姿势：根据接球位置的不同，选择肩上传球或侧手传球的准备姿势。

② 抛球摆臂：两眼注视抛球目标，掌心向前，在向抛球方向顺势跨步或跑一到两步过程中，右臂自然下垂置于体后（图 2-1-26，1、2）。

③ 抛球出手：左脚着地后，左臂置于身前，右臂将球送至体前远端，同时重心前移，然后手指推球出手（图 2-1-26，3）。

正手抛球示范动作

1　　2　　3

图 2-1-26　正手抛球

（2）技术要点。

① 必须在跑动中完成抛球。

② 直臂放松摆动，将球推送出手，避免让球产生旋转。

（3）练习方法。

① 两人一组，相距适当距离，相互抛接球。

② 做行进间抛接球练习。

正手抛球练习方法

（4）常见错误与纠正方法。

常见错误一：出手时，向上屈肘、勾腕。

纠正方法：在练习者身前适当的距离放置球筐，直臂向球筐内抛带有抛物线的球。

常见错误二：甩臂抛球。

纠正方法：采用直臂向球筐内抛带有抛物线的球的练习方法，或持球置于体前，然后直臂向前送球。

2. 反手抛球

反手抛球是传球者向其右侧抛球的一种传球技术。

（1）技术动作。

① 准备姿势：根据接球位置的不同，选择肩上传球或侧手传球的准备姿势。

② 反抛出手：两眼注视右侧抛球目标，掌心向右，右臂向右侧目标内旋前伸至远端，手指推球出手，并指向目标（图 2–1–27，2、3）。

1　　　　2　　　　3

图 2–1–27　反手抛球

反手抛球
示范动作

（2）技术要点。

① 原地抛球，保持重心稳定。

② 右臂放松，肘关节微屈，手腕伸直，掌心对准传球目标，避免让球产生旋转。

（3）练习方法。

① 做对网抛球练习。

② 两人一组，相距适当距离抛球。

反手抛球
练习方法

（4）常见错误与纠正方法。

常见错误：甩臂抛球。

纠正方法：做徒手模仿练习、对网抛球练习。

四、棒垒球运动投手技术（以右手投球为例）

由于投手在投球时为了追求快、准、变化，所以其握球、出手有别于一般的传球，由此逐渐形成了一项专门技术。

（一）棒球投手技术

棒球投球根据投手的站姿，可分为正面投球和侧身投球，按投球动作特征，可分为肩上投球（也称上手投球）、侧手投球（也称横投）和下手投球。根据不同的握球方式及出手瞬间手腕、手指对球施加不同作用力而产生的飞行轨迹在空间及时间上的变化，可分为直线快球、变化球和变速球。本章节主要介绍肩上投球技术。

1. 握球

（1）直线球（Fastball）。直线球也称“四缝线球”。握球方法同传球中的三指握球，主要用于投直线球。

（2）伸卡快速球（Sinking Fastball）。伸卡快速球也称“二缝线球”。握球时食指和中指分别按压在球体两条相邻且最窄的线缝上，拇指内侧在球体的下端，无名指与小指自然弯曲置于球侧，掌心悬空（图 2–1–28）。

（3）滑球（Slider）。食指与中指并拢按压在球体线缝上，并置于球的外侧，拇指托在球体斜下方侧偏离底部中心位置，无名指与小指自然弯曲置于球侧，掌心悬空（图 2–1–29）。

图 2–1–28　伸卡快速球握法

图 2–1–29　滑球握法

（4）下坠球（Drop）。食指与中指并拢，中指按压在球体线缝上（图 2–1–30，1），拇指托在球体的下端，无名指与小指自然弯曲托在球体另一侧下端，托球位置和大拇指基本平行（图 2–1–30，2）。

（5）变速球（Changing）。五指握球，中指和无名指压在球体线缝上（图 2–1–31，1），小指置于球侧，食指内侧贴住球体，指尖尽可能贴住大拇指内侧，呈 OK 手势（图 2-1-31，2），大拇指托住球体并置于中指线缝下方（图 2-1-31，1）。

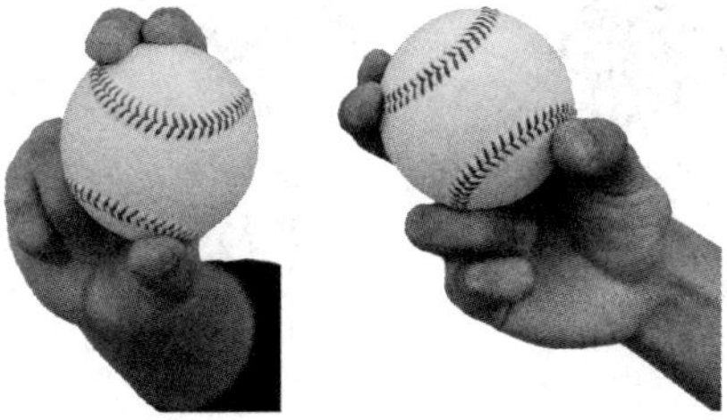

1　　2

图 2-1-30　下坠球握法

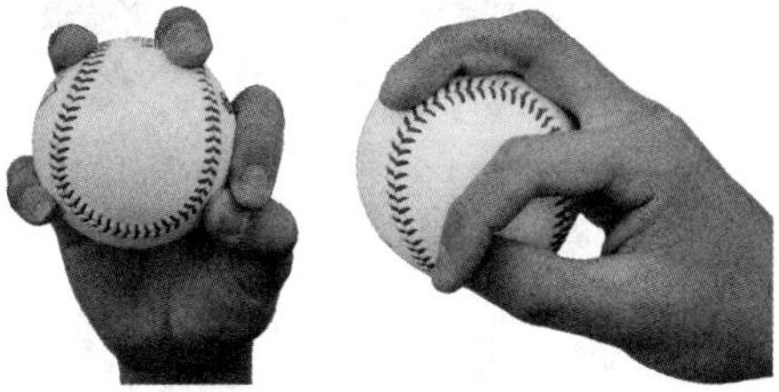

1　　2

图 2-1-31　变速球握法

2. 正面投球

（1）技术动作。

① 准备姿势：两脚前后站立面向本垒，右脚（支撑脚）触踏投手板前沿，左脚（伸踏脚）置于投手板后侧，双手持球置于胸前或额上，上身自然放松，双眼注视投球目标（图 2-1-32，1）。

② 启动抬腿：右脚（支撑脚）往三垒方向转动至足弓内侧正对本垒，并保持与投手板接触。抬起左腿至膝关节高于髋关节，同时髋关节稍内收。上体正直，保持身体平衡（图 2-1-32，2—4）。

③ 伸踏摆臂：右腿膝关节微屈，放腿送髋，左脚（伸踏脚）向外画弧向前伸踏，并伴随重心前移，左臂微屈向内旋转前伸，右臂自然伸直向侧后方摆动（掌心向身后）至接近与地面平齐时，屈肘上举至肘略高于肩，前臂与上臂成 90° 或略小于 90°，掌心向上（图 2-1-32，5—7）。

④ 投球出手：左脚跟着地后，右脚蹬地，扭转腰部，上体保持正直，右臂由肩带肘顺势加速前挥，通过压腕、手指拨球将球鞭打出手（图 2-1-32，8）。

a. 直线球出手：出手时，手指手腕由上至下发力，使球向后旋转。

b. 伸卡快速球出手：与直线球出手相似，若想使球接近本垒板时下沉，则在出手时，食指对球施加更多的压力。

c. 滑球出手：出手时，手指手腕由上至下发力，顺势将球“甩”出，使球产生水平方向旋转。

d. 下坠球出手：出手时，偏重中指用力，腕关节扭转掌心向内，手指由上向下快速拨球，使球向前旋转。

e. 变速球出手：出手动作与直线球相同，但少了手指的用力。

⑤ 随挥：投球手臂随挥至左髋外侧，右脚自然向前移动（图 2-1-32，9）。

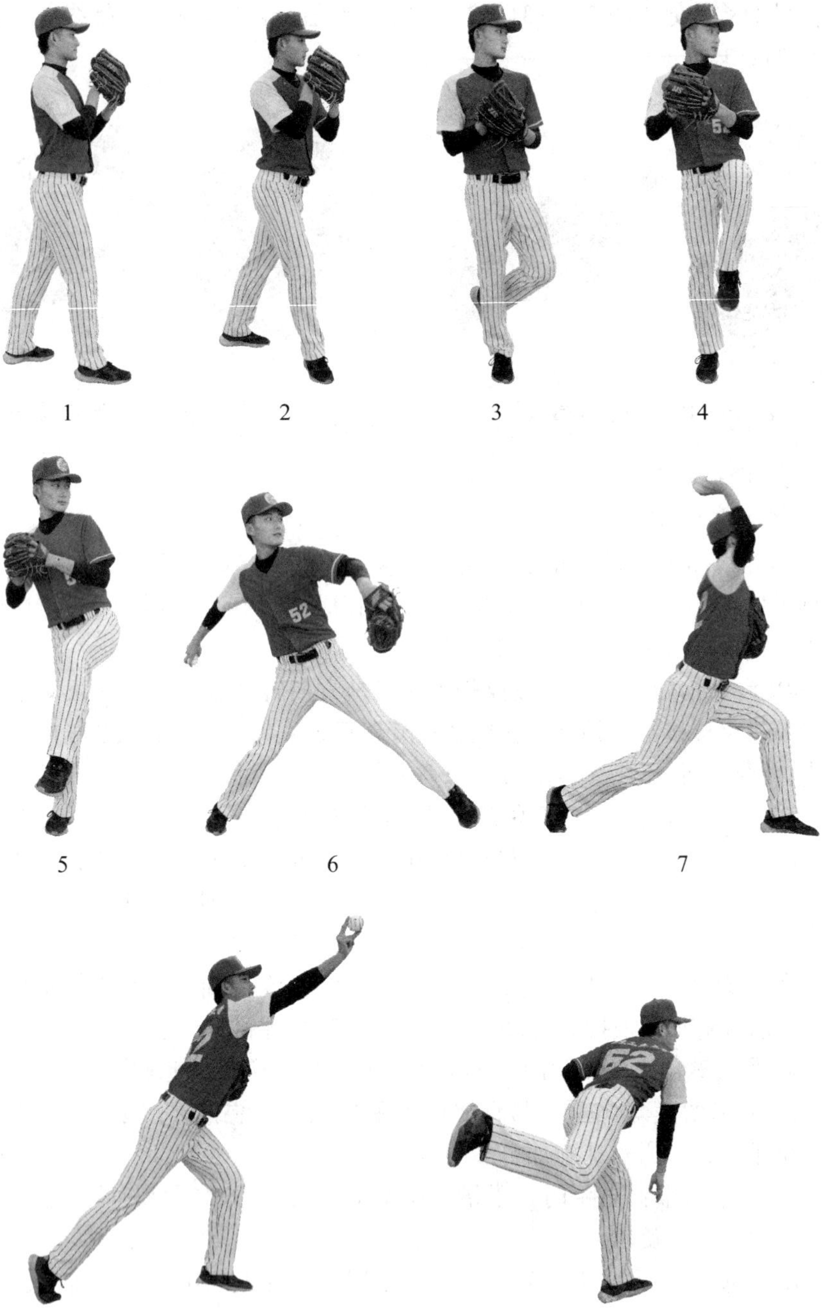

正面投球
示范动作

图 2-1-32　正面投球

（2）技术要点。

① 投球过程中两眼始终注视投球目标，并保持身体的平衡。

② 动作连贯、流畅，力量应由下往上传递。

（3）练习方法。

正面投球练习方法

① 做投球徒手练习。

② 做甩动毛巾或树枝的投球徒手练习。

③ 做原地侧身弓步投球练习。

④ 做投准练习：在挡网上设置几个目标点，投手站在正常投球距离位置上向目标点投球。

（4）常见错误与纠正方法。

常见错误一：未送髋直接伸踏。

纠正方法：侧身站立于低单杠前，投球手臂伸直握住单杠，反复练习提腿、送髋、还原动作。

常见错误二：上下肢动作脱节、仅用手臂发力。

纠正方法：持球侧身弓步站立，前脚踩在汽车轮胎上，重心在前脚，体会转髋发力带动手臂投球的动作。

常见错误三：右脚（支撑脚）离地过早。

纠正方法：投球出手后，强调右脚（支撑脚）向内旋转，体会脚背拖地前移。

3. 侧身投球

（1）技术动作。

① 准备姿势：右脚（支撑脚）触踏投手板或紧贴投手板前沿，左脚（伸踏脚）置于右脚前，且在投手板两侧延长线内，上身保持正直，双手合手持球于体前，并保持身体的完全静止，两眼注视投球目标（图 2-1-33，1）。

② 启动抬腿：左脚屈膝抬腿，同时髋关节稍内收，上体正直，并保持身体平衡（图 2-1-33，2）。

③ 伸踏摆臂（图 2-1-33，3—5）：同正面投球。

④ 投球出手（图 2-1-33，6）：同正面投球。

⑤ 出手技术：同正面投球。

⑥ 随挥（图 2-1-33，7）：同正面投球

（2）技术要点。

① 投球过程中两眼始终注视投球目标。

② 合手后，双腿应保持微屈，上身微微前倾，以便保持身体平衡。

③ 投球动作要快，避免让跑垒员赢得偷垒时间。

侧身投球
示范动作

图 2-1-33　侧身投球

（3）练习方法。同正面投球。

（4）常见错误与纠正方法。同正面投球。

（棒球竞赛规则规定，正面投球不可向垒上传牵制球，所以正面投球具有一定的局限性。通常情况下，只有在垒上无跑垒员或三垒有跑垒员时才会被采用。而侧身投球则无限制，运用更广泛。）

延伸阅读

侧手投球（横投）与下手投球

1. 侧手投球（横投）

侧手投球（横投）是棒球投球的一种技术类型，其技术动作与肩上投球基本相同，但在伸踏摆臂、投球出手方面有所不同。侧手投球（横投）在伸踏时，投手的上体向胸前倾斜下探，出手时将挥臂的角度转为水平（图 2-1-34）。侧手（横投）投出的球，其水平横移的幅度较大，对于同侧向击球员具有较大的威胁性。

2. 下手投球

下手投球俗称“下勾投法”，是棒球投球的一种类型。投球摆臂时，先将手臂压至低于肩部，然后再由下向上挥臂将球投出（图 2-1-35）。下手投球有上飘的效果，对击球员具有一定威胁。但由于投球姿势及出手方式明显有反力学之特性，所以对投手的手臂、腰部、下肢力量以及柔韧有较高要求。

图 2-1-34　侧手投球（横投）

图 2-1-35　下手投球

侧手投球示范动作

下手投球示范动作

3. 牵制球技术

棒球投手向垒位上传牵制球的目的在于给跑垒员施加压力，避免其离垒过远，战术牵制还可以影响击球员的击球节奏，破坏对方已部署的进攻战术。

（1）技术动作（以右投为例）。

① 准备姿势：侧身投球，保持静止状态。转头目视或用余光观察跑垒

员离垒情况。

② 牵制：

牵制一垒示范动作

a. 牵制一垒：右脚（支撑脚）蹬地，肩、髋带动上体后转，左脚（伸踏脚）向一垒方向伸踏，并将球传出。

b. 牵制二垒：两眼注视本垒，余光观察跑垒员，抬起左腿，髋关节带动身体向右转动 90°，左脚向二垒方向伸踏，目光转向二垒将球传出。

牵制二垒示范动作

c. 牵制三垒：两眼注视本垒，余光观察三垒跑垒员。抬起左腿，然后向三垒方向伸踏，同时目光转向三垒将球传出。

（2）技术要点。

① 动作迅速、连贯、顺畅，具有迷惑性。

② 善于寻找牵制时机。例如，跑垒员离垒较远、回垒重心不稳等情况。

（3）练习方法。

牵制三垒示范动作

① 做向各垒位传牵制球的徒手练习。

② 做向各垒位传牵制球的练习。

③ 根据暗号传牵制球的实战练习。

（4）常见错误与纠正方法。

常见错误一：伸踏步不指向牵制方向造成犯规。

纠正方法：在投手板中心点画“十”字，传牵制球时伸踏脚必须踏在线上。

常见错误二：静止时转动双肩。

纠正方法：持球静止转头练习。

（二）垒球投手技术（以右手投球为例）

根据投球动作特征，垒球投球可分为后摆式、背弓式、绕环式三种。根据不同的握球方式及出手瞬间手腕的用力，以及手指对球体的不同作用力而产生球体飞行轨迹的变化，可分为直线快球和变化球。

由于绕环式投球发力协调，便于投出各种类型变化球，所以绕环式投球已成为当今国际垒坛普遍采用的投球方式。这里主要介绍绕环式投球技术。

直线球示范动作

1. 握球

（1）直线球。直线球握球技术与传球相同。

（2）下坠球。下坠球的握法分为两种。

握法一：食指、中指分别按压在球体两条相邻且最窄的线缝上（图 2-1-

36，1、2），拇指第一关节托扣在球体的左侧下方（图 2-1-36，2），无名指、小指并拢微屈贴球（图 2-1-36，3）。

下坠球示范动作

1　　2　　3

图 2-1-36　下坠球握法一

握法二：食指、中指并拢按压在球体两条相邻且最窄的线缝中间，（图 2-1-37，1、2）拇指第一关节托扣在球的左侧下方（图 2-1-37，2），无名指、小指并拢微屈贴球（图 2-1-37，3）。

1　　2　　3

图 2-1-37　下坠球握法二

（3）上升球。食指、中指、无名指自然分开，食指、中指分别压在球体顶部球缝上（图 2-1-38，1），拇指第一关节托扣在球体左侧下方（图 2-1-38，2），无名指贴在球体右侧，小指微屈贴在球体右侧下方（图 2-1-38，3）。

上升球示范动作

1　　2　　3

图 2-1-38　上升球握球

（4）慢球。食指、中指、无名指自然分开按压在球体顶部球缝上（图 2-1-39，1），拇指第一关节托扣在球的左侧下方（图 2-1-39，2），小指微屈贴球，整个球体贴住手掌指根（图 2–1–39，3）。

慢球示范动作

1　　　2　　　3

图 2–1–39　慢球握球

2. 技术动作

（1）准备姿势。两脚前后站立面向本垒，右脚（支撑脚）触踏投手板前沿，左脚（伸踏脚）置于投手板后侧，且在投手板两侧延长线内，重心置于左脚，双手合手持球于体前，上身自然放松，双眼注视投球目标，并保持 2~5 秒的静止（图 2–1–40，1）。

（2）投球摆臂。上体前倾，身体重心由左脚移向右脚。分手时，右脚用力提踵，左脚提膝向前伸踏，左臂微屈前摆，右臂自然伸直，以肩关节为轴由后向前上方绕环（360°），在向上绕至最高点与地面接近垂直时，上体稍转向右侧，肘部、手腕、掌心外转，使左髋和身体侧对出球方向（图 2–1–40，2—6）。

（3）投球出手。右脚急速蹬地，在左脚伸踏着地后，重心前移，向左转髋并带动右肩向前，右臂迅速由上向后下方加速绕环，经体侧在髋前通过甩腕拨指将球投出，左臂在右臂前挥的同时快速回收（图 2–1–40，7—8）。

（4）出手技术。

① 直线球出手：当手臂下摆后，在小臂靠近身体与髋部接触时，手腕快速翻转，同时手指由下往上拨球出手，手背朝接手方向送。

② 下坠球出手：当手臂下摆与身体形成 30° 夹角时，身体微微前倾，肩关节前送，手腕快速向内旋转，食指、中指由外向内拨球出手，使出手后球产生由上而下旋转。

③ 上升球出手：当手臂下摆与身体形成 15° 夹角时，小臂带动手腕由内向外旋转，大拇指、食指和中指按顺时针方向拨球出手。使球出手后产生由下而上的旋转。

④ 慢球：当手臂正常速度下摆准备出手时，肩部微微制动，手指不做任何拨球动作，虎口向前，摆臂惯性出手。

（5）随摆。拨球出手后右臂继续摆动，手指指向接手方向，重心前移，并保持身体平衡。右脚快速蹬地后，向左转体。（图 2–1–40，9）。

绕环式投球示范动作

图 2-1-40　绕环式投球

3. 技术要点

（1）当手臂绕至最高点时，身体面向三垒方向。

（2）投球出手时，手臂内侧必须与髋部外侧碰触，使手腕跟手指能够快速灵活拨球出手。

（3）下坠球拨完球后，手腕贴住大腿。同时，伸踏距离稍小于投直线球的距离。

（4）上升球拨完球后，手腕手指应朝上。同时，伸踏距离稍大于投直线球的距离。

（5）投慢球时，整体投球动作不能变慢，否则达不到慢球的视觉差效果。

（6）投球时上下肢用力协调。

绕环式投球练习方法

4. 练习方法

（1）徒手练习。正面对墙或挡网，留一个仅限绕臂的空间，在脚尖、膝盖、腰、肩不动的情况下，进行徒手绕臂练习。

（2）拨球练习。对手套或挡网、墙壁做拨球练习，认知、体会不同拨球出手所产生的球的旋转。

（3）完整动作徒手练习。从分解投球练习开始，逐渐到完整动作徒手练习，体会发力顺序，建立正确的动力定型。

（4）拨球出手练习。侧对挡网，持球至最高点，练习下摆投球拨球出手技术。练习由近到远，由慢到快，由易到难，循序渐进。在投球技术动作稳定后，可以增加一些重球练习，以提高投手拨球的手指力量。

（5）投准练习。在挡网或墙上标出“好球区”。从向“好球区”投球开始，逐渐过渡到投点练习（按高低、内外角投点）。

5. 常见错误与纠正方法

常见错误一：转体不够，正面投球。

纠正方法：正面对墙或挡网站立，练习体前绕臂。

常见错误二：出手远离身体。

纠正方法：手臂绕至最高点时贴紧耳朵，出手前手臂内侧寻找大腿外侧。

常见错误三：支撑脚离地过早。

纠正方法：右脚蹬地发力后，拖地碰触左小腿后离地。

延伸阅读

跳　投

“跳投”是指投手的右脚（支撑脚）蹬离投手板时做一个连贯的跨跳，在右脚（支撑脚）落地后再蹬地完成投球动作。它是从“绕环式”投球演变而来，其目的是缩短球的飞行距离，并使右脚（支撑脚）蹬地更有力。由于“跳投”对下肢力量要求比较高，所以目前国际上，“跳投”在男子比赛中应用比较广泛。

跳投示范动作

五、棒垒球运动接手技术（以右手传球为例）

接手防守技术比除投手外的其他防守队员技术复杂，接手除了要处理击球员击出的球以外，还要指挥投手投各种不同类型的球，并在半蹲或全蹲状况下对偷垒的跑垒员进行传杀等。

（一）接投手投球

1. 技术动作

首先呈准备姿势。

（1）发暗号。两腿屈膝全蹲，脚跟提起，臂部贴近小腿，两膝外展，上体正直，身体保持稳定。当投手触踏投手板看暗号时，接手的传球手置于大腿内侧深处发出投不同类型球的手势，同时戴手套手置于大腿上方，略微遮挡，以免暗号暴露（图 2-1-41）。

图 2-1-41　接球手发暗号

（2）全蹲、半蹲准备接球。当垒上无跑垒员时，面向投手屈膝全蹲，两脚尖稍向外，上体略前倾，左臂弯曲置于投手投球的目标位，掌心向前，右臂自然下垂置于体侧或身后，两眼注视来球（图 2-1-42,1）。

当除三垒外的其他垒上有跑垒员时，接手可以选择全蹲接球（接手臂力强，传球动作快），也可以选择半蹲接球。若选择半蹲接球，则其两脚左右开立略宽于肩，左脚稍靠前，右脚尖稍向外，大腿与地面接近平行，上体前倾，左臂弯曲置于投手投球的目标位，掌心向前，右臂自然下垂置于体侧或身后，两眼注视来球（图 2-1-42，2）。

1　　　　2

图 2-1-42　蹲姿

（3）接球。若无需传杀，且为膝关节以上的球，则掌心向前（图 2-1-43，1），在球进手套后，左手合手，手腕用力把球顶住；接膝关节以下的球，掌心向上，球进手套后，左手合手（图 2-1-43，2）。

1　　　　2

图 2-1-43　接球

接球示范动作

若需传杀，无论是膝关节以上还是以下的球，都需在球即将进入手套前，右臂向手套方向移动。在球碰触手套“甜点”后，右手手指微屈置于手套边保护（图 2-1-44，1），并拿球上举准备传球（图 2-1-44，2）。

（若遇反弹球，则接球时单膝或双膝跪地，同时低头含胸，上体前倾，两肩下压，双手置于两之腿间，掌心向前，右手手指微屈置于手套边，双手接球（图 2-1-45，1、2），或用身体挡球。若是偏向两侧的反弹球，则单脚向来球方向移动（左侧球移左脚，右侧球移右脚）或向来球方向侧滑步，使球位于两腿之间，然后接球或身体挡球。）

1　　　　2

图 2-1-44　接球传杀

1　　　　2

图 2-1-45　接反弹球

接反弹球示范动作

2. 技术要点

（1）根据击球员的身高和在击球区的站立位置，选择适宜的接球位置。一般选择靠近本垒板，但又不会被击球员击中身体的位置。

（2）准备接球时，手套面向投手张开，给予投手投球目标。

（3）两眼紧盯投手投出的球进手套，以免击球员挥击而眨眼导致失接。同时，除了接反弹球，尽可能掌心向前接球。

3. 练习方法

下列各项练习可以穿戴护具。

（1）接不同方向来球，体会接住球后手腕小臂的控球能力。该练习可以先从接网球开始。

（2）戴手套，在各种蹲姿状态下，看手势接不同方向反弹球的徒手练习。

（3）接从正面各个方向抛、投的球，包括反弹球。

（4）左手佩戴拳击目标垫，在全蹲或半蹲状态下用拳击目标垫接教练投来的球，同时右手保护拿球，并上举至传球位置。

4. 常见错误与纠正方法

常见错误一：闭眼接球（尤其击球员挥棒时）。

纠正方法：戴好面罩，张开双眼，由教练员或同伴往面罩上砸球。

常见错误二：低球或反弹球起身躲球。

纠正方法：穿戴护具，单脚或双脚跪地，下颌贴近锁骨接各种低球或反弹球。

（二）接投手球传杀各垒位

1. 技术动作

接手半蹲或全蹲准备接球（半蹲为最佳接球姿势，但若接手臂力强，传球动作快也可采用全蹲姿势）。当球碰触手套“甜点”时，右手迅速移至手套边护球、后引、拿球，并上举至传球位置。与此同时，双脚原地（传杀二垒）或向后（传杀三垒、一垒）起跳转体，使左肩对准传球方向，并避开击球员的影响，然后右脚落地，左脚向传球方向伸踏传球（图 2-1-46）。

接球传杀示范动作

1　　2　　3　　4

图 2-1-46　接球传杀

2. 技术要点

接球牢固，双手后引的同时双脚起跳转体，持球上举到位后传球出手。传球目标应为垒包靠近跑垒员一侧。

3. 练习方法

下列练习需穿戴护具。

（1）做接球后引、拿球、上举的徒手与有球练习。

（2）做接球后引、拿球、上举与起跳衔接的徒手与有球练习。

（3）做接球传杀各垒位的练习。

（4）做有跑垒员跑垒的传杀练习。

4. 常见错误与纠正方法

常见错误一：单手接球。

纠正方法：用拳击目标垫接球。

常见错误二：接球后引慢。

纠正方法：做接球后引、拿球、上举的徒手与有球练习。

常见错误三：传球时被击球员挡住传球路线。

纠正方法：加大向后跳跃的幅度。同时，在向三垒传球时，在击球区站立一名右打击球者；向一垒传球时，在击球区站立一名左打击球者。

（三）接击出的球

1. 接地滚球

接地滚球示范动作

（1）技术动作。当击球员击出本垒附近地滚球后，迅速起动，并沿球滚动方向快速跑动。在跑动至接球点附近时，右脚制动，左脚向前跨步，并向右转体面向球滚动方向，同时两膝弯曲，上体前倾，重心下降，手套与右手同时包抄接球。球进手套后，右手拿球摆臂至传球位置，两脚前交叉步或后交叉步（根据传球方向而定）转体至左肩对准传球方向，然后右脚落地，左脚伸踏传球。

（2）技术要点。若接球节奏不对，可以利用碎步调整步点，使接球与传球有更好的衔接。

（3）练习方法。

① 接本垒附近地滚球，听口令传各垒位。

② 通过实战进行练习。

（4）常见错误与纠正方法。

常见错误：单手接球。

纠正方法：跑动中包抄接固定球，跑动中包抄接滚动的球。

2. 接本垒附近高飞球

（1）技术动作。当击球员击出本垒附近高飞球，包括触击高飞球时，首先判断球的落点，然后迅速移动到球的落点下方，采用高飞球额上接球方式接球（图 2-1-47，1），或在胸部附近采用接腰部以下接球方式接球（图 2-1-47，2）。接球后拿球引至传球位置，并观察场内情况，随时准备向垒上传球。但若遇弧度较小的高飞球时，则直接移动接球。

（2）技术要点。由于球的后旋原因，使得球的下落不为一条直线。所以，接手应选择球最高点的投影位于自己头后侧的位置接球。

（3）练习方法。接手抛或教练员棒击出的本垒附近高飞球。

接本垒附近高飞球示范动作

1　　2

图 2-1-47　接本垒附近高飞球

（4）常见错误与纠正方法。

常见错误：接球位置选择错误。

纠正方法：多做接教练员棒击出的本垒附近高飞球练习，熟悉球的旋转。

第二节　棒垒球运动基本进攻技术

一、棒垒球运动击球技术

击球技术是每个棒垒球运动员必须掌握的一种进攻手段。根据击球的动作特征，可以分为挥击、触击、拖击、敲击。而挥击、触击则是最为常见，应用最为广泛的进攻技术。本节主要介绍挥击与触击技术。

（一）球棒的选择

球棒是击球的工具。较轻的球棒便于控制，但击中球后的飞行速度较慢、距离较近。较重的球棒击中球后飞行速度较快、距离较远，但对力量相对较弱的击球员而言不易控制。因此，每名击球员应根据自己的身高，体重、臂力强弱、击球特点和习惯，选用挥动自如的球棒，为正确击打投手投球创造条件。

（二）左打、右打的选择

左打击球员站在一垒方向击球区内（图 2-2-1，1），右打击球员站在三垒方向击球区内（图 2-2-1，2），因此左打击球员跑向一垒的距离比右打击球员来的短。另外，在右投为主要人群的背景下，左打击球员比右打击球员更能看清楚投手投球的出手以及球的飞行轨迹，从而提高击球质量。虽然左打有上述优势，但其应建立在便于发力的基础之上。当左打、右打都便于发力时，则优先使用左打。

1 2

图 2-2-1 左、右打

（三）握棒（以左打为例）

1. 握棒要点

握棒时，左手在下，右手在上，两手并拢，球棒置于两手指根及虎口间，手指自然弯曲扣住棒柄并握紧，使两手手指第二指关节对齐在一条线上（图 2-2-2，1），或右手第二指关节置于左手近节指骨中间（图 2-2-2，2）。

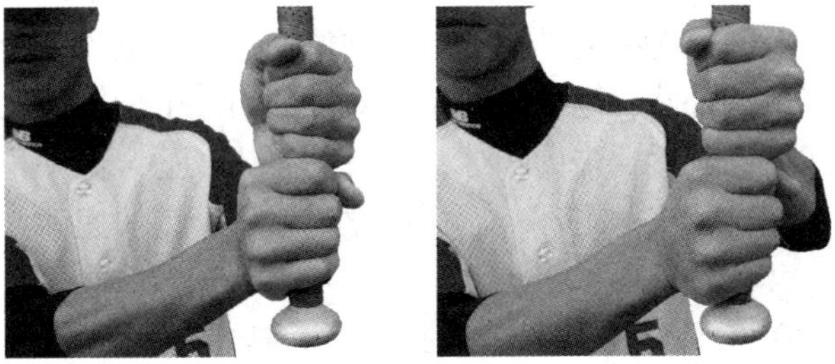

1 2

图 2-2-2 握棒

2. 握棒的分类

在保持上述握棒的基础上，依据双手握棒位置，可将握棒分为常规握法、长握法、短握法三种。

（1）常规握法。左手距棒柄圆头约两指间距。该握法适合初学者采用（图 2-2-3，1）。

（2）长握法。左手靠近棒柄圆头。长握法适合力量较强者采用（图 2-2-3，2）。

（3）短握法。左手距棒柄圆头约一拳间距。短握法适合力量较弱或在击速快球时采用（图 2-2-3，3）。

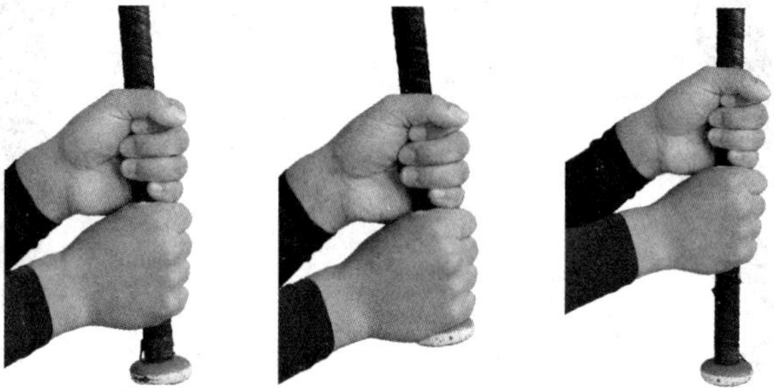

1 2 3

图 2-2-3 握棒种类

（四）站位与站姿

1. 站位

站位是击球员进入击球区准备击球时两脚所站立的位置。正常站位是指击球员正对本垒板，两脚距击球区靠近本垒板一侧的白线约半个脚距离（图 2-2-4，1），远位（图 2-2-4，2）与近位（图 2-2-4，3）是指击球员两脚站立位置距本垒板的距离，前位（图 2-2-4，4）与后位（图 2-2-4，5）是指两脚站立位置在击球区内的前端与后端。站位的选择根据投球变化和战术需要而定。一般而言，正常站位是在无特别针对性的情况下使用，比较适合初学者采用。而远位站立比较适合击内角球，近位站立比较适合击外角球。前位站立比较适合击各种变化球或触击球，后位站立比较适合击快速球。

2. 站姿

根据击球员在击球区内准备击球时的站立姿势，可将站姿分为平行式、开放式、封闭式三种。

图 2-2-4　站位

（1）平行式站姿。两脚左右开立比肩宽，与击球区靠近本垒板一侧的白线保持平行（图 2-2-5，1）。该站姿比较灵活，可以击各种投手投球，适合初学者采用。

（2）开放式站姿。两脚左右开立比肩宽，侧对三垒方向（图 2-2-5，2）。该站姿能提高起棒速度，较易击内角球，但击外角球，尤其是外角低球较为欠缺。

（3）封闭式站姿。两脚左右开立比肩宽，侧对二垒手方向（图 2-2-5，3）。该站姿易手腕用力，有利于击外角球，但不易击内角球。

1　　2　　3

图 2-2-5　站姿

（五）挥击（以右打为例）

1. 挥击

（1）技术动作。

① 准备姿势：左肩在前，右肩在后，侧对投手站立。两脚左右开立与肩同宽或稍宽于肩，含胸收腹，两脚平行或脚尖稍向内，两膝微屈并内扣，身体重心置于两脚前脚掌内侧，上体收腹含胸，微微前倾，双手持棒置于右肩上方，且与右肩正面保持一掌左右的距离，两肘自然下垂，球棒稍倒向身后，两肩平齐，或左肩向内旋转略低于右肩，头转向投手，下颌紧贴左肩，两眼注视投手（图 2-2-6，1）。

② 引棒：当投手摆臂时，击球员继续两眼注视投手，同时身体重心移向右脚，左脚跟抬起，前脚掌内侧着地，或左脚跟顺势后撤，左髋、左肩稍向右转动（图 2-2-6，2）。

③ 伸踏、击球：当投手投球出手时，击球员两眼注视来球，左脚跟稍抬起并向击球方向贴地伸踏，重心前移，在伸踏脚前脚掌着地支撑时，髋关节向左快速转动，并带动腰部以上部位直体左转，同时左腿蹬地旋转，右腿前蹬左转，脚跟抬起，脚背与小腿成“L”型，两前脚掌撑地。与此同时，左臂肘关节对着来球方向前拉，右臂肘关节贴着身体前推，两臂内夹前伸，左手掌心向下，右手掌心向上，双手手腕前推击球，用球棒的圆柱体中前段击球（图 2-2-6，3—7）。

④ 随挥：击中球后，双手手腕继续前推，并在前推过程中通过类似拧毛巾的方式将右腕翻过左腕，然后双臂屈肘收棒于身后（图 2-2-6，8）。

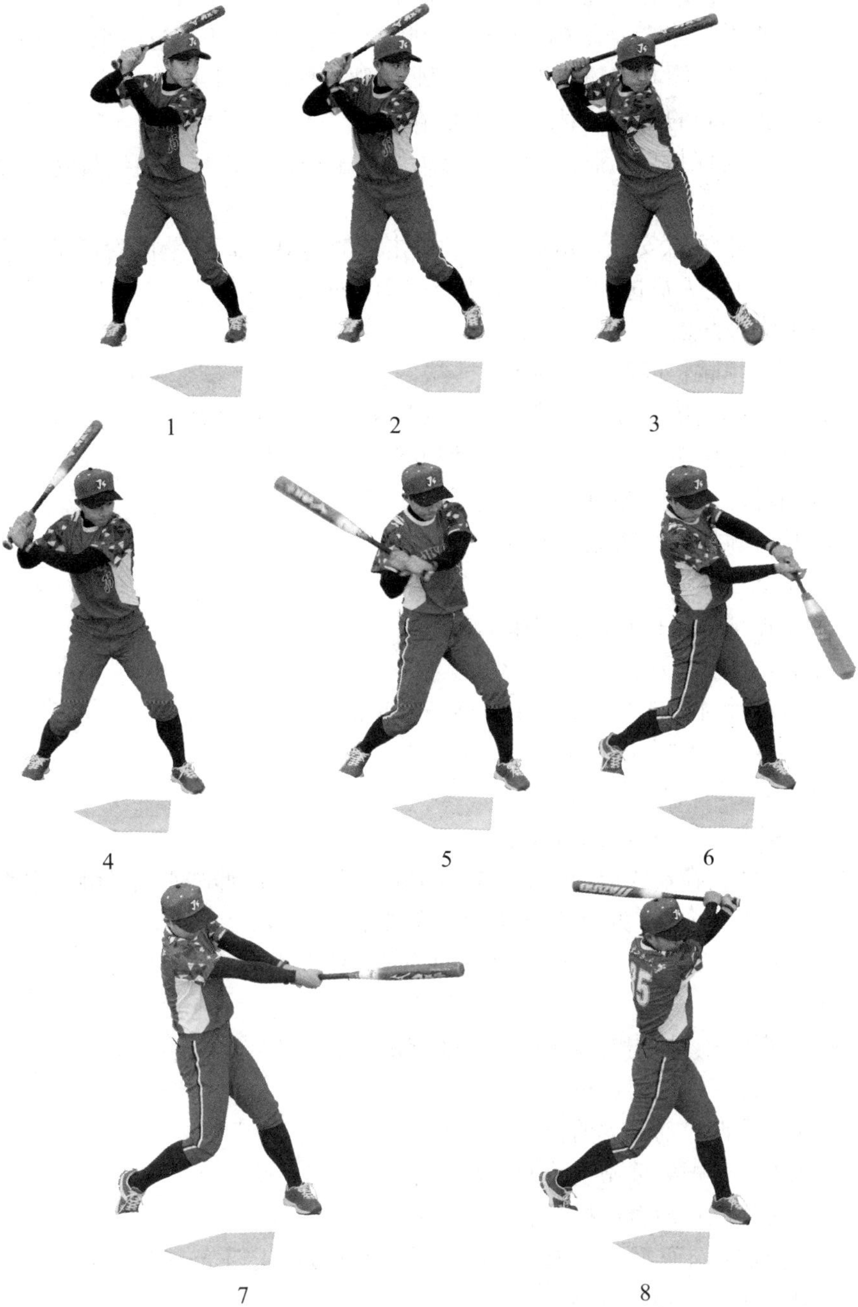

图 2-2-6 挥击技术动作

挥击示范动作

（2）技术要点。

① 准备姿势与引棒保持身体的放松。

② 引棒、伸踏、转髋时保持身体重心的平移，避免重心起伏。

③ 左脚平行伸踏，避免髋关节过早打开。同时伸踏不超过一个脚的距离。

④ 以左髋为圆心转动 90°，同时两脚大腿内侧用力并夹紧。

⑤ 根据不同的来球随时改变挥动轨迹。

⑥ 击球时保持肘、腕的伸直，两眼注视击球点，击球后持续推送并完成翻腕。

⑦ 练习中注意安全。击球者在准备击球时需观察挥棒范围附近是否有人和障碍物，其他人员进入挥棒范围附近时须通知挥击者。

挥击练习方法

（3）练习方法。

① 双手撑腰，或两臂屈肘上举，或两臂夹球棒置于身后转髋。

② 普通挥空棒、假象来球挥空棒以及球棒上添加附加物挥空棒。

③ 做击打固定轮胎、拳靶等辅助物练习。

④ 右膝跪地握短棒单臂击球。

⑤ 单膝跪地或双膝跪地击球。

⑥ 击立柱球。

⑦ 击抛球（包括竖抛、斜抛）。

⑧ 轻击球和击中速球。

⑨ 各种针对性击球，如击上升球、外角低球等。

⑩ 实战练习时击投手投球。

（4）常见错误与纠正方法。

常见错误一：左脚向身后伸踏。

纠正方法：在左脚应伸踏的位置摆放标志物，每次伸踏必须碰触标志物。

常见错误二：转髋时大腿未夹紧，髋关节转动小于 90°。

纠正方法：两腿夹住篮球等合适的球做转体动作，转体后检查肚脐位置是否对准投手。

常见错误三：挥击时棒头倾倒（俗称倒棒）。

纠正方法：引棒时，球棒向上提。

常见错误四：前臂无前拉。

纠正方法：跪姿或站姿前臂单臂击球。

常见错误五：后臂前推时肘关节远离身体。

纠正方法：在两腋窝下放置物品，做动作时夹住，不能使其掉下。

常见错误六：翻腕过早。

纠正方法：利用拉绳式打击训练器或击立柱球。

常见错误七：上体前趴或后仰。

纠正方法：反复进行两臂夹身后球棒转髋和挥空棒练习。

2. 触击

（1）技术动作。触击是以球棒轻触来球或让球碰触球棒的一种击球方式，通常用于进攻战术中。

① 准备姿势：为了避免过早暴露触击意图，通常情况下击球员在投手准备投球时往往选择与挥击球相同的准备姿势（图 2–2–7，1）。而当投手投球即将出手时，则两眼注视来球，左脚向身后撤半步，右脚向前迈一步，两膝弯曲，重心降低置于右脚，上体收腹含胸前倾，并微微向右倾斜正对投手，球棒由上向左下方移动，右手顺势滑向球棒的三分之二处，两臂弯曲持棒于胸前（俗称上一步触击，图 2–2–7，2、3），或原地向左转动，两膝弯曲，右脚跟抬起，重心降低置于左脚，上体收腹含胸前倾与投手约成 45°，并微向右倾斜，球棒与一步触击相同的方法移动（俗称转体触击，图 2–2–8，2、3）。

1　　2　　3

图 2–2–7　上一步触击

触击示范动作

（上步触击姿势比较适合初学者采用。）

② 握棒：右手反握球棒，手腕微微外展，掌心对准来球（图 2–2–9，1）；或右手拇指在上，四指弯曲并拢，食指托于棒下（图 2–2–9，2）。

③ 击球：球棒粗端对准来球，左手握住球棒细端控制击球方向，右手控制球棒粗端触球，两眼紧盯触球点。触球后，右手手腕微微缓冲、后收，使球缓慢滚入场内。

1　　2　　3

图 2-2-8　转体触击

1　　2

图 2-2-9　触击握棒

④ 随挥：完成触击后，把球棒扔在右侧击球箱外，同时起动跑垒。

（2）技术要点。

① 准备触击前保持整个身体的放松。

② 持棒于胸前时，球棒右高左低，与地面夹角约为 30°，肘关节约为 90°。

③ 触球点靠近球棒粗端顶部，保持球棒与身体的同步移动。

（3）练习方法。

① 对镜子做触击动作，观察球棒位置。

② 结合抛球和投球，徒手练习转体与出棒时机。

③ 摆好触击姿势，触击抛球。

④ 右手单手抓球或持棒触击抛球。

⑤ 触击抛球或投手投球至指定位置。

触击练习方法

（4）常见错误与纠正方法。

常见错误一：触击时闭眼、转头、躲球。

纠正方法：佩戴相关护具进行练习，以消除练习者的害怕心理。

常见错误二：中球时手臂手腕前推。

纠正方法：固定球棒触击球。

（5）触击分类。根据触击的行为与目的可分为牺牲触击、上垒触击（俗称隐蔽触击）、抢分触击三种。

① 牺牲触击：牺牲触击是指击球员通过触击球的方式将一垒或二垒跑垒员安全送至下一个垒位的行为。击球员通常在投手投球即将出手前上一步或转体，然后出棒，若判断投手投球为好球，则用棒触球；若判断为坏球，则收棒放弃触击。

② 上垒触击：上垒触击是指击球员通过触击球的方式安全跑上一垒的行为。使用上垒触击的击球员必须具备触击技术好，对球速有较强的阅读能力，且跑垒速度较快等条件。由于上垒触击需要较强的隐蔽性，所以击球员必须在球接近本垒，且判断为好球时才转体、出棒击球，同时启动跑一垒。

（出棒的动作幅度小于牺牲触击。）

③ 抢分触击：抢分触击是指击球员通过触击球的方式使三垒跑垒员跑回本垒得分的行为。采用抢分触击时，无论投手投出的球是好球还是坏球，击球员都必须将球触成地滚球。

延伸阅读

拖击与敲击

拖击、敲击是在挥击、触击基础上延伸出来的一项进攻技术，它可以丰富进攻手段，尤其是进攻战术具有积极的意义。

1. 拖击（以左打为例）

（1）技术动作。由于拖击技术的特点，所以拖击适合左打击球员采用。

① 准备姿势：同挥击（图 2-2-10，1）。

② 引棒上步：两眼注视投手，在投手的伸踏脚即将落地时，击球员的右脚向前伸踏，左脚前交叉向击球区前端跨步，上体维持原有准备姿势。左脚落地后，准备出棒击球（图 2-2-10，2—3）。

③ 击球：两眼注视来球，右臂肘关节（或棒柄圆头处）根据来球的飞行角度和高低，调整和控制用力方向与球棒挥动轨迹，使球棒与球在同一个平面上运行，并在本垒板上空前沿双手紧握球棒，平推击球（图 2-2-10，4）。

拖击示范动作

图 2-2-10　拖击技术动作

④ 随挥：中球后，双臂屈肘收棒于右肩并离手，同时向一垒跑进。

（2）技术要点。

① 左脚在向击球区前端跨步时，躯干保持紧张。上步时避免身体起伏过大。

② 击球时，左前臂的用力稍大于右前臂。

③ 在击球区内完成击球，击球后球棒按原有挥动轨迹继续向前推送。

④ 选择自己喜欢的好球拖击，若遇坏球，或不是自己喜欢的好球，则收棒，放弃拖打。

2. 敲击（以右打为例）

（1）技术动作。敲击相对比较灵活，可以像拖击一样，上一步敲击，也可以原地敲击。本节主要介绍原地敲击，也称“假触真打”。

① 准备姿势：当投手准备投球时，成转体触击准备姿势（图 2-2-11，1）。

② 伸踏引棒：投手投球即将出手前，两眼注视来球，球棒往右上方后引至耳侧，同时右手下滑贴紧左手（图 2-2-11，2、3）

③ 击球：左臂肘关节（或棒柄圆头处）根据来球的飞行角度和高低，调整和控制用力方向与球棒挥动轨迹，并在本垒板上空前沿双手紧握球棒，向地面敲击或下砍来球（图 2-2-11，4）。

图 2-2-11　敲击技术动作

敲击示范动作

④ 随挥：中球后，双臂屈肘收棒于右肩并离手，同时向一垒跑进。

（2）技术要点。向右耳引棒快，握棒短，挥棒幅度小而快，盯准来球，调整击球角度，敲击或砍击球体前上半部分。

二、棒垒球运动跑垒技术

跑垒是棒垒球进攻技术的一部分，包括击球后跑一垒，连续跑垒和离垒。

（一）击球后跑一垒

1. 技术动作

击球员完成随挥动作后，双手脱棒。右打击球员右脚蹬地起动跑一垒，左打击球员左脚蹬地起动跑一垒。

2. 技术要点

（1）沿一垒限制道跑向一垒，踏垒时上体略微前倾下压，同时尽可能用左脚踏垒。

（2）接近一垒时，发现防守失误，踏垒后应迅速急停，并根据场上情况选择跑向二垒或返回一垒位。

（3）击出内场地滚球且还不确定能否穿越内场时，则先以直线方式跑向一垒，在确认穿越内场之后，再采用弧线状跑垒路线跑垒。

3. 常见错误与纠正方法

常见错误：踏垒前最后一步跳跃。

纠正方法：反复进行短距离冲刺跑或跑一垒练习。

（二）连续跑垒

连续跑垒是指击跑员或跑垒员跑一个垒以上的技术。

1. 技术动作

先沿一垒垒线向外绕弧线，然后身体向内倾斜，左右臂沿切线摆动，右臂摆动幅度大于左臂，并用任一脚触踏垒包或垒位（图 2−2−12，1 为击跑员跑二垒，图 2−2−12，2 为击跑员跑三垒，图 2−2−12，3 为击跑员跑本垒）。

2. 技术要点

（1）预测直线跑接弧线跑的切入点，使连续跑垒的弧线最小。

（2）跑过当前垒位以后，眼睛注视下一个垒位。

（3）尽可能触踏垒包内角。

（4）跑垒过程中用余光观察场上发生的情况，接受跑垒指导员的指挥，随时准备急停返垒或继续跑垒。

3. 练习方法

（1）进行不同半径弧的弯道跑。

（2）做直线跑接弧线跑练习。

（3）做短距离往返跑练习。

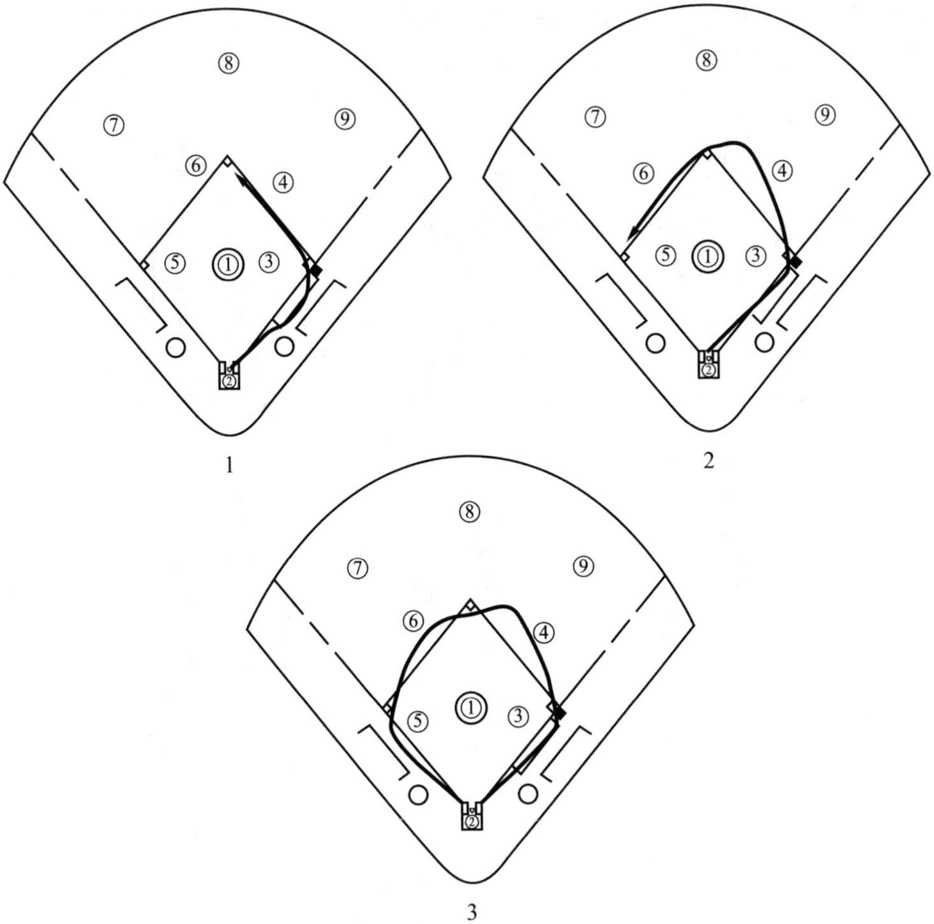

图 2-2-12　连续跑垒

（4）做多垒跑练习。

（5）在实战练习中进行连续跑垒。

4. 常见错误与纠正方法

常见错误：连续跑垒弧度过大或没有弧度。

纠正方法：在场地上按连续跑垒最小跑垒弧度放置标志物，练习者参照标志物全速跑垒。

（三）投手投球的离垒与返垒

1. 棒球投手投球的离垒与返垒

（1）技术动作。

① 第一次离垒：投手侧身踏板后，跑垒员后交叉步离垒 2~3 米（二垒跑

垒员可以适当远一些），面向场内，注视投手，两脚左右分开，两膝弯曲，上体前倾，重心下降置于左脚，两臂体前自然下垂（图 2-2-13）。

第一次离垒示范动作

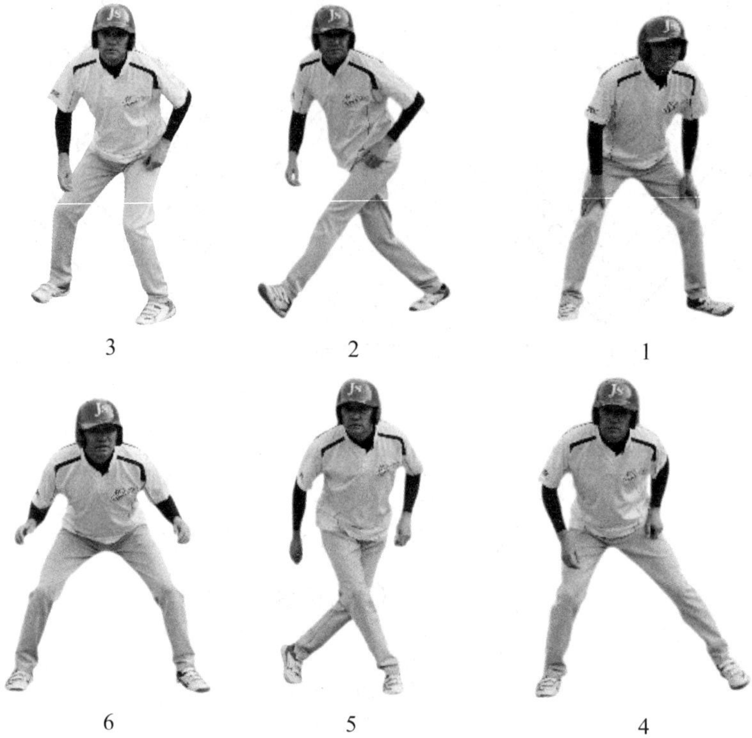

图 2-2-13　第一次离垒

② 第二次离垒：当投手投球起动时，向前加速 2~3 步后接侧滑步，同时身体转向场内（三垒跑垒员在身体转向场内时，两眼注视本垒），降低重心，观察击球情况（图 2-2-14），决定是向下一垒跑进，还是立即返垒。

（由于棒球正面投球不可向垒上传牵制球，所以跑垒员的离垒无具体技术要求，但需把握回垒的时机，以免被接手传杀出局。）

③ 返垒：当接手接球后准备传杀时，跑垒员应迅速返垒，并根据被传杀的可能，选择跑垒（图 2-2-15，1）或扑垒返回（图 2-2-15，2）。

（2）技术要点。

① 自始至终注意观察投手。

② 一垒跑垒员沿着垒线离垒，二垒跑垒员正常情况下沿着垒线离垒，但两人出局后，则向垒线外 2 米左右的区域离垒，以便安打直接跑本垒，三垒跑垒员向垒线外离垒。

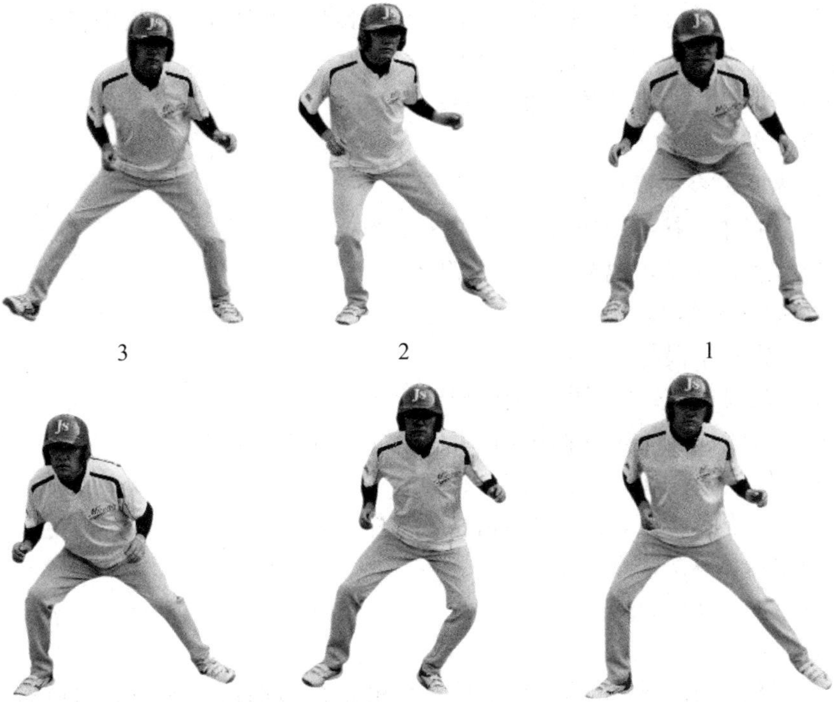

3 2 1

6 5 4

图 2-2-14 第二次离垒

第二次离垒示范动作

1 2

图 2-2-15 返垒

返垒示范动作

③ 离垒时重心置于左脚，以便返垒。

④ 离垒距离因人而异。一垒、三垒跑垒员一般情况下为三步回到垒上的距离，超过三步，则需扑垒返回；二垒跑垒员依据投手牵制球传二垒所需的时间，结合自身返垒能力决定离垒距离。

⑤ 当投手合手前，跑垒员已离垒至自身最远距离时，在投手合手时，则不需要再向前移动，原地观察投手即可。

⑥ 三垒跑垒员必须骑跨边线回垒。

（3）练习方法。

① 做听口令往返跑练习。

② 看投手、接手动作做离垒、返垒、跑垒练习。

③ 在实战中练习离垒、返垒、跑垒。

④ 做偷垒练习。

（4）常见错误与纠正方法。

常见错误一：离垒距离偏近或偏远。

纠正方法：结合投手牵制与接手传杀练习离垒与返垒。

常见错误二：重心置于中间与右脚。

纠正方法：重心降低，左臂稍外展向右侧移动。

2. 垒球投球的离垒与返垒

（1）技术动作。

① 离垒：

a. 当投手踏板静止后，跑垒员一脚触踏垒包前沿，另一脚向后撤一步（图 2-2-16，1），或向前跨一步（图 2-2-16，2），两膝弯曲，上体前倾，后脚脚跟抬起，重心下降置于前脚，两眼注视投手，呈起跑姿势。

1　　　　2

图 2-2-16　垒球投球离垒

b. 当投手启动投球后，向后撤一步准备的跑垒员在投手绕臂即将碰触腰胯部时，后脚用力蹬地起动（在投手投球出手时，恰好踏垒脚离垒）。向前跨一步准备的跑垒员则在投手投球出手时后脚用力蹬地离垒。离垒后，向前加速

2~3 步，紧接着侧滑步，同时身体转向场内（三垒跑垒员在身体转向场内时，两眼注视本垒），降低重心，观察击球情况，决定是向下一垒跑进或立即返垒（图 2-2-17）。

前位离垒示范动作

后位离垒示范动作

图 2-2-17　离垒

② 返垒：同棒球。

（2）技术要点。

① 把握起动离垒时机。

② 离垒距离因人而异。一般情况下，为三步回到垒上的距离，超过三步，则需扑垒返回。

③ 侧滑步时重心置于左脚，以便返垒。

④ 三垒跑垒员必须骑跨边线回垒。

（3）练习方法。同棒球。

（4）常见错误与纠正方法。

常见错误：离垒急停后不转身。

纠正方法：进行离垒急停转身练习。

3. 高飞球离垒与返垒

返垒踩垒后下分

（1）技术要点。当击球员击出高飞球后，若跑垒员判断该球被防守队员接住后能跑到下一个垒，则迅速返垒，待防守队员接住球后向下一垒跑进；若判断该球被防守队员接住后不能跑到下一个垒，则在防守队员接住球后快速返垒。

无法进垒的高飞球离垒返垒

（2）练习方法。

① 结合内外场接高飞球练习。

② 实战练习。

（3）常见错误与纠正方法。

常见错误：返垒与离垒的判断错误。

纠正方法：结合内外场接高飞球练习。

三、棒垒球运动坐式滑垒与扑垒技术

坐式滑垒与扑垒是指跑垒员为了赢得跑垒时间，或为了避免被触杀，或为了急停，在即将到达的垒位前，采用身体接触地面向前滑行，用手或脚去触碰垒包的技术。

（一）技术动作

1. 坐式滑垒

当跑垒员在跑垒过程中距垒包 2~3 米时，两眼注视垒包，左腿向前上方蹬地，身体稍腾起，右腿直腿前伸，上体下坐，左小腿弯曲置于右腿下方，屈肘前举，上臂与地面平行，上体保持正直并略向左倾斜，腿、臀着地成坐姿势向前滑行，最后用右脚跟碰触垒包前沿（图 2-2-18）。

图 2-2-18　坐式滑垒

坐式滑垒示范动作

2. 扑垒

当跑垒员在跑垒过程中距垒包 3~4 米时，两眼注视垒包，单脚用力蹬地，上体前倾，两臂前伸，抬头挺胸，核心收紧，俯身扑向垒包，用胸部以下，膝关节以上部位接触地面向前滑行，用手触摸垒包前沿（图 2-2-19）。

图 2-2-19　扑垒

扑垒示范动作

（二）技术要点

（1）把握滑垒、扑垒时机。

（2）滑垒、扑垒需果断，以免受伤。

（3）坐式滑垒时勿用手撑地。

（不宜对着本垒扑垒，以免与接手发生碰撞。若需扑垒，则需对着接手的左侧扑垒（俗称绕扑），然后由左手触摸本垒板。）

（三）练习方法

1. 坐式滑垒

（1）三人一组练习。在沙坑或湿滑的草地上，放置一个标志物做垒包。一人练习滑垒，另外两人分别站在练习者的各一侧，拉住其手。然后一起快速跑动，在标志物前 2 米左右的地方练习者做坐式滑垒动作。重复练习，逐渐掌握坐式滑垒技术和起滑时机。

（2）在棒垒球场或适宜田径场上做滑垒练习。

（3）实战练习时滑垒。

2. 扑垒

（1）垫子上扑垒。

① 对着软垫原地蹬地前扑。

② 对着软垫上一步或两步前扑。

③ 在软垫的前端放置标志物，上一步或两步前扑，并用双手碰触标志物。

④ 加长跑动距离，加快跑动速度前扑。

（2）在棒垒球场或适宜田径场上做扑垒练习。

（3）实战练习时扑垒。

（四）常见错误与纠正方法

常见错误一：中途减速或犹豫不决。

纠正方法：采用上述练习方法，循序渐进，逐渐使滑垒、扑垒动作连贯。

常见错误二：滑垒时手撑地。

纠正方法：滑垒时双臂胸前交叉。

常见错误三：扑垒时低头含胸。

纠正方法：扑垒触地时应双臂上举。

思考题

1. 棒垒球运动防守技术包括哪些内容？
2. 防守时接平直球、地滚球、反弹球的步骤和要求有哪些？
3. 肩上传球常用的练习方法有哪些？
4. 传、接球易出现什么样的错误动作？如何进行纠正？
5. 试描述棒垒球运动完整挥击技术的步骤及技术要点。
6. 触击的分类有哪些？它们通常在什么情况下运用？
7. 滑垒时应注意哪些问题？

第三章

棒垒球运动基本战术

本章提要

本章主要介绍棒垒球运动基本战术的配合方式、运用时机、注意事项、练习方法以及防守站位与防守任务。

学习目标

1. 掌握棒垒球运动防守站位，了解防守任务。
2. 掌握棒垒球运动基本战术的配合方式。
3. 掌握棒垒球运动基本战术的运用。
4. 掌握棒垒球运动基本战术的运用要点。
5. 了解棒垒球运动基本战术的练习方法。

棒垒球战术图解说明

第一节　棒垒球运动基本进攻战术

棒垒球运动进攻战术是以击球员上垒或跑垒员安全进垒、得分为目的一种多人之间的配合行为，其较防守战术更具主动性和创造性，而进攻队员掌握进攻技术的能力（包括挥击球、触击球、拖击、敲击、跑垒、滑垒的能力）是进攻战术配合的重要保证。因此，在实施进攻战术时，应视当时比赛进展情况，结合队员实际，灵活多变地运用，以增加防守队员的防守难度，最终获取比赛胜利。

一、棒垒球运动击球次序编排

击球次序编排是一个比较复杂的过程，其中充满了战术意义，是进攻战术重要组成部分之一。一般情况下，击球次序编排具有如下特点与要求：

第一棒：比赛经验较为丰富，心理素质较好，选球能力较强，上垒率较高，且善于跑垒的队员。

第二棒：战术意识较强，能挥击也能触击，尤其是触击球能力较强，并可根据战术需要完成牺牲触击任务者，以左打者为优。因为左打者可以遮挡住接手观察一垒跑垒员，给一垒上的跑垒员离垒创造有利条件。

第三棒：安打率较高，具一定的多垒打能力，跑动速度较快的队员。

第四、第五棒：一般是球队的强打者，击球力量大，多垒打或本垒打率较高者。

第六、第七、第八棒：一般是球队击球能力相对较弱的击球员之一，但较善于触击，因为随着比赛的进展，他们通常会是当局第一个上场的击球员。

第九棒：一般是球队击球能力最弱者。但有时也可以在第六、第七、第八棒中选择击球能力相对稍强者排在第九棒，目的是便于与第一棒的衔接。若投手没有指定队员 DH（棒球）、DP（垒球）代打时，投手通常会被安排在第九棒。

二、棒垒球运动进攻战术

（一）暗号

暗号是进攻队教练员指挥击球员、跑垒员实施进攻战术的肢体或口头语言。

（二）偷垒战术

1. 运用时机

一垒，或二垒，或一垒、二垒，或一垒、三垒有跑垒员时的任何时候都可采用偷垒战术。通常情况下，一垒有跑垒员时采用偷垒战术较为常见。

2. 战术实施

跑垒员接受教练员发出的偷垒暗号后，在投手投球启动时（棒球），或在投手投球出手后（垒球），依靠自身速度向下一垒跑进。

3. 练习方法

（1）棒球。站在一垒或二垒，看投手投球动作练习偷垒启动和返垒。

（2）垒球。看投手投球动作练习偷垒启动。

（3）结合接手接投手球传杀二垒或三垒练习偷垒。

一垒偷二垒战术演示

4. 战术运用提示

（1）是否采用偷垒战术，取决于比赛当时的实际情况，以及跑垒员的跑垒速度、离垒能力、跑垒意识以及防守队的防守能力。

（2）棒球比赛采用偷垒战术时。

① 跑垒员需了解投手的投球习惯，仔细观察投手的投球动作。通常情况下，右投手抬起左脚脚跟是向本垒投球，抬起右脚脚跟是牵制。左投手正好相反。

② 若跑垒员因投手或其他防守队员的牵制行为而使身体重心趋向原占垒位，则偷垒战术取消。

（3）一垒、二垒跑垒员同时偷垒时，一垒跑垒员应时刻关注二垒跑垒员的偷垒情况，避免两名跑垒员同占一个垒位而被杀出局。这在棒球比赛中尤其需要引起注意。

（4）若遇防守能力较强，尤其是接手传杀能力较强时，击球员应采用挥击或触击不中方式掩护跑垒员偷垒。

（5）若击球员位于左打击球区，则通常情况下不宜进行二垒偷三垒。

（6）若遇防守队员传杀失误时，需有连续进垒的意识。

（三）一垒、三垒双偷垒战术

1. 运用时机

一垒和三垒有跑垒员时的任何时候都可采用一垒、三垒双偷垒战术。

2. 战术实施

当一垒和三垒跑垒员接受教练员发出的偷垒暗号后，一垒跑垒员在投手投球启动时（棒球），或在投手投球出手后（垒球）偷向二垒，三垒跑垒员则离垒牵制，迫使游击手或二垒手拦截，使一垒跑垒员成功进占二垒（图 3-1-1）。如果进攻队三垒跑垒员欲回本垒，则一垒跑垒员可以延迟偷向二垒，或在游击手或二垒手拦截时折回跑向一垒，诱使防守队员夹杀，从而掩护三垒跑垒员回本垒（图 3-1-2）。

三垒掩护一垒战术演示

一垒掩护三垒战术演示

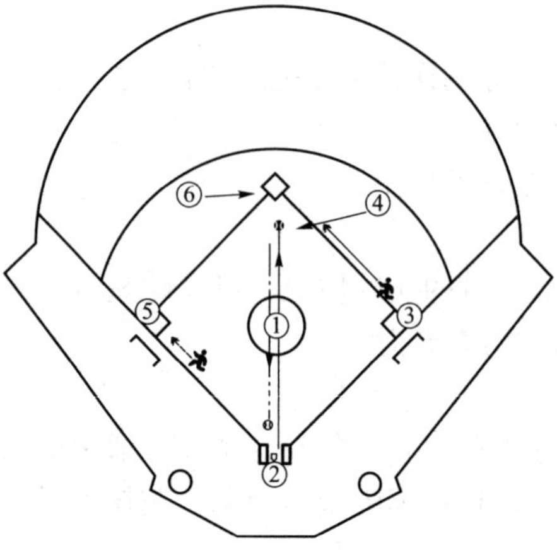

图 3-1-1　三垒掩护一垒

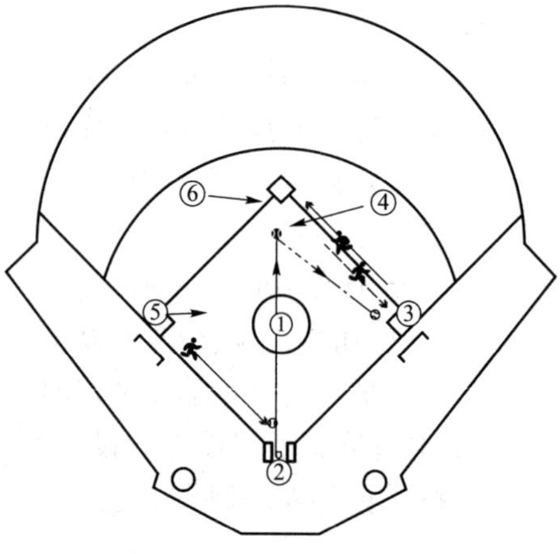

图 3-1-2　一垒掩护三垒

（一垒、三垒双偷垒战术也可在击跑员连续向二垒跑进时形成。）

3. 练习方法

（1）结合防守夹杀练习。

（2）通过实战进行练习。

4. 战术运用提示

（1）一垒、三垒双偷垒战术是偷垒战术的延伸与拓展，所以是否采用一垒、三垒双偷垒战术取决于比赛当时的实际情况，以及一垒、三垒跑垒员的跑垒速度、跑垒意识以及防守队员的防守能力。

（2）三垒跑垒员应根据自身的返垒能力和防守队员的防守能力确定离垒牵制的距离，以免被防守队员传杀出局。

（3）若一垒跑垒员在一垒、二垒间被夹杀，则应利用三垒跑垒员的牵制，增加夹杀来回次数，拖延被传杀出局的时间。而三垒跑垒员则在一垒跑垒员被夹杀时逐渐向本垒移动，当持球者向二垒方向追赶一垒跑垒员，并越过投手板延长线后，快速跑向本垒。

（4）一垒跑垒员在被夹杀时必须快速跑动，迫使持球队员快速追赶，以增加持球队员向三垒或本垒传球的难度。

（5）若三垒跑垒员在本垒和三垒间被夹杀，则尽可能增加夹杀来回次数，拖延被传杀出局的时间，为一垒跑垒员进至二垒，甚至三垒赢得时间。

（四）牺牲触击战术

1. 运用时机

牺牲触击战术通常在两人出局前，一垒或一垒、二垒有跑垒员，或无人出局，二垒有跑垒员时采用。

2. 战术实施

击球员、跑垒员接受教练员发出的牺牲触击暗号后，击球员在投手投球出手前摆出触击姿势，跑垒员则依据棒球、垒球的离垒要求正常离垒。击球员选择投手投出的好球进行触击，跑垒员则在触击球落地后快速向下一垒跑进。

3. 练习方法

（1）触击投手投出的好球至指定区域。

（指定区域为一垒、三垒边线附近的界内地区，距本垒板 5 米左右（棒球）、3 米左右（垒球）的范围。）

（2）通过实战进行练习。

4. 战术运用提示

（1）是否采用牺牲触击战术，取决于比赛当时的实际情况，以及击球员的触击能力，跑垒员的跑垒速度、跑垒意识。

（2）实施牺牲触击战术时，击球员应选择好球进行触击，并将球触击至指定区域。

（3）触击出去的球应为缓慢滚动的地滚球。

（4）若触击成腾空球，或触击未中，则跑垒员应立即回垒。

（五）抢分触击战术

1. 运用时机

抢分触击战术通常在比赛后半程，且比分处于焦灼状况下的两人出局前，三垒有跑垒员时采用。

好球抢分触击战术演示

2. 战术实施

击球员、跑垒员接受教练员发出的抢分触击暗号后，跑垒员在投手投球启动时（棒球），或在投手投球出手后（垒球）快速跑向本垒，击球员则在投手投球出手后摆出触击姿势，并将投出的任何球（包括好球和坏球），触击至界内地区。

3. 练习方法

（1）触击投手投出的任何球。

（2）通过实战进行练习。

坏球抢分触击战术演示

4. 战术运用提示

（1）是否采用抢分触击战术，取决于击球员的触击能力，跑垒员的跑垒速度、跑垒意识。

（2）实施抢分触击战术时，击球员对投手投出的球（包括坏球），都必须进行触击。特别明显的坏球可将其触击至界外地区。

（3）击球员应将球击向地面，以免触击成腾空球被双杀。

（4）若击球员触击未中，三垒跑垒员在本垒有明显被杀出局可能时，应及时转身回三垒。

（六）跑而打战术

1. 运用时机

跑而打战术演示

任何垒上有跑垒员时都可以采用跑而打战术。通常情况下，一垒或一垒、二垒有跑垒员时较为常见。

2. 战术实施

击球员、跑垒员接受教练员发出的跑而打暗号后，跑垒员采用偷垒方式向下一垒跑进，诱导内场手提前进垒，产生防守空当。而击球员则将投手投出的球（包括坏球）击出。

3. 练习方法

（1）击投手球练习，即击投手投出的每一个球，包括坏球。

（2）通过实战进行练习。

4. 战术运用提示

（1）是否采用跑而打战术，取决于比赛当时的实际情况，以及击球员的挥击球能力，跑垒员的跑垒速度与跑垒意识，防守队员的防守能力。

（2）无论投手投出的是好球还是坏球，击球员都必须挥击。

（3）向地面击球，以免击出腾空球被双杀。

（七）跑而触击

1. 运用时机

通常情况下，在二人出局前，一垒有跑垒员时采用。

2. 战术实施

跑而触击战术演示

击球员、跑垒员接受教练员发出的跑而触击暗号后，一垒跑垒员采用偷垒方式向二垒跑进，击球员则采用触击方式将投手投出的球（包括坏球）击向三垒方向界内地区，一垒跑垒员利用三垒手向前跑动处理触击球而可能出现的三垒无防守队员的情况，踏过二垒后继续向三垒跑进。

3. 练习方法

（1）触击球练习，即向三垒方向触击投手投出的每一个球，包括坏球。

（2）通过实战进行练习。

4. 战术运用提示

（1）是否采用跑而触击战术，取决于比赛当时的实际情况，以及击球员的触击能力，跑垒员的跑垒速度与跑垒意识，防守队员的防守能力。

（2）无论投手投出的是好球还是坏球，击球员都必须触击。

（3）向地面触击，以免击出腾空球被双杀。

（4）当一垒跑垒员踏过二垒后发现三垒有补位的防守队员时，应停止向三垒跑进。

第二节　棒垒球运动基本防守战术

一般而言，棒垒球运动防守战术主要是针对进攻战术而制定的，所以具有一定的被动性和滞后性。在防守战术的选用中，需根据比赛的不同阶段、当时比分情况和球员的防守能力，再结合进攻队进攻战术运用习惯和进攻队员的特点，预测进攻队可能会采用的战术，从而制定本方的防守战术，变被动为主动。

一、棒垒球运动的防守站位

（一）内场手站位

1. 垒上无跑垒员

（1）棒球（图 3-2-1）。

① 投手与接手：投手和接手站在比赛场地的固定区域。

② 一垒手与三垒手：一垒手和三垒手站在垒位后，距垒线 3~4.5 米，边线 2~3 米。

③ 二垒手和游击手：二垒手和游击手站在靠近内场弧边缘，两垒位中间或稍靠近二垒垒位。

（2）垒球（图 3-2-2）。

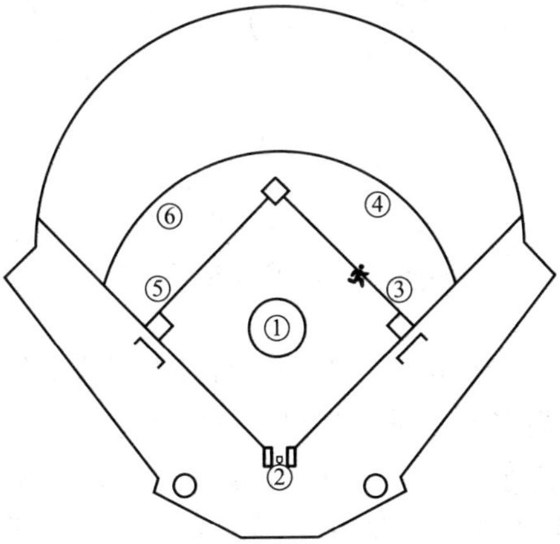

图 3-2-1　垒上无跑垒员站位（棒球）

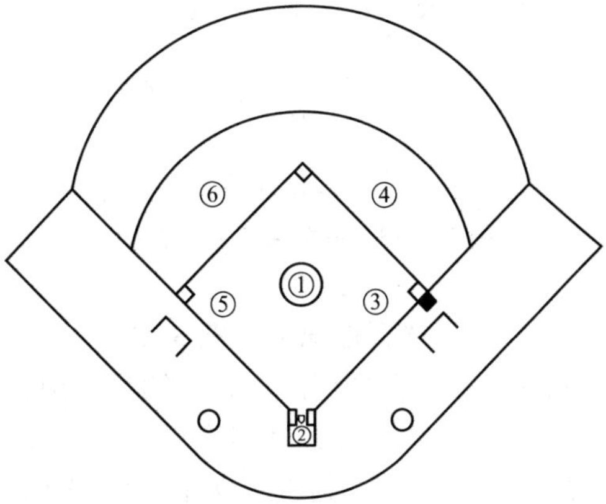

图 3-2-2　垒上无跑垒员站位（垒球）

① 投手与接手：投手和接手站在比赛场地的固定区域。

② 一垒手与三垒手：一垒手和三垒手站在垒位前，一般控制在 3~4 米，距边线 2~3 米。

③ 二垒手和游击手：二垒手和游击手站在两垒位中间，距垒线 4 米左右。

2. 垒上有跑垒员

垒上有跑垒员时，一般在二人出局前会对防守站位进行相应调整，使其便于传杀前位跑垒员。当然，在较大比分领先时，也可以继续沿用垒上无跑垒员的站位。

（1）棒球。

① 一垒有跑垒员（图 3−2−3）：投手侧身投球，一垒手正对投手骑跨垒包站立，或站在垒包内侧，目的是牵制一垒跑垒员离垒，二垒手和游击手站在垒线后 4~5 米，距二垒垒位分别是 7~8 米和 8~9 米，三垒手站位与垒上无跑垒员相同。

② 二垒有跑垒员（图 3−2−4）：投手侧身投球，一垒手、三垒手站位与垒上无跑垒员相同，二垒手站在垒线后 5~6 米，距二垒垒包 8~9 米，游击手站在垒线后 3~4 米，距二垒垒包 5~6 米。

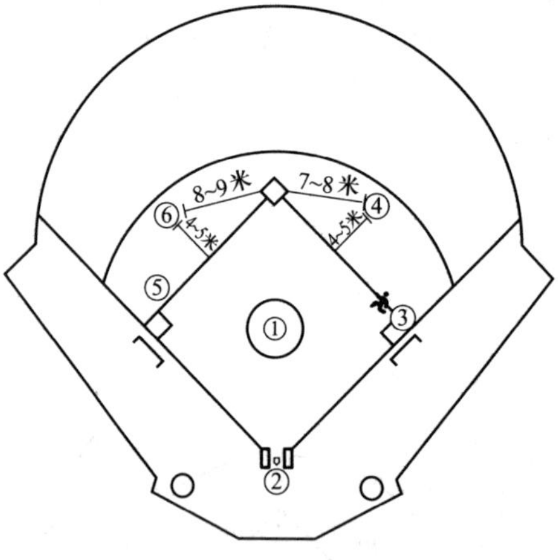

图 3−2−3　一垒有跑垒员站位

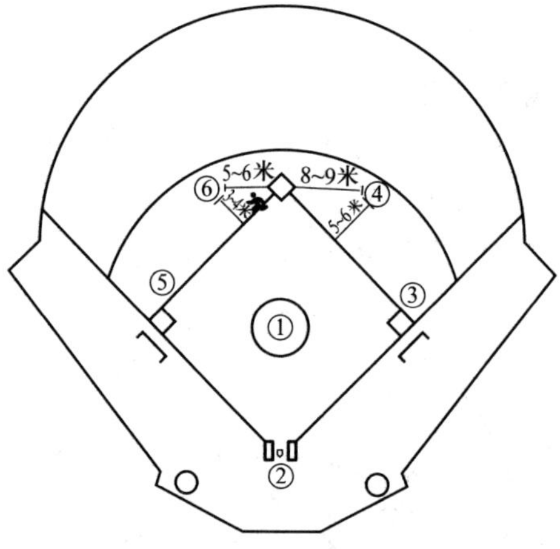

图 3−2−4　二垒有跑垒员站位

③ 三垒有跑垒员（图 3−2−5）：投手侧身投球，三垒手正对投手骑跨垒包站立，或站在垒包内侧，目的是牵制三垒跑垒员离垒，也可以正对本垒，站在垒位后 1~2 米处，通过向前移动牵制三垒跑垒员。二垒手和游击手在两人出局前，站在垒线附近，两个垒中间（图 3−2−6），二人出局后，则回到垒上无跑垒员的站位。当投手采用正面投球时，三垒手取三垒无跑垒员的站位。

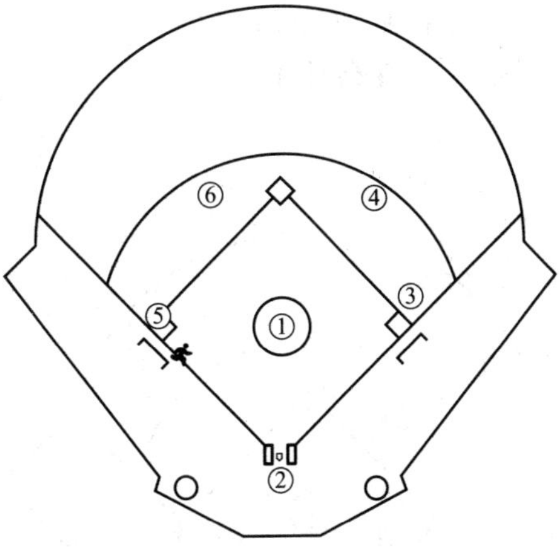

图 3-2-5　三垒有跑垒员站位

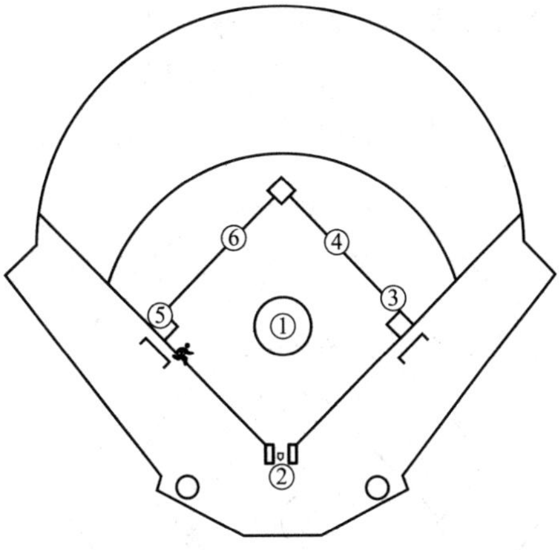

图 3-2-6　二人出局前三垒有跑垒员站位

（一垒、二垒有跑垒员，二垒、三垒有跑垒员，一垒、三垒有跑垒员，一垒、二垒、三垒有跑垒员时，内场手根据相应垒位有跑垒员选择站位。）

（一垒、二垒、三垒有跑垒员，或仅三垒有跑垒员时，若比分差距较大，或击球员击球能力较弱，或投手正面投球，则可以采用垒上无跑垒员时的站位。）

（2）垒球。与垒上无跑垒员基本相同。但在两人出局前，三垒有跑垒员时，二垒手、游击手则前移至垒线附近，两个垒中间（图 3-2-7）。

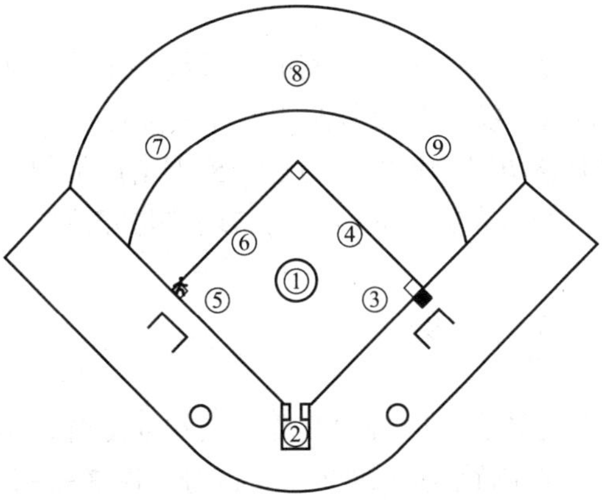

图 3-2-7　二人出局前三垒有跑垒员站位（垒球）

（上述内场手的站位，无论是棒球还是垒球，都仅仅是个参考模式，在实际比赛中，内场手还必须根据自身的传球能力、移动速度、接手的配球以及进攻队的战术意图和击球员可能采用的击球方式给予适当的调整。）

（二）外场手站位（图 3-2-8 棒球，图 3-2-9 垒球）

以下以右打者为例，左打者动作相反。

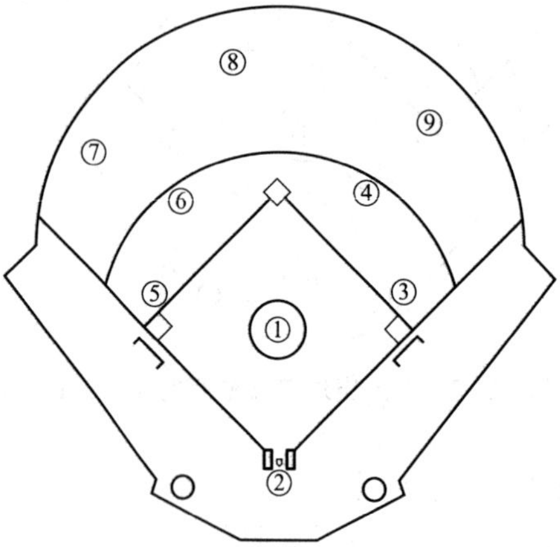

图 3-2-8　外场手站位（棒球）

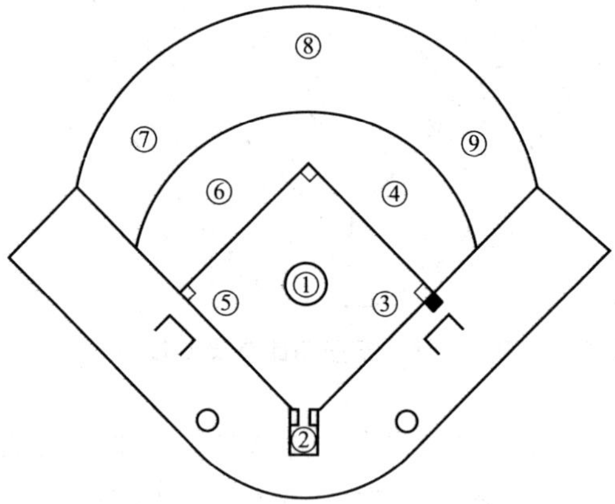

图 3-2-9　外场手站位（垒球）

1. 左外场手

左外场手位于三垒手与游击手中间的延长线上。

2. 中外场手

中外场手位于本垒与二垒垒包延长线偏左外场 1~2 步处。

3. 右外场手

右外场手位于一垒手与二垒手中间的延长线偏中外场 2~3 步处。

（上述外场手的站位仅是个参考模式。在实际比赛中，外场手还必须根据击球员的击球能力调整防守位置的远与近。根据击球员的击球习惯、接手的配球、三名外场手各自的防守能力向左或向右调整防守位置。）

二、棒垒球运动的防守任务

比赛场上 9 名防守队员，既各司其职，又相互配合、相互协作，进而设法控制击球员的击球，抑制跑垒员的进垒与得分（图 3-2-10 棒球，图 3-2-11 垒球）。

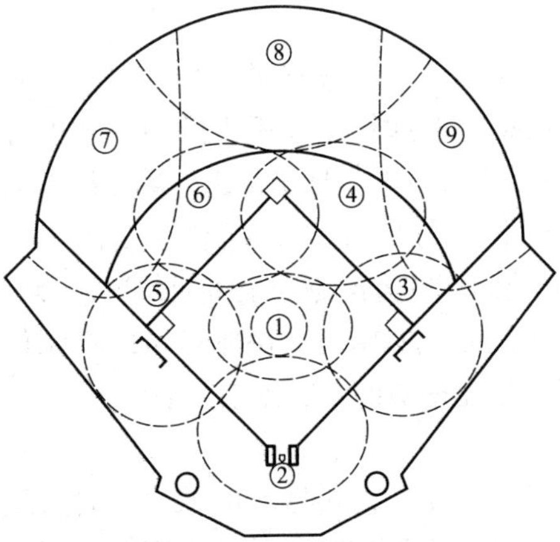

图 3-2-10　防守区域（棒球）

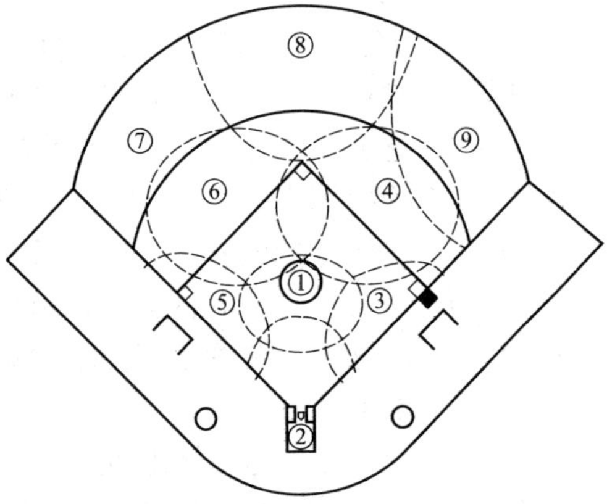

图 3-2-11　防守区域（垒球）

（一）投手

投手是球队的防守核心，也是防守的中坚力量。比赛中，投手首先通过投出各种不同类型的球来设法控制击球员的击球。同时，通过牵制球方式（棒球），牵制跑垒员的离垒，避免跑垒员在投手投球时离垒过远。另外，投手还防守击向投手区域的球，包括触击球，在投手暴投或接手漏接时补本垒，参与本垒的防守，在击出外场安打，跑垒员连续跑垒时，在本垒或三垒后补漏。棒球比赛中，投手有时在击出一垒、二垒之间地滚球时，还需补一垒，参与一垒的防守。

（二）接手

接手，也称捕手，是场上 9 名防守队员中唯一正对球场的队员。比赛过程中的防守行为通常由接手来指挥，所以被冠名为球队的半个教练。比赛中，接手通过配球指挥投手投出不同位置，或不同类型的球。当球被击出后，接手指挥防守队员移动、接球、接应、补位、传杀某一个垒位等，同时参与本垒及本垒附近的防守。另外，接手还与投手及其他内场手配合，实施对垒上跑垒员的牵制。在三垒无防守队员时，接手择机补三垒，参与三垒的防守。

（三）一垒手

一垒手防守击向一垒区域的球，包括触击球，同时参与对击跑员或跑垒员的传杀。当击球员击出非一垒区域的球时，一垒手则返回一垒，参与一垒防守。当击球员击出外场安打，跑垒员连续跑垒时，在观察击跑员触踏一垒情况后，一垒手要迅速移动至投手板与本垒板中间位置附近准备拦截。另外，一垒手还与投手配合（棒球），与接手、二垒手配合（垒球），实施对一垒跑垒员的牵制。

（四）二垒手

二垒手将接手配球暗号传递给外场手，防守击向二垒区域的球，并参与对击跑员或跑垒员的传杀。当击出非二垒区域的内场球时，二垒手则向球击出的方向移动，并进至二垒或一垒参与二垒或一垒的防守。当击球员击出外场左侧方向球时，二垒手要快速移动至二垒附近，观察跑垒员踏垒情况，或参与二垒防守。当击球员击出外场右侧方向球时，二垒手快速向球的方向跑动至接应位置，参与接应传球。另外，二垒手还与投手、游击手配合，实施对二垒跑垒员的牵制传杀（棒球），与接手、一垒手配合，实施对一垒跑垒员的牵制传杀（垒球）。

（五）游击手

游击手将接手配球暗号传递给外场手，防守击向游击区域的球，并对击跑员或跑垒员的传杀。当击球员击出非游击区域的内场球时，游击手则向球击出的方向移动，并进至二垒或三垒，参与二垒或三垒的防守。当击球员击出外场右侧方向球时，游击手快速移动至二垒附近，观察跑垒员踏垒情况，或参与二垒防守。当击球员击出外场左侧方向球时，游击手快速向球的方向跑动至接应位置，参与接应传球。另外，游击手还与投手、二垒手配合，实施对二垒跑垒员的牵制（棒球）。

（六）三垒手

三垒手防守击向三垒区域的球，包括触击球，同时进行对击跑员或跑垒员的传杀。当击球员击出非三垒区域的球时，三垒手则返回三垒，参与三垒的防守。当击球员击出外场安打，跑垒员连续跑垒时，三垒手观察跑垒员触踏三垒情况。另外，三垒手还与投手配合（棒球），与接手、游击手配合（垒球），实施对三垒跑垒员的牵制。

（七）外场手

外场手防守外场区域的球，包括击出的球或暴传的球。当两名外场手同时防守击出的球时，一名外场手接球，另一名外场手在其身后补漏，并指挥接球的外场手将传球至某一个垒位，或将传球给接应队员。当内场发生传杀行为时，外场手应根据传球方向对相应垒位进行补漏，一般左外场手负责三垒和二垒，中外场手负责二垒，右外场手负责一垒和二垒。

三、棒垒球运动的防守战术

（一）夹杀防守战术

1. 战术运用时机

当跑垒员在两个垒位之间，被防守队员形成传杀时。

夹杀防守战术演示

2. 战术配合（图 3-2-12）

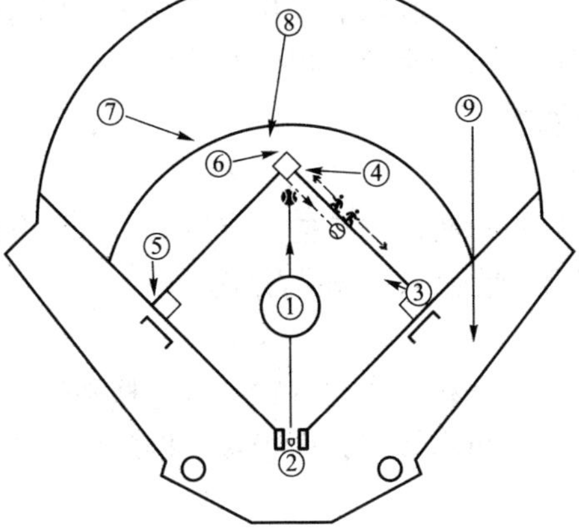

图 3-2-12　夹杀

（1）参与人数。两个垒位上 3~4 人。若传杀次数增多，其他位置的防守队员再进行补位。

（2）持球追杀。接球后持球臂上举（以便让对面垒位上的接球者看见球），全速跑动“追杀”跑垒员（一垒、三垒双偷垒防守战术时的一垒、二垒之间夹杀除外），当听见接球者发出“给”的指令，或看见要球的手势后，小臂、手腕稍用力将球柔和地传给接球者。完成传球后向跑垒员急停转身的反方向继续跑动（跑垒员为了避免被接球的防守队员触杀，往往在看见其跑垒正面的防守队员接球后，会急停转身往回跑），并进至正前方的垒位。

（3）接球触杀。接球者需站在垒位前 2 米左右处，与跑垒员的跑动路线保持一定的角度，以便持球者能看清传球目标，同时根据跑垒员的速度选择时机指挥持球者传球（传球过早，会给跑垒员留下急停转身的时间，传球过晚，接球者尚未接球，跑垒员已经滑向垒位），并采用上一步接球的方式接球。接球后，若可以直接触杀，则立即触杀。若不能直接触杀，则持球“追杀”，依次往返。

3. 练习方法

（1）边跑边接，详见传球、接球练习方法。

（2）做三人或四人一组放置跑垒员的夹杀练习。

夹杀防守战术练习方法

4. 战术运用提示

（1）夹杀时不宜做传球假动作（一垒、三垒双偷垒防守战术的夹杀除外），以免出现传接球失误。

（2）夹杀的传接球尽可能在三次内完成。因为夹杀的传接球次越多，失误的风险也会相应增大。

（3）夹杀时，尽可能选择在靠后垒位完成触杀（即远离本垒的垒位）。

（4）投手尽可能避免参与夹杀，以防受伤。

（二）偷垒防守战术

1. 战术运用时机

无论几人出局，只要一垒，或二垒，或一垒、二垒有跑垒员，进攻队在击球员“两击”之前都有可能会采用偷垒战术。

2. 战术配合

（1）内场手站位。根据相应垒位有跑垒员选择站位。

（2）接手配球。投外角高坏球，便于接手接球后快速传杀。

（3）战术配合。

① 一垒偷二垒（图 3–2–13）：当投手启动投球时，游击手快速进至二垒准备接球触杀偷垒的一垒跑垒员，二垒手则快速向二垒垒位后，接手传球方向移动补漏。若二垒手进至二垒，则游击手补漏。

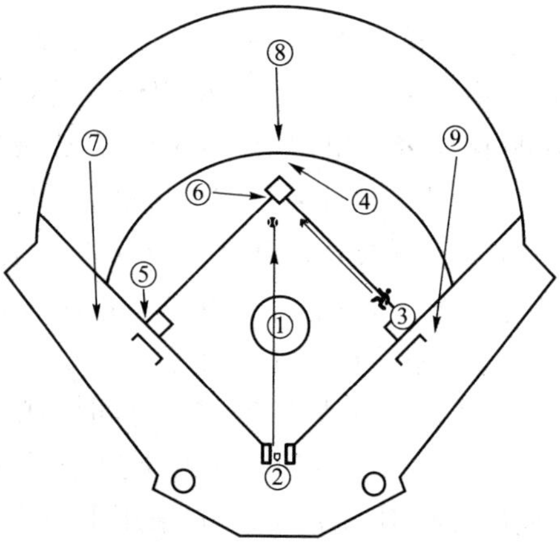

图 3–2–13　一垒偷二垒

（通常情况下都是由游击手进二垒，因为这样移动和触杀在一个方向。）

② 二垒偷三垒：若击球员没有击球意图，则三垒手在三垒垒位接球触杀二垒跑垒员（图 3–2–14）；若击球员有击球意图，则游击手在三垒位接球触杀二垒跑垒员（图 3–2–15），二垒手快速进至二垒。

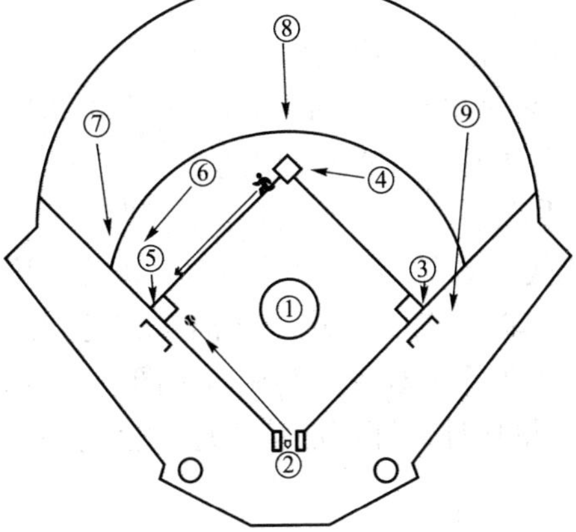

图 3-2-14　二垒偷三垒

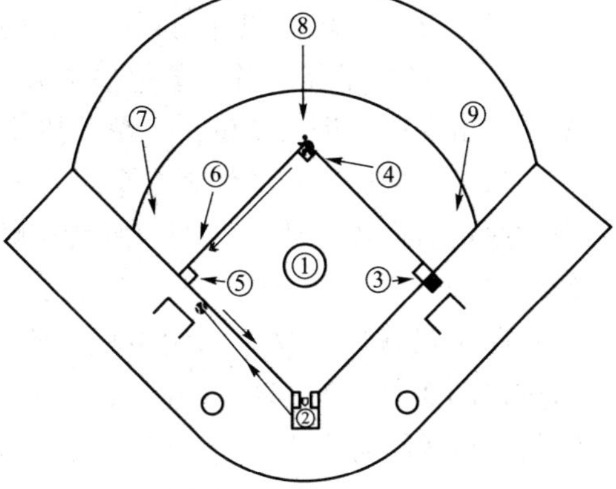

图 3-2-15　二垒偷三垒

（一垒、二垒有跑垒员时的偷垒，以传杀二垒跑垒员为准。）

3. 练习方法

（1）做接手接球后引与脚步的配合练习。

（2）做接手接投手投球后向各垒位传球的练习。

（3）通过实战进行练习。

4. 战术运用提示

（1）棒球项目要求投手投球动作快。

（2）防守队员进位要快。

（3）当因各种失误或其他原因导致没有时间传杀偷垒的跑垒员时，应停止传杀。

（4）接手应通过各种脚步移动来避免击球员对传杀的干扰。

（5）接手若无能力将平直球直接传至二垒，则可采用传快速一弹球传至二垒。

（三）一垒、三垒双偷垒防守战术

1. 战术运用时机

只要一垒、三垒有跑垒员，进攻队在击球员“两击”之前的任何时候都有可能采用一垒、三垒双偷垒战术。

2. 战术配合

（1）内场手的站位。

① 棒球：根据一垒和三垒有跑垒员选择站位。

② 垒球：一垒手、三垒手根据自身的防守能力向本垒方向调整站位，二

垒手、游击手根据不同出局数选择站位。

（2）接手配球。投外角高坏球，便于接手接球后快速传杀。

（3）战术配合。当一垒跑垒员起动跑向二垒时，一垒手、三垒手快速进垒，游击手快速进二垒位，二垒手快速进至投手与二垒垒位中间。

当接手接球后准备传杀二垒时，游击手观察三垒跑垒员的跑垒行为。若三垒跑垒员有向本垒跑的企图，则大声喊“截、本垒”，二垒手闻声后接球直接传向本垒（图 3-2-16 棒球，图 3-2-17 垒球）。若三垒跑垒员离垒较近，而一垒跑垒员偷向二垒，则大声喊“放”，并准备接球触杀跑垒员（图 3-2-18 棒球，图 3-2-19 垒球）。此时，二垒手不得接球，即便已接住球，也应快速转身将球抛给游击手。

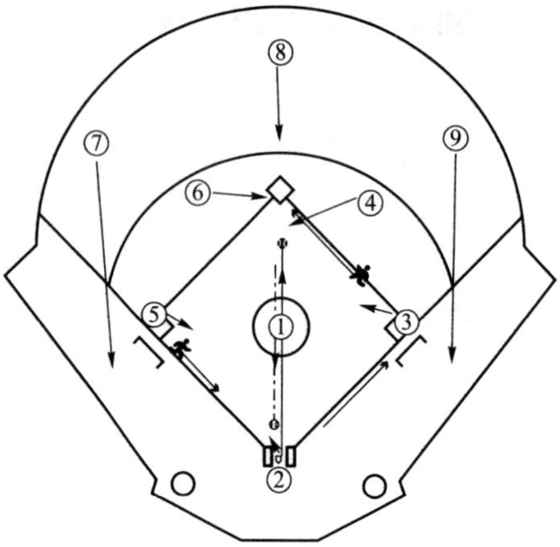

图 3-2-16　“打截”传本垒（棒球）

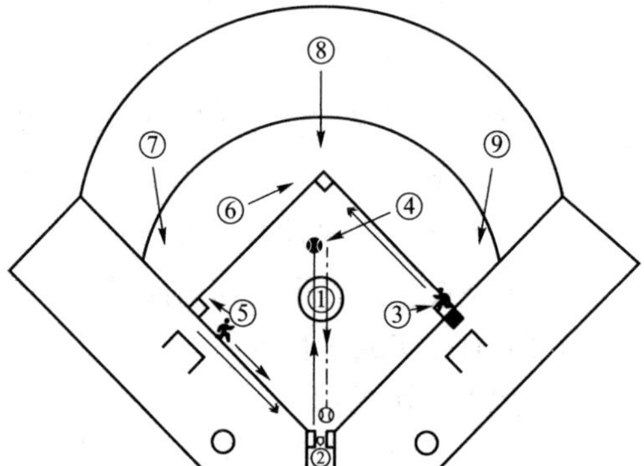

图 3-2-17　“打截”传本垒（垒球）

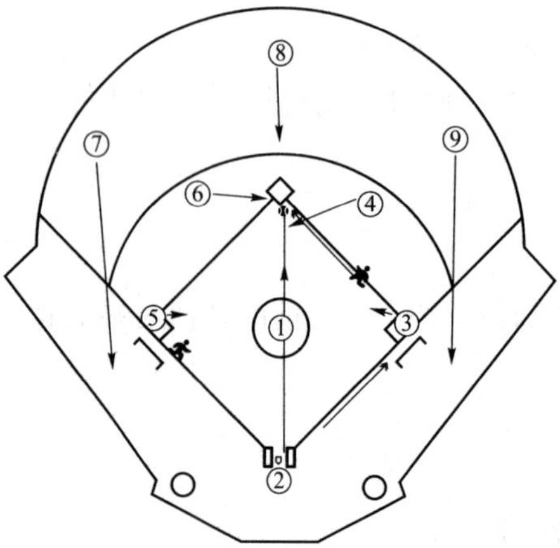

图 3-2-18　传杀二垒（棒球）

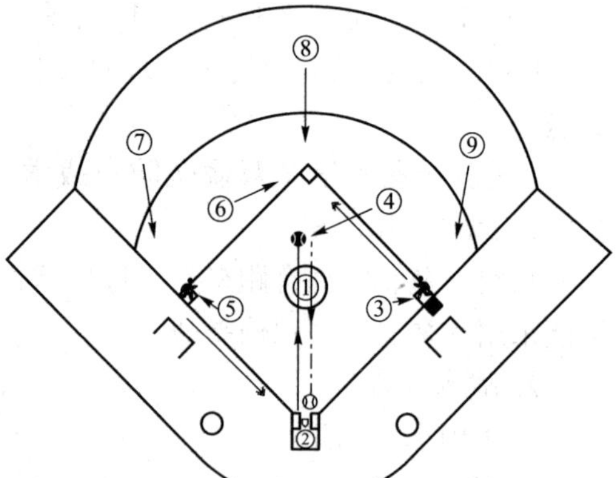

图 3-2-19　传杀本垒（垒球）

（二垒手也可以直接观察三垒跑垒员情况，如果三垒跑垒员离垒较远，可以直接拦截，并视三垒跑垒员的跑动速度与所处位置，选择直接传本垒或三垒，或持球“追杀”形成夹杀。）

3. 练习方法

（1）接手接投手投球传二垒、三垒。

（2）接手接投手投球传二垒，游击手指挥二垒手“截”“放”，“截”后将球传向本垒与三垒。

（3）通过实战进行练习。

4. 战术运用提示

（1）根据比分决定一垒、三垒防守战术的策略。若较大比分领先时，则选择传杀一垒跑垒员，增加出局数。若比分较为接近，或落后，则放弃对一垒跑垒员的传杀，主攻三垒跑垒员。

（2）在主攻三垒跑垒员时，偶尔可以采用向二垒假传，向三垒真传的方式。

（3）若接手能力相对较弱，且比赛又临近尾声，接手接球后可直接将球回传给投手，放弃参与一垒、三垒双偷垒防守战术。

（四）牺牲触击防守战术

1. 战术运用时机

两人出局之前，只要一垒或二垒，或一垒、二垒有跑垒员，进攻队在击球员“两击”之前的任何时候都有可能采用牺牲触击战术。

2. 战术配合

（1）棒球。

① 内场手站位：根据相应垒位有跑垒员选择站位。

② 接手配球：首选内角高球，其次为内角低球。

③ 内场手移动：棒球比赛中，触击球通常情况下都由投手处理，除非击出的球在本垒附近，或一垒、三垒防守区域。

当击球员摆出触击姿势时，一垒手、三垒手向本垒快速移动，二垒手向一垒移动并负责指挥。若确定投手或接手接球后，一垒手、三垒手分别迅速返回一垒、三垒，二垒手快速向一垒垒位后移动，游击手快速进至二垒，投手与接手中的未接球者进至本垒；若确定三垒手接球，则接手快速进至三垒（也可投手进至三垒），未进三垒的投手或接手补本垒；若确定一垒手接球，则二垒手快速进至一垒，游击手进二垒，接手位于本垒，三垒手返回三垒。图 3-2-20 为一垒有跑垒员，向投手方向触击球传杀一垒。

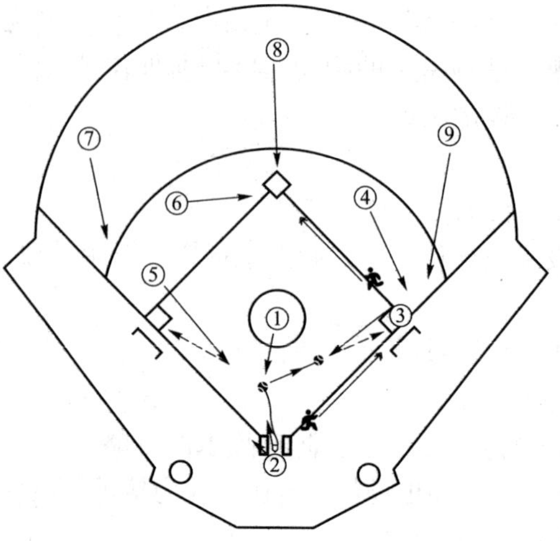

图 3-2-20　投手方向触击球

（当二垒或一垒、二垒有跑垒员时，若确定三垒手接球，则一垒手快速返回一垒，二垒手、游击手分别快速进至二垒和三垒。若确定一垒手接球，则三垒手迅速返回三垒，二垒手、游击手分别快速进至一垒和二垒。）

（2）垒球。

① 内场手站位：一垒手、三垒手根据自身防守能力向本垒方向调整站位。当击球员“两击”后，则恢复到垒上有跑垒员时的正常站位。

② 接手配球：同棒球。

③ 内场手移动：当击球员摆出触击球姿势后，一垒手、三垒手快速向前移动，二垒手快速进至一垒，游击手快速进至二垒（若二垒或一垒、二垒有跑垒员，则游击手快速进至三垒），投手、接手快速向球的方向移动。如果一垒有跑垒员，同时接手又未处理击出的球，则应补向三垒，其他未处理球的防守队员补本垒。二垒手在一垒接球后注意观察跑垒员的跑垒意图，准备第二次传杀。图 3-2-21 为一垒有跑垒员，三垒手接触击球，图 3-2-22 为二垒有跑垒员，三垒手接触击球。

3. 练习方法

（1）局部配合。不同区域触击球的接球、进位的传杀配合。

（2）通过实战进行练习。

4. 战术运用提示

通常情况下应先传杀前位跑垒员。若场上比分差距较大，或防守队员防守能力较弱，或防守队员接球后没有足够时间传杀前位跑垒员时，则传杀击跑员。

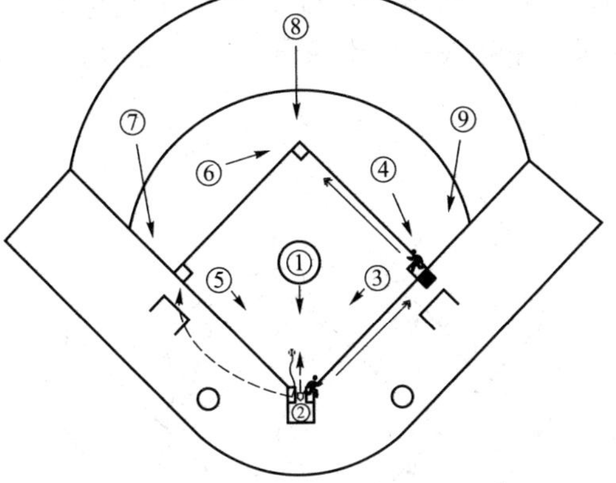

图 3-2-21　一垒有跑垒员

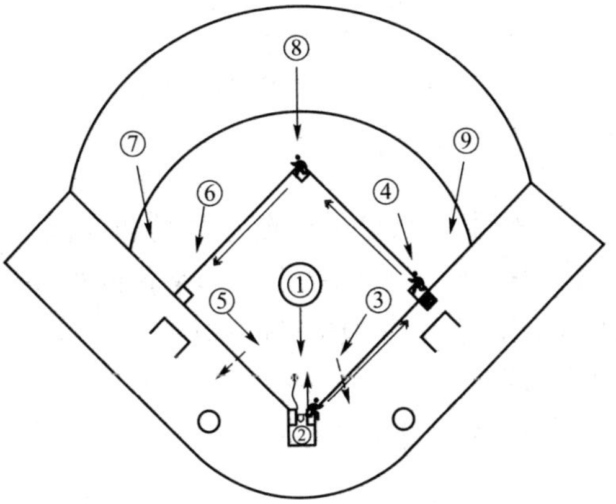

图 3-2-22　二垒有跑垒员

（五）抢分触击防守战术

1. 战术运用时机

比赛后半程，且比分处于焦灼状况下的两人出局前，三垒有跑垒员，进攻队在击球员“两击”之前有可能会采用抢分触击战术。

2. 战术配合

（1）棒球。

① 内场手站位：根据三垒有跑垒员选择站位。

② 接手配球：首选是内角高球，其次是内角低球。

③ 内场手移动：当击球员摆出触击姿势时，一垒手、三垒手向本垒快速移动，二垒手进一垒、游击手进三垒。球被击出后，一垒手、三垒手、投手快

速向球的方向移动，接球后将球传给接手触杀三垒跑垒员。若球在本垒附近，则接手可以自行接球，并触杀三垒跑垒员。图 3-2-23 为三垒方向抢分触击。

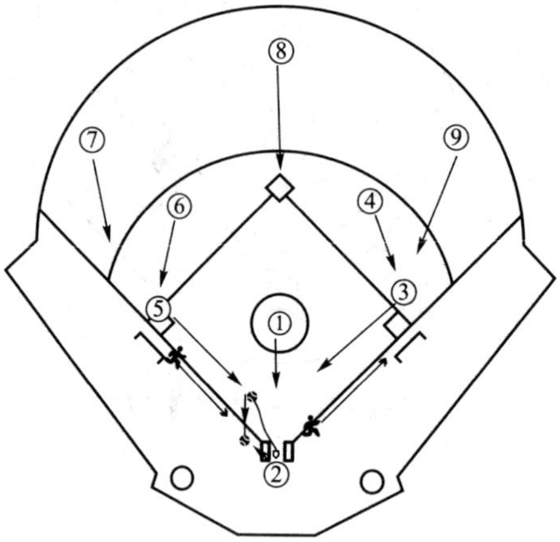

图 3-2-23　抢分触击

（2）垒球。

① 内场手站位：一垒手、三垒手根据自身的防守能力向本垒方向调整站位，当击球员“两击”后，则恢复到垒上有跑垒员时的正常站位。而二垒手、游击手则选择两人出局前，三垒有跑垒员的站位。

② 接手配球：同棒球。

③ 内场手移动：同棒球（图 3-2-23）。

3. 练习方法

（1）投手、一垒手、三垒手快速移动接触击球后抛给接手。

（2）通过实战进行练习。

4. 战术运用提示

根据比分，防守队员的防守能力，以及接球后的时间，确定是传杀本垒还是一垒。若场上比分接近，防守队员具备一定的能力，且接球后有一定的时间，则对三垒跑垒员进行传杀。反之，则传杀一垒，让三垒跑垒员得分。

（六）内场地滚球双杀战术

1. 战术运用时机

两人出局前，一垒，或一垒、二垒，或一垒、二垒、三垒有跑垒员时，击球员击出内场地滚球，同时又具备传杀两名跑垒员的时间。通常情况下二垒、一垒和本垒、一垒双杀较为常见。

2. 战术配合

（1）内场手的站位。根据相应垒位有跑垒员选择站位。

（2）内场手移动。击球员击出地滚球后，一名内场手去接击出的球，其他内场手向相应垒位移动。接球后将球传向二垒或本垒，二垒上的接球者（二垒手或游击手）或本垒上的接手接球后再将球传向一垒（图 3-2-24，图 3-2-25）。

内场地滚球双杀战术演示

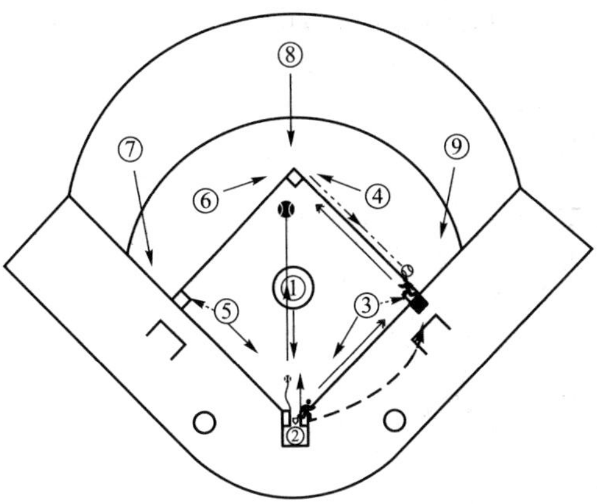

图 3-2-24　二垒、一垒双杀

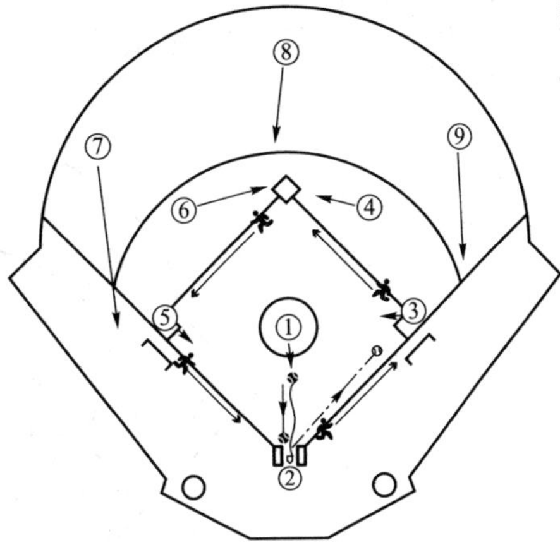

图 3-2-25　本垒、一垒双杀

3. 练习方法

（1）内场手按不同垒位有跑垒员选择站位，其中一名内场手接教练棒击出的内场地滚球后：

① 传二垒，二垒上的接球者（二垒手或游击手）踏垒接球后再传一垒。

② 传本垒，接手踏垒接球后再传一垒。

（2）通过实战进行练习。

4. 战术运用提示

（1）双杀防守战术的实施与否，由防守队员接住击球员击出地滚球后的第一次传杀时间和第二次传杀时间所决定。若第一次传杀时间不足，则直接将球传向一垒。若第二次传杀时间不足，则放弃向一垒传球。

（2）在实施二垒、一垒双杀过程中，游击手或二垒手进二垒接球时应根据传球路线选择触踏垒包的内角或外角，以避开一垒跑垒员跑二垒的干扰。

（3）在实施本垒、一垒双杀过程中，接手应选择触踏本垒板前沿接球。

（七）牵制战术

1. 垒球接手牵制一垒战术

（1）战术运用时机。一垒有跑垒员，且跑垒员在投手投球后习惯性离垒较远或有偷垒意图时。

（2）战术配合。

① 内场手站位：内场手按一垒有跑垒员站位。

② 接手配球：投外角高坏球，便于接手接球后快速传杀。

③ 内场手移动：当投手投球起动时，二垒手、一垒手分别向一垒和本垒方向移动，在投球出手后，二垒手快速进至一垒准备接球。接手接球后将球传向一垒，二垒手接球后触杀返回一垒的跑垒员（图 3-2-26）。

二垒进位

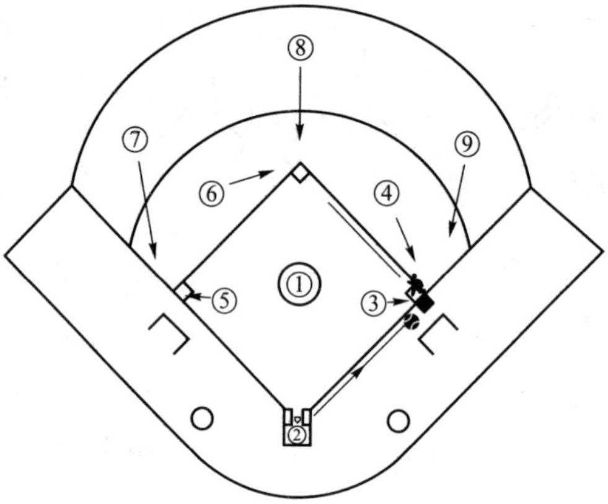

图 3-2-26　垒球接手牵制一垒

（3）练习方法。

① 接投手投球后与二垒手进一垒的传杀配合。

② 通过实战进行练习。

（4）战术运用提示。

① 一旦接手发出暗号，二垒手必须坚决执行。无论一垒跑垒员是否离垒，二垒手都必须进至一垒。

② 接手的传球目标应为一垒垒位。

（接手牵制一垒战术的主要目的是控制跑垒员的离垒，而不是将跑垒员传杀出局，所以在比赛中不宜经常采用。）

2. 内场手牵制战术

（1）战术运用时机。内场手牵制战术属于个人战术。在二人出局前，二垒有跑垒员，或三垒有跑垒员时采用。

（2）战术实施。内场手接住击球员击出的地滚球后：

① 当有较充足的时间传杀击跑员时，转头或用余光看一下前位跑垒员，

牵制其继续离垒或向下一垒跑进，然后再将球传至一垒。

② 当发现前位跑垒员已离垒较远，则立刻持球“追杀”。

③ 当发现前位跑垒员向下一垒跑进时，则将球传向该跑垒员欲进至的垒位。

④ 当内场手接球后因各种原因无法将击跑员传杀出局时，可向一垒做传球假动作，然后观察前位跑垒员，若发现前位跑垒员已离垒较远，则持球“追杀”，若已向下一垒跑进，则将球传向该跑垒员欲进至的垒位。

（3）练习方法。

① 内场手接住教练员棒击出的地滚球后，先看前位跑垒员，然后再将球传向一垒。

② 通过实战进行练习。

（4）战术运用提示。当内场手接球后没有时间牵制前位跑垒员时，则将球直接传向一垒。

（八）跑而打防守战术

1. 战术运用时机

无论几人出局，只要垒上有跑垒员，进攻队都有可能采用跑而打战术。跑而打防守战术一般在一垒有跑垒员时比较多见，尤其是在棒球比赛中。

2. 战术配合

（1）内场手的站位。

① 棒球：根据相应垒位有跑垒员选择站位。

② 垒球：两人出局前参照牺牲触击防守战术站位，两人出局后正常站位。

（2）接手配球。投内角高坏球或外角低坏球。

（3）内场手移动。根据击球员球击出与否来决定内场手的移动。若击球员将球击出，则根据球击出的位置与方向，相对应的内场手进行移动接球、传球，其他内场手移动进垒。若击球员未将球击出，则根据防偷垒战术移动进垒。

3. 练习方法

进行与偷垒战术组合的实战练习。

4. 战术运用提示

当防守方预计进攻方将会采用跑而打战术时，内场手，尤其是二垒手和游击手须在击球员完成击球任务后再按防偷垒战术移动，否则正中进攻方下怀。

（九）击出外场球的战术配合

1. 战术配合

（1）外场手配合。通常情况下，若击出的球在外场手身前，则一名外场

补漏

穿越

手接球，另一名外场在其身后适当距离补漏（图 3-2-27），左外场右侧的球，或右外场左侧的球除外。若击出的球从两名外场手之间穿越，则外场手同时快速向球的方向跑动，其中一名外场手接球，另一名外场手在其附近指挥传球（图 3-2-28）。

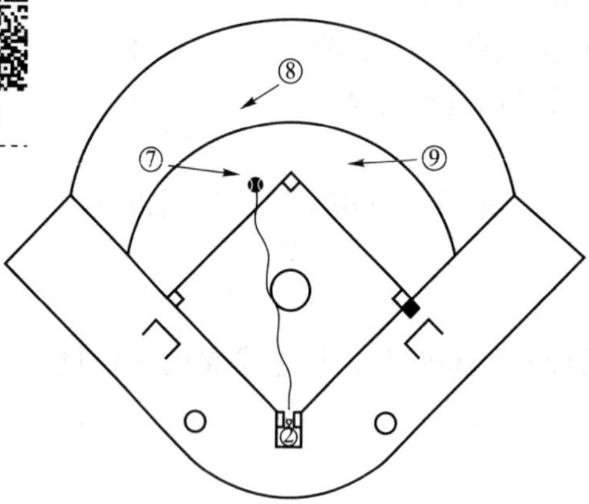

图 3-2-27　补漏

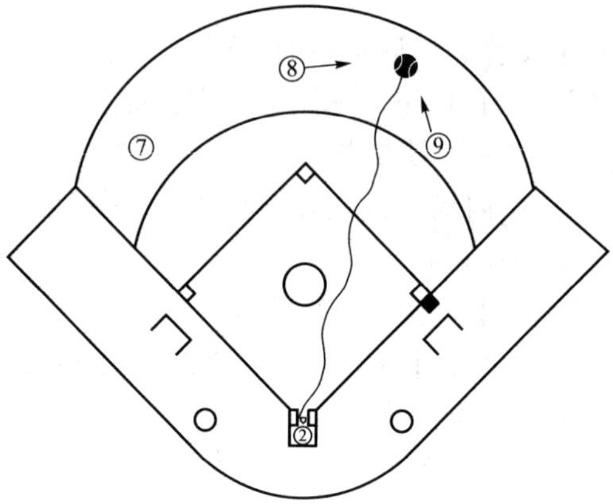

图 3-2-28　穿越

（2）内场手配合。一垒手与三垒手分别快速进至一垒和三垒附近，接手位于本垒前侧。若击出的球位于左外场，或左中外场，则二垒手进至二垒，游击手随击出的球向外场移动，并与接球的外场手保持适当的距离（依据接球者的传球能力决定），准备接应传球。若击出的球位于右外场，或右中外场，则二垒手和游击手的移动互换。图 3-2-29，图 3-2-30 分别为棒球、垒球击出左中外场球后内场手的移动配合。

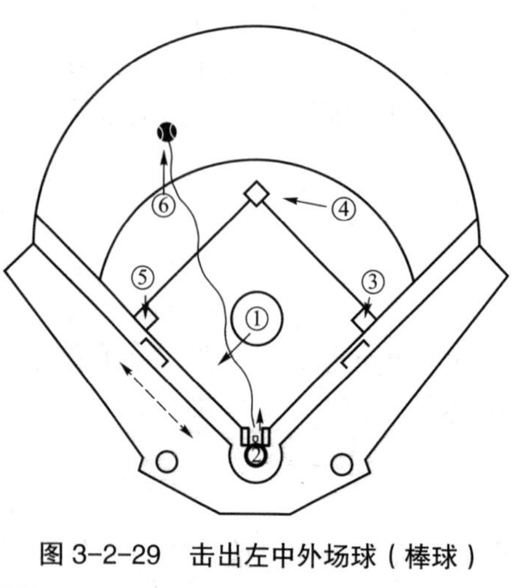

图 3-2-29　击出左中外场球（棒球）

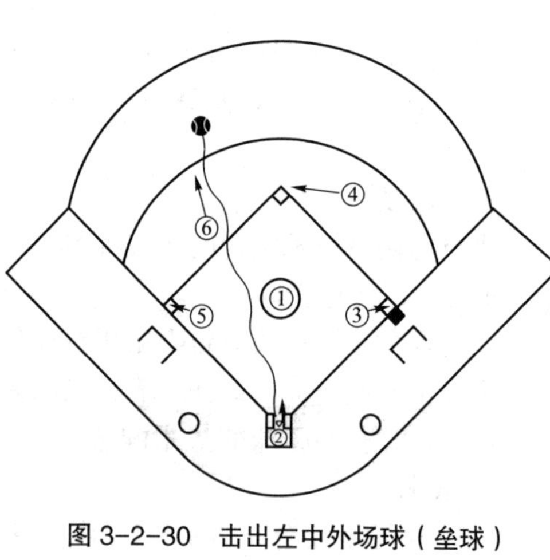

图 3-2-30　击出左中外场球（垒球）

当击球员击出外场深远安打球时，投手快速移动至本垒、三垒界外地区，随时准备移动至本垒或三垒进行补漏。一垒手则在击跑垒员踏过一垒向二垒跑进时，迅速移动至投手板与本垒板中间位置附近，准备打截。图 3-2-31，图 3-2-32 分别为棒球、垒球击出左中外场深远安打球后的全场配合。

全场配合

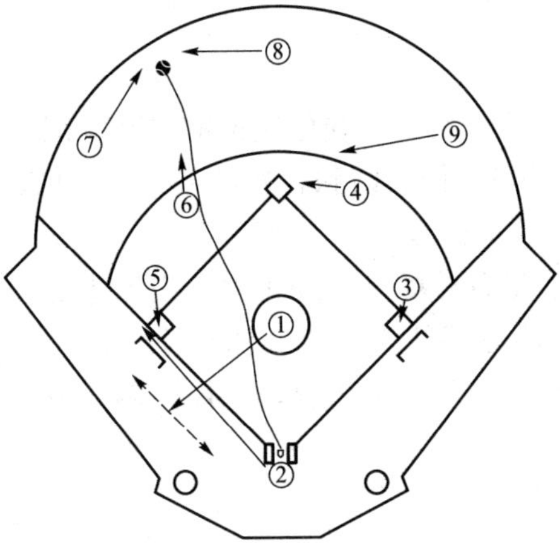

图 3-2-31　左中外场深远安打（棒球）

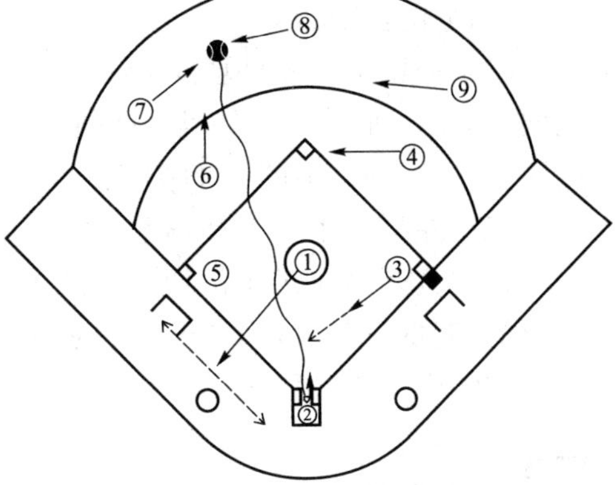

图 3-2-32　左中外场深远安打（垒球）

当右外场手接住身前快速安打球试图向一垒传杀时，接手应向一垒外侧移动补漏，其他内场手进至相应垒位（图 3-2-33 棒球，图 3-2-34 垒球）。

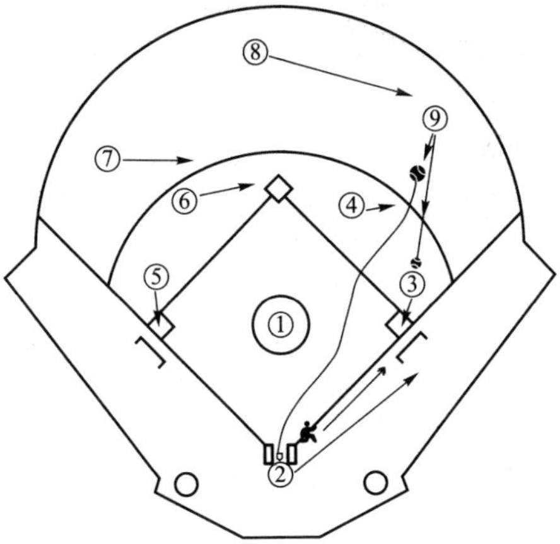

图 3-2-33　右外场手传一垒（棒球）

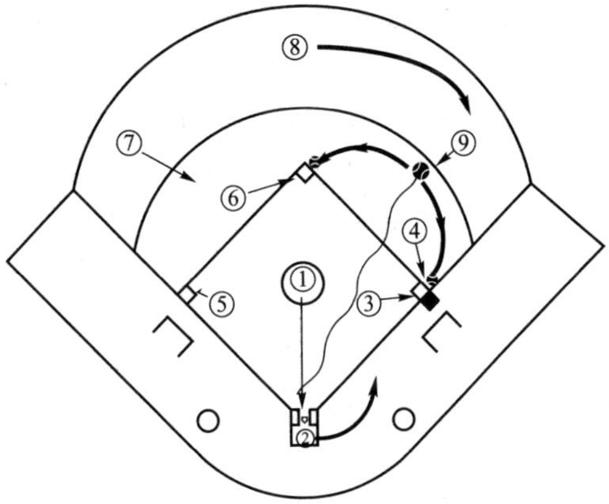

图 3-2-34　右外场手传一垒（垒球）

2. 练习方法

（1）左外场手与中外场手一组，或中外场手与右外场手一组接教练员棒击出的外场球（包括地滚球、平直球、高飞球）。

（2）9名防守队员站位接教练员棒击出的外场球（包括地滚球、平直球、高飞球）后传各垒位。

（3）通过实战进行练习。

3. 战术运用提示

（1）原则上，左外场左侧方向和右外场右侧方向的球应抢前接球，因为即便失接，后面还有中外场手补漏，而左外场右侧方向和右外场左侧方向的球应向后包抄接球，因为一旦失接，后面无人补漏。

（2）左外场手与中外场手、中外场手与右外场手、外场手与内场手之间的球，尤其是高飞球（包括平直球），先接近接球点的防守队员应大声呼喊“我的、我的！”，以通知另一名防守队员向接球者身后移动，以免两人发生碰撞，导致失接和受伤。

思考题

1. 试述垒球运动内场站位与棒球运动内场站位的区别。
2. 绘图说明防守队员的基本站位。
3. 棒垒球运动基本进攻战术包括哪些？
4. 试述一垒、三垒双偷垒进攻战术时，跑垒员的技术要点。
5. 试述一垒有跑垒员时，最基本的进攻战术有哪些。
6. 举例说明棒垒球运动牺牲触击的运用时机。
7. 内场手（除投手外）如何实施防守牵制。
8. 当出现外场深远球时，防守队员应如何移动。
9. 投手最常见的补位有哪几种？

第四章

棒垒球运动教学

本章提要

本章运用现代体育教学理论，阐述了棒垒球运动教学内容与任务、棒垒球运动教学的原则与方法及棒垒球课教学文件的制订方法和技巧。

学习目标

1. 掌握棒垒球运动教学的内容与任务。
2. 了解棒垒球运动教学的原则与方法。
3. 掌握棒垒球课教学文件制定的方法和技巧。

第一节　棒垒球运动教学概述

一、棒垒球运动教学的任务和内容

（一）棒垒球教学的任务

（1）培养学生“为国争光、无私奉献、科学求实、遵纪守法、团结协作、顽强拼搏”为主要内容的中华体育精神和“富强、民主、文明、和谐，自由、平等、公正、法治，爱国、敬业、诚信、友善”的社会主义核心价值观。

（2）通过棒垒球教学，使学生具备从事棒垒球教学的能力，做到会讲解、会示范、会组织管理、会识别正误动作、会制订教学计划、会组织实施、会有效总结。

（3）使棒垒球成为学生日常锻炼的一项技能，养成锻炼身体的好习惯，为实现“健康中国 2030”国家战略打好基础。

（二）棒垒球教学的内容

棒垒球教学的内容主要分为理论和实践两个部分。

1. 理论部分

主要包含棒垒球理论知识、教学文件的编写与设计、开展教学活动的形式和内容、教学方法、教学模式、教学技巧和教学艺术等。

2. 实践部分

主要包括棒垒球运动基本技术、基本战术和基本技能，还包括棒垒球运动教学的组织、实施与管理。

二、棒垒球运动教学原则

（一）准备性原则

准备性原则是指在棒垒球运动教学中，根据人体机能活动能力的变化规律、体育教学过程对教学准备和教学条件的依存性规律的要求，棒垒球教师在课前需全面了解和掌握学生的情况、本次课的教学内容和所需场地器材的情况；钻研教学文件，做好突发事件的应急处理方案；提前到达教学场地布置与检查场地器材；课前检查学生上课的服装和鞋，强调安全注意事项，消除安全隐患。准备活动可以安排游戏或简单有趣的身体活动，最好结合专项以及本次课学习的内容，设计一些热身动作，做到有效热身、减少运动损伤的发生。例如，教学内容为传接球，在热身环节中要多增加肩关节及周边韧带的活动。

（二）以生为本原则

以生为本原则是指在棒垒球运动教学中，一切活动应根据学生的需求和特点来安排，教学内容、教学目标、教学方法等都要以学生为出发点；激发学生的学习动机，最大限度地发挥学生学习的主观能动性，引导学生积极思考、主动练习。

在棒垒球教学过程中，教师要运用多种教学手段，引导学生学会学习、掌握棒垒球学习的方法，为学生提供展现自己知识、才华和能力的平台，使每一位学生都能获得学习的成就感。同时，教师要为学生营造良好的学习氛围，在师生和教与学之间建立一种和谐的气氛。做到宽严适度，平等对待每一个学生，善于发现每一个学生身上的闪光点，对于基础薄弱的学生加以爱护和帮助。

（三）全面发展原则

全面发展原则是指在棒垒球运动教学中，教学重点不仅指向学生的身体和技能，而且要指向学生的心理品质和社会适应能力。在教学中发展棒垒球技能的同时，更要注重学生德育、美育、智育的发展，让学生在学习中使身体、心理、知识、技能、意志品质等方面得到全面的发展。

在教学实践中，不仅要对跑、跳、投、传、接、击、滑等技能进行掌握，更要强调勇气、智慧、反应、空间判断、协调和应变能力以及团队协作精神的培养。在充分展示个人技艺的同时，还要有团队意识，在潜移默化中全面发展学生的各项素质。

（四）直观性原则

直观性原则是指在棒垒球运动教学中，教师通过最直观的手段，利用学生感官和已有认识，通过视觉、听觉和本体感觉来获得棒垒球技战术的生动表象和感觉，通过与思维相结合，从而掌握棒垒球技术、战术、技能，发展学生的思维能力。

棒垒球的技战术较为复杂，需要教师在教学中多进行技术讲解，多做示范，多展示技术动作图片以及多播放技术动作录像，用最直观的手段达到教学目标。直观教学有助于学生形成正确的表象，将这种表象与思维和实践相结合，才能到达良好的教学效果。

（五）有效性原则

有效性原则是指在棒垒球运动教学中，要实现有效教学，就要从实际情况出发，对学情进行分析，解决教学中的重点和难点，能够用最有简单易行的教法，在有限的教学时间内，既使学生掌握技能，又有适当的运动负荷，在增强体质的同时达到有效教学的目的。

贯彻有效性原则，要理论联系实际，发现问题的本质。例如，练习接地滚球时，学生徒手练习和原地接球练习都能够完成，但在球速较快的情况下就会出现动作变形，无法完成动作。分析其原因并不是技术动作的问题，而是学生存在着怕被球砸到的心理。教师要善于观察，抓住问题的关键，从手套的手型、手法上的变化和用软球练习鼓励学生克服心理障碍，掌握接地滚球技术。

在贯彻有效性原则的过程中，还应该经常更新知识，不断发现问题并找出解决问题的方法。

（六）循序渐进原则

循序渐进原则是指在棒垒球运动教学过程中要遵循由低级到高级，由简单到复杂，由单一到全面，从掌握基本知识、基本技术、基本战术到熟练运用高难度技战术能力的学习认知规律。

在棒垒球教学中贯彻循序渐进原则时，教师应根据教学大纲的要求，安排好教学进度和课时计划，使教学进度符合棒垒球运动教学的规律，使课时计划既系统又综合，由易到难，由简到繁，运动负荷由小到大。

在棒垒球教学中贯彻循序渐进的原则时，应注意动作技能形成的规律。学生掌握技术动作，从不会到会，从掌握不好到较完善的掌握，大致经历泛化阶段、分化阶段、巩固阶段及自动化阶段，教师要根据动作技能形成的规律来组织和设计教学，根据不同的阶段采取不同的教学方法。

第二节 棒垒球运动教学设计

一、棒垒球运动教学设计的概念

棒垒球运动教学设计是以现代教学理论为指导，系统分析规划棒垒球教学系统与教学过程，建立解决教学问题的策略方案和制订教学计划的过程。

二、棒垒球运动教学设计的结构

棒垒球教学设计的结构是指教学策略各组成要素之间相对稳定的联系方式、组织秩序及其时空关系的内在表现形式。一般包括下列要素：

（一）教学指导思想

教学指导思想即教学设计所依据的理论基础，它能对具体的教学策略做出理论解释，是棒垒球教学设计的核心。每一种棒垒球教学策略的制定，必须有一定的教学观念、教学理论作支撑。在棒垒球教学策略的制定和实施过程中，教师拥有不同的教学思想，就会采用不同的教学策略。

（二）教学目标

任何一种棒垒球教学设计都指向一定的教学目标，教学目标是棒垒球教学设计的核心要素，对其他教学要素起制约作用，无论是棒垒球教学的活动内容，还是活动细节、活动方式或是活动的程序都指向教学目标，为达成教学目标而存在。在棒垒球教学中教学目标不同，所采用的教学策略也不同。教师在进行棒垒球教学设计时必须明确：通过棒垒球教学使学生在本单元、本课时应达成什么目标，怎样去达成这些目标。对棒垒球教学目标的分析，是制定和选择有效教学策略的关键。

（三）教学策略的实施程序

棒垒球教学策略是针对一定教学目标相互组织起来的程序，有其自身的操作序列，是按时间展开的逻辑活动步骤。由于棒垒球教学活动的复杂性和特殊性，棒垒球教学策略的实施程序是基本和相对稳定的，而不是僵化的或者一成不变的。棒垒球教学策略的实施程序有一定的前后顺序，实施程序可以随着教学条件的变化以及教学的进程及时调整和变化。

（四）教学反思与评价

棒垒球教学设计能够促使教师去理性地思考教学，同时在教学原认知能力上有所提高，只有这样，才能够真正体现教师与学生共同发展的教育目的。教学反思评价是教学设计过程的最后一个环节，在棒垒球教学结束后，需对教学设计的方案做出反思评价，通过对棒垒球教学过程进行反思并找出存在的题，评价棒垒球教学设计的有效性和可行性，根据获得的反馈信息进行修改与调整。

三、棒垒球运动教学设计的过程

（一）明确教学指导思想

教学指导思想是体育教学的行动指南、教学设计意图和整体思路，它体现了课程教学的灵魂。体育教学指导思想是以培养人为根本目的，结合体育核心素养理论，把思想、理论和体育教学实际密切结合起来所达到的效果。在体育教育改革的推动下，教学设计既要符合体育教育改革的理念，又要符合体育教学实际和学生身心发展。

（二）教材分析

体育教材是指为了达到体育教学目标，要求学生系统学习体育基本知识、技术，提高技能的体育教学内容的总和。教材是体育教学过程中最核心的要素之一，在教学设计层面，教材分析是重要的环节，直接关系着教师的教和学生的学。教材是完成教学任务，实现教学目标的主要载体，根据教师教授的内容，针对教学目标，综合学生认知结构、知识掌握、运动技能、增强体质等形式、特点和规律，从对学习结果类型（概念、技术过程、运动原理、问题解决等）、学习形式以及运动技术结构图对学生体育学习能力因素及非智力因素等方面进行重点、难点的分析。

（三）学情分析

学情分析是制定教学目标首先要考虑的因素，是建立以学生为主体的体育课堂教学的前提，要达到教学效果的最优化，必须重视对学生学习需要的分析。

通过从学生实际出发，对学生学习心理、思维障碍和表现与成因的分析，结合学情考虑学生在学习此教材所需的知识储备、思维特征、迁移能力、心理特征以及学习态度和方式，包括学生的身体素质对所学教材的影响等，可以有效解决学生在学习中的难点，帮助其实现教学目标。在进行学情分析时，可依据教学理论思考：学生需要做好哪些学习准备和教师应为学生提供哪些学习帮助。

（四）确立教学目标

体育教学目标是体育教学的出发点和归宿，也是评价体育教学质量的依据，教学目标应以学生的学习目标为依据。学习目标对学生的学习具有指向性，同时还可能作为学习效果的检测标准。因此，制定准确的、适合学生的学习目标是非常重要的。制定教学目标应从关注学生的学习出发，强调学生是学习的主体。教学目标是教学活动中师生共同追求的，而不是由教师操纵的，因此，教学目标的主体应该是教师与学生，这样，从教学目标设立的维度来看也更加全面。确立知识与技能、过程与方法、情感态度与价值观“三位一体”的课程教学目标，具体体现在体育课堂教学目标上，就是注重体育教学追求知识与技能、过程与方法、情感态度与价值观三个方面的有机整合，突出了过程与方法的地位。

（五）确定体育教学策略

体育教学策略是为了达到体育教学目标，在对体育教学活动清晰认识的基础上对体育教学活动进行调节和控制的系列执行过程。体育教学策略具有目标指向性、可操作性、整体综合性、教学调控性和灵活性等特征。

（六）棒垒球运动教学设计撰写内容及步骤

（1）教学指导思想。写出教学设计的意图和整体思路。

（2）教学分析。包括教材分析和学情分析。

（3）教学目标。包括课程思政、劳育、美育内容，认知目标、技能目标和情感目标。

（4）教学策略（包括学法指导）。选用的教学方法、教学手段、多媒体设备以及讲解、示范、练习、竞赛设计等内容。

（5）教学过程。

（6）教学反思、评价。

第三节　棒垒球运动教学方法

体育教学方法是体育教学过程中的一个重要组成部分，是实现体育教学目的，完成体育教学任务的重要手段，起着中介与桥梁的作用，它直接关系着体育教学工作的成败以及体育教学效率的高低，在棒垒球教学中，选择正确的教学方法能够提高棒垒球教学效率，有效实现棒垒球知识、技术、技能的传授和学习；合理地运用棒垒球教学方法能够调动师生的互动频率，活跃课堂气氛，激发学生良好的棒垒球运动兴趣，掌握棒垒球教学方法的实践应用，能够提高教师的理论水平和教学能力。

一、语言法

语言法是指在棒垒球教学过程中，教师运用语言表达方式进行教学，使学生掌握学习内容和指导学生进行练习的一种方法。语言法主要形式有讲解法、口令与提示法、口头评价法和积极反馈法。

（一）讲解法

在棒垒球教学过程中，教师通过形象、生动、精练的语言对所传授的知识、技术动作和战术配合进行描述，使学生对所学内容有初步了解，再加以实践，形成技战术概念。例如，在棒垒球防守技术教学中，讲解接地滚球技术时，教师要讲解：准备接球前，双脚平行站立比肩宽，重心降低，双腿弯曲，手套置于体前，注意手臂和手腕保持适度的灵活性，眼睛始终盯住来球。接球时，手套口接触地面，保持适当的角度，双脚呈三角形，传球手在手套侧上方，低头看球直至球进手套，接球后，将手套引向腰部，调整步伐，准备传球。

（二）口令与提示法

在棒垒球教学过程中，口令法指教师以最简练的语言，以指令的方式，指挥和组织学生完成集体练习的一种方法；提示法指用平和语气的指令性教学方法。例如，“准备”“转身”“出手”“回位”等指令。

（三）口头评价法

在棒垒球教学过程中，口头评价法是指根据教学目标和技术动作标准，教师用简洁的语言对学生的练习情况给予评价，一般多采用积极肯定的语言，例如，“这个球传的很好”“对，就是这样”“手套再立起一点会更好”等。

（四）积极反馈法

积极反馈法指在棒垒球教学过程中或教学后，教师让学生根据学习的体验，对所学内容提出自己的见解。教师可根据学生的反馈及时了解学生对所学的知识和技能的掌握情况。例如，“你的球击得很远，你认为击球最重要的环节是什么？”。最终通过引导、指导、纠正等方法，使学生逐步掌握技术动作。

二、直观法

在棒垒球教学过程中，直观法是指借助视觉、听觉和本体感觉来感知技术动作，从而建立正确动作表象的方法。

（一）动作示范法

动作示范法主要是教师（或指定的学生）以自己的动作作为教学范例，用于指导学生进行学练的方法。它是体育教学中最基本的教学方法之一。在棒垒球的教学中，正确、协调、清晰的动作示范，能够使学生直观地了解动作要领与动作结构，便于模仿练习。动作示范通常与讲解法相结合，这有利于直观和思维的紧密结合，扩大直观效果。

（二）直观教具和模型的演示

教具和模型演示是通过挂图、图标、照片、模型等直观教具所进行的一种直观再现动作的方式。当动作示范难以充分显示动作的结构、过程、重点、时间与空间特征时，就需要借助教具和模型的演示。

（三）新媒体方式

新媒体是以网络为载体进行信息传播的媒介。新媒体方式是利用数字技术、网络技术，通过互联网以电脑、手机、数字电视等现代化终端，向学生提供信息的一种直观教学形式。借助新媒体，学生可以通过线上线下、手机APP等形式学习，打破传统课堂体育教学的时间、空间界限，随时随地进行体育课程学习。

三、练习法

（一）完整练习法

完整练习法是指从动作的开始到结束，不分段落和部分，完整教授技术和动作的方法。在棒垒球的教学过程中，完整练习法一般用于简单的或容易掌握的技术，比如防守的准备动作，或者是复杂的、不宜进行分解的技术，比如传球的鞭打动作。

（二）分解练习法

分解练习法是指将一个完整的技术动作，合理地分解成几个部分，依次进行教学，最后能够完整地掌握技术动作的方法。在棒垒球教学过程中，分解练习法一般用于复杂的技术动作可以进行分解，而完整练习存在难度的技术动作或技术环节。例如，击球技术单纯或递进分解，分为“伸踏”“髋关节转动”“起棒”“中球”“随挥”5个步骤，将这5个步骤逐个掌握，最后完整练习。

（三）变换练习法

变换练习法是指在教学中变换练习的条件，包括器材、负荷等。变换练习法可提高中枢神经系统的调节机能和身体各器官系统的相互协调机能，从而达到掌握技术动作的目的。例如，在棒垒球传接球教学过程中，教师经常使用加重球让学生体会传球的发力过程，或者用弹力带增加鞭打动作的阻力让学生体会传球发力的顺序。

（四）预防和纠正法

预防和纠正法是指教师在对学生在练习中可能产生或者已产生的错误进行及时的干预，避免学生形成错误技术动作动力定型，影响正确动作的学习和技能的掌握，以及预防运动损伤的发生。例如，在棒垒球传接球的教学中，传球时要特别强调上手传球（正手），接球时要特别强调手套的手型。这就要求教师有扎实的教学实践能力，能够善于观察和发现学生的错误动作并进行纠正，做到“防患于未然”。

（五）重复练习法

重复练习法是指在固定的练习条件下反复进行练习的方法。重复练习法在棒垒球教学过程中是最常见、最有效的练习方法。重复练习法的练习要有一定的密度和负荷，例如，击球技术教学中常采用连续打抛打的方式，便于教师观察，帮助学生固定或改进技术动作。

四、游戏教学法与比赛激励法

（一）游戏教学法

游戏教学法是指以游戏的方式学习知识、技术、技能的一种教学方法。游戏教学法要根据学习任务和棒垒球项目特点设计游戏的内容和规则，通过游戏来提升学生掌握技术、技能的效率，激发学生的学习兴趣，活跃课堂气氛。例如，游戏“保卫小岛”，要求学生在直径2米的圆圈内，教师在圈外以较快的速度向圈内抛10个球，学生利用步伐移动和手套手型的变化接球，不能使球落地。

（二）比赛激励法

在棒垒球教学过程中，以比赛激励学生的形式是多种多样的，采用比赛法可激励学生的学习热情，调动学生学习的积极性，例如，跑垒比快、传球比准、击球比远等。教学比赛是棒垒球教学环节中的重要内容，通过教学比赛，可提高学生运用技战术的能力、增强团队协作的意识和自我总结的能力。

五、合作探究法

合作探究法指教师不把现成的结论告诉学生，而是让学生在教师的指导下自主发现问题、探究问题从而获得结论的方法。合作探究法有利于培养学生的研究意识以及创新精神和实践能力，有助于培养学生科学的态度、情感和体验。例如，在棒垒球教学过程中，教师根据教学要求、教学内容、学生知识和能力水平，选择难度适中的战术组合形式，让学生自主进行合作探索、自主发现问题，突出学生的主体地位，根据场上局面选择适宜的战术形式，教师在教学过程中应加强对学生探究过程的启发和指导。

第四节　棒垒球运动教学文件的制定

教学文件是指指导和设计教学运行、记载教学运行过程及其结果、总结教学经验等各类资料的总称。在棒垒球运动教学活动实施之前，须完成教学文件的制定。棒垒球运动教学文件包括教学大纲、教学进度和教案。

一、教学大纲

棒垒球运动的教学大纲是根据教学培养方案，以纲要的形式制定的教学指导性文件，是教师教学的主要依据，也是评定教学质量的重要标准。教学大纲包括课程基本信息、课程简介、课程目标、课程内容、课程教学方法、课程考核与评价、课程教学资源等 7 个部分。

（一）课程基本信息

课程基本信息包括课程名称、面向人群、学分、总学时、理论课学时、实践课学时等。

（二）课程简介

课程简介可从课程的特性、价值、主要教学内容和教学方法等方面加以简要说明。

（三）课程目标

棒垒球课程目标为掌握棒垒球运动的基本理论知识、基本技术和战术，并能在简单的临场局面中正确运用。做到基本胜任普通学校棒垒球课程的教学与训练，具备讲解、示范、组织教学与训练的能力。

（四）课程内容

教学内容包括理论、实践、能力培养三部分内容。理论部分包括棒垒球概述、棒垒球技术教学与训练理论、棒垒球基本战术理论、棒垒球规则及裁判法、青少年棒垒球训练、棒垒球常见的运动创伤和治疗。实践部分包括棒垒球防守的各项基本技术、棒垒球进攻的各项基本技术、棒垒球防守的基本战术、棒垒球进攻的基本战术、棒垒球裁判的实践。能力培养体现在目的要求、教学重点和教学内容中，应根据教学对象和目标要求选择合适的教学手段和方法。

（五）课程教学方法

根据教学目标和教学内容选择具体的课程教学方法，例如，综合运用课堂讲授、在线学习、专题讨论、教学比赛相结合的方式开展教学，在实际教学中采用了游戏教学法、比赛激励法、合作探究法等教学方法。

（六）课程考核与评价

课程的考核应包括考核环节（如平时成绩、期中成绩和期末成绩）、分值和考核细则。考核环节要选择科学合理的环节内容，不一定要选择平时成绩、期中成绩和期末成绩，也不一定包含这三项；分值可根据考核环节的需要适度安排；考核细则需描述每个考核环节包含的具体考核方式及要求。

课程目标达成度评价方式需说明每一课程目标在相应的考试环节中所占的分值，各课程目标分值合计为100分。

（七）课程教学资源

课程教学资源主要包括教材、主要参考书目和在线学习资源。为了保证教学顺利完成，教师对教材及参考书目应做明确的要求。应使用与大纲内容关联度较高的教材，业内权威的棒垒球专著、国外棒垒球技战术图书可作为补充教材来丰富教学内容。此外，还包括在线学习资源，例如，中国大学生MOOC（慕课）、超星学习通等平台。

二、教学进度

教学进度是根据教学大纲所提出的教学目标、教学内容以及时数分配，教师根据授课对象、学生人数、场地器材等具体情况，把教学任务和内容安排到每一次课的教学文件。

（一）教学进度制定的要求

（1）遵循教学规律和教学原则。

（2）安排教学内容应由易到难，由简到繁，合理分配，做到科学、合理、可操作性强。

（3）深入研究棒垒球技战术学习的基本规律，处理好理论课与实践课的比例。正确处理实践教学中的重点和难点技战术的教学顺序，巩固一般内容、突出重点内容，体现棒垒球技战术的阶梯性和系统性。

（二）制定教学进度的方法

教学进度一般可分为螺旋式教学进度和渐进式教学进度两种。螺旋式教学进度是将教学进程划分为基本技术、基本战术、全队配合和教学比赛等 4 个阶段，各个阶段既有其独立性，同时又是下个阶段的基础。安排螺旋式教学进度时，应注意技术内容安排应由多到少，主要技术要早出现；战术内容安排应由少到多，主要战术也应早出现；安排技战术教法时，必须符合运动技能形成的规律；将教学比赛贯穿整个教学过程，增加实战机会，有利于激发学生技战术学习的兴趣，进而促进基本技战术的学习。螺旋式教学进度示例如表 4-4-1 所示。

表 4-4-1　垒球运动普修课螺旋式教学进度示例（32 学时）

<table>
<tr><th>课次</th><th>教学内容</th><th>课程思政、劳育、美育内容</th></tr>
<tr><td>1</td><td>理论课：课程介绍、棒垒球运动概述</td><td>1. 介绍健康中国和体育强国战略，充分了解认识体育与国家强盛、民族振兴和人民幸福密切相关
2. 认同和坚持优秀的中华体育文化
3. 提高学生对学业的认知度</td></tr>
<tr><td>2</td><td>实践课：学习准备姿势、上手传球技术、接平直球技术</td><td rowspan="4">1. 强调课堂注意倾听、善于倾听的学习态度
2. 在练习过程中强调团队协作精神和集体观念
3. 让学生了解垒球比赛中进攻是取得胜利的唯一方式
4. 垒球的进攻不仅要通过击球完成得分，还需要场上跑垒队员的相互配合，有时甚至可为球队获胜不惜牺牲自己，这是垒球比赛中的一种牺牲打战术，强调“牺牲打战术”的精神内涵</td></tr>
<tr><td>3</td><td>实践课：复习上手传球技术、接平直球技术，学习接地滚球、反弹球技术</td></tr>
<tr><td>4</td><td>实践课：复习传接球技术、接地滚球、反弹球技术，简易教学比赛</td></tr>
<tr><td>5</td><td>实践课：学习跑垒技术、击球技术，简易教学比赛</td></tr>
</table>

续表

课次	教学内容	课程思政、劳育、美育内容
6	实践课：复习跑垒技术、击球技术，简易教学比赛	5. 垒球的防守是一个整体行为，需要投手、接手和守场员之间的相互信任、相互配合，因此在防守中更加需要团队合作，在防守战术讲解中，反复强调同学之间团队配合的重要性 6. 通过体育锻炼锤炼意志，需要有向目标不断前行的勇气 7. 阐述垒球运动“竞技与智慧的结合”
7	理论课：垒球竞赛规则与常用的战术	
8	实践课：学习投球技术、基本进攻战术	
9	实践课：复习投球技术、基本进攻战术，教学比赛	
10	实践课：复习击球技术，学习基本防守战术	
11	实践课：复习基本防守战术，教学比赛	
12	实践课：全队配合练习，教学比赛	
13	理论课：垒球规则及裁判法	1. 在竞赛中学会不怕吃苦，乐于奉献、团队协作的精神 2. 在锻炼中享受乐趣、增强体质、健全人格、锤炼意志，逐步养成终身体育的观念 3. 在竞赛中学会遵守规则，强调法律意识 4. 强调体育与健康的重要性，提高观察、想象、思考、判断能力
14	实践课：教学比赛	
15	考核课：专项技术考试	
16	考核课：机动	

循序渐进式教学进度是将教材内容按照主次和难易程度科学地分配于整个教学过程。首先，重点学习主要技术，并一直贯穿到教学阶段的后期。其次，逐步拓展学习内容，增加战术教学。安排进度时，要把复习内容和新授课内容紧密地结合起来，把攻守结合起来，把技术和战术结合起来，把提高技战术水平与培养各种能力结合起来。教学比赛安排在教学过程后期，通过教学比赛增加运用技战术的实践机会，提高学生的技战术水平。最后进行综合复习考试，构成一个系统的教学过程。循序渐进式教学进度示例如表 4-4-2 所示。

表 4-4-2　垒球运动普修课循序渐进教学进度示例（32 学时）

<table>
<tr><th>课次</th><th>教学内容</th><th>课程思政、劳育、美育内容</th></tr>
<tr><td>1</td><td>理论课：课程介绍、垒球运动概述</td><td>1. 介绍健康中国和体育强国战略，充分了解认识体育与国家强盛、民族振兴和人民幸福密切相关
2. 介绍垒球运动的特点和作用，重点以介绍“奉献、拼搏、坚韧、协同”的南工女垒精神为主，强调团队协作精神和集体观念
3. 了解垒球运动的基本技战术和竞赛规则，强调团队中的个人牺牲精神和团队协作精神，培养爱国主义精神</td></tr>
<tr><td>2</td><td>实践课：学习准备姿势、上手传球技术、接平直球技术</td><td rowspan="9">1. 在讲授过程中让学生建立“国家兴则体育兴”的概念以及对国家和社会的担当与责任
2. 强调基本功训练的重要性，明白“九层之台，起于累土”的基本道理
3. “文明其精神，野蛮其体魄”，强调身体素质练习的重要性，强调力量之美、阳刚之美
4. 强调在课堂注意倾听，同时在训练过程中注意协作精神和协作能力的培养</td></tr>
<tr><td>3</td><td>实践课：复习上手传球技术、接平直球技术，学习接地滚球、反弹球技术</td></tr>
<tr><td>4</td><td>实践课：复习传接球技术、接地滚球、反弹球技术</td></tr>
<tr><td>5</td><td>实践课：学习击球技术、跑垒技术</td></tr>
<tr><td>6</td><td>实践课：复习击球技术、跑垒技术</td></tr>
<tr><td>7</td><td>理论课：垒球竞赛规则与常用的战术</td></tr>
<tr><td>8</td><td>实践课：复习击球与跑垒技术，学习投球技术</td></tr>
<tr><td>9</td><td>实践课：复习投球技术，学习基本进攻战术</td></tr>
<tr><td>10</td><td>实践课：复习基本进攻战术，学习基本防守战术</td></tr>
<tr><td>11</td><td>实践课：复习基本防守战术，教学比赛</td><td rowspan="5">1. 通过复习巩固所学的知识，从而精益求精
2. 正视考核评价，用平常心来面对考试，胜不骄、败不馁，提高自信心</td></tr>
<tr><td>12</td><td>实践课：全队配合练习，教学比赛</td></tr>
<tr><td>13</td><td>理论课：垒球规则及裁判法</td></tr>
<tr><td>14</td><td>实践课：教学比赛</td></tr>
<tr><td>15</td><td>考核课：专项技术考核</td></tr>
<tr><td>16</td><td>考核课：机动</td><td>强调科学锻炼的重要性，为终身体育打下基础</td></tr>
</table>

三、教案

教案是教师课堂教学的具体工作计划，是根据教学进度所规定的教学内容、教学对象和教学条件设计的课时教学计划。

（一）教案制订的基本要求

（1）明确本次课的指导思想和主题，对整个教学过程及环节、各个步骤、教法进行钻研后，拟出详细的实施计划。

（2）确定课的教学任务、重点、难点，明确课的类型和结构，选择适当的教学方法和教学手段。

（3）根据学生数量和场地器材现状提前做好评估。

（二）常用教案格式示例

<table>
<tr><td>学习阶段</td><td></td><td>课型</td><td></td><td>年级</td><td></td><td>课时</td><td></td><td>上课时间</td><td></td></tr>
<tr><td>教材内容</td><td colspan="9"></td></tr>
<tr><td>教学重点</td><td colspan="3"></td><td colspan="2">教学难点</td><td colspan="4"></td></tr>
<tr><td>教学目标</td><td colspan="9"></td></tr>
<tr><td rowspan="2">教学过程</td><td colspan="2" rowspan="2">教学内容</td><td rowspan="2">教师活动</td><td colspan="2" rowspan="2">学生活动</td><td colspan="2" rowspan="2">组织与要求</td><td colspan="2">运动负荷</td></tr>
<tr><td>时间</td><td>次数</td></tr>
<tr><td>准备部分</td><td colspan="2"></td><td></td><td colspan="2"></td><td colspan="2"></td><td></td><td></td></tr>
<tr><td>基本部分</td><td colspan="2"></td><td></td><td colspan="2"></td><td colspan="2"></td><td></td><td></td></tr>
<tr><td>结束部分</td><td colspan="2"></td><td></td><td colspan="2"></td><td colspan="2"></td><td></td><td></td></tr>
<tr><td>场地器材</td><td colspan="9"></td></tr>
<tr><td>平均心率</td><td colspan="2"></td><td>练习密度</td><td></td><td colspan="2">运动强度</td><td></td><td>心理强度</td><td></td></tr>
<tr><td>课后小结</td><td colspan="9"></td></tr>
</table>

思考题

1. 棒垒球运动教学的内容和任务是什么？
2. 棒垒球运动教学应遵循哪些原则？
3. 棒垒球运动技术教学中常用哪些教学方法？
4. 试着编写一堂棒垒球运动课教案。

第五章

青少年棒垒球运动业余训练

本章提要

本章主要阐述青少年业余体育训练的概念、意义与路径、目标与特点、青少年身体发育与心理发展特征、青少年棒垒球运动训练阶段划分与不同训练阶段青少年棒垒球运动训练内容与目标、青少年棒垒球运动选材内容与测试方法、青少年棒垒球运动业余训练原则与训练方法、青少年棒垒球业余训练计划制订与训练管理以及比赛指导。

学习目标

1. 掌握青少年业余体育训练概念、目标与特点。
2. 了解青少年身体发育与心理发展的基本知识。
3. 掌握青少年棒垒球运动训练阶段划分与训练目标。
4. 基本掌握青少年棒垒球运动选材内容与测试方法。
5. 基本掌握青少年棒垒球运动业余训练原则、训练方法与训练计划的制订。
6. 基本掌握青少年棒垒球运动业余训练的管理方法以及比赛指导。

第一节　青少年业余体育训练概述

一、青少年业余体育训练的概念

青少年业余训练是指利用课余时间，对少数在体育方面具有一定天赋或具有某项运动特长的学生以运动队、代表队或俱乐部的形式进行专业或强化性质的系统训练，旨在全面发展他们的体能和身心素质，提高某项运动技术和水平，使他们成为竞技体育后备人才。

二、青少年业余体育训练的意义与路径

青少年业余体育训练的重要意义在于培养我国竞技体育后备人才。随着社会发展，竞技体育后备人才的培养路径由体育系统独家包办掌控单一封闭的格局，向“多元化”即由现阶段的体育系统、教育系统、社会团体、家庭等多元主体共同参与的开放性格局转化。

三、青少年业余体育训练目标

对少数具有一定天赋或具有某项运动特长的学生在学校或俱乐部进行全面的身体训练，发展体能，掌握参训项目的基本技术和战术，为进一步的专项训练奠定良好的身体、心理、技术和战术基础。同时，贯彻执行德智体美劳全面发展的教育方针，打好思想和文化素质的基础。

四、青少年业余体育训练特点

（一）业余性

青少年业余体育训练的主要对象是普通中小学在校学生和业余体校学生，他们的任务既不同于专业运动队以训练为中心，也不同于普通中小学生以学习为主，而是承担着学、训双重任务。业余体校学生是一边文化课学习，一边训练；普通中小学在校学生以学习为主，利用课余时间、节假日和寒暑假进行训练。

（二）基础性

业余训练阶段是一个打基础的阶段。既要打好身体素质基础，又要发展专项素质；既要全面打好基本技术基础，又要发展专项特长；既要遵循青少年生理、心理特点和自然生长发育规律，强调循序渐进，反对拔苗助长，又要不失时机地抓好各项身体素质发展“敏感期”的专项训练。而且还要遵循打好基础、系统训练、积极提高”的训练原则和拾级而上、梯次进行和循序渐进的规律。

第二节　青少年生长发育与业余体育训练的注意事项

一、青少年身体发育特征及业余体育训练的注意事项

（一）身体形态特征及业余体育训练的注意事项

1. 波浪形与阶段性特点

青少年身体形态变化呈现波浪形和阶段化特征，其发育随年龄的增长而增长，但并非直线上升，其中有两个快速增长阶段，第一阶段是从出生到 10 周岁，第二阶段是 11～20 周岁。第一阶段，男子生长的比例小于女子。第二阶段，男子生长的比例大于女子，此阶段男子生长发育速度明显加快，进入快速增长期。男子大部分指标在 12～14 周岁达到高峰，女子则在 10～12 周岁达到高峰。11～14 周岁是人体生长发育十分重要的时期，这一时期生长发育的快慢与好坏对今后身体形态有着非常大的影响。因而，这一年龄阶段的青少年身体训练尤为重要。

2. 性别差异特点

10 周岁之前，男女之间身体形态发育的差异性不明显，但出现高速增长的年龄和年增长值不同。当进入青春发育期后，男子上肢维度、女子下肢维度和宽度增长较快。

3. 非等比性和顺序性特点

人体各部位生长发育速度不同，有早、晚、快、慢之分，各部位生长结束的时间也有早有晚。人体生长发育具有一定的顺序性，一般在 7 周岁之前遵循“头尾律”的生长顺序，即头—上身—下肢。7 周岁之后遵循“向心律”的生长程序，即从肢体远端向近端的发展顺序，即足—小腿—下肢，手—上肢—躯干。

（二）身体机能特征及业余训练的注意事项

人体有八大系统，分别为骨骼肌系统、心血管系统、呼吸系统、神经系统、内分泌系统、循环系统、消化系统和生殖系统。不同系统具有不同的身体机能特征与业余训练注意事项。

1. 神经系统

年龄越小，神经系统的抑制过程越不完善，分化抑制能力越差。在神经活动中，第一信号系统占主导地位，表现为抽象能力较差，儿童、少年的神经系

统工作能力较低，且易疲劳，但疲劳消除也较快。随着年龄的增长，这些现象将逐渐得到改善，抽象能力与综合分析能力将不断提高。进入青春期，性腺分泌活动加强，神经系统的稳定性受到影响，女性表现得更为明显。

青少年业余训练多采用直观、具体、生动形象的教学方法，同时穿插游戏和竞赛，尽量避免单调以及静力性活动，以保证青少年精力充沛和情绪饱满。

2. 运动系统

儿童、少年骨骼发育表现为长骨生长快，软骨组织、骨组织内水分和有机物多，无机盐少，骨松质多，骨密质少，骨的韧性大，不易骨折，关节囊、韧带伸展性好，活动范围大，但坚固性差，易变形。肌肉生长主要表现为肌肉长度的增加，横断面积小，肌肉的力量和耐力较差，易疲劳。大肌群发展快而早，小肌群发展相对较晚。性成熟阶段，骨组织内无机盐增多，水分、有机物减少，骨密质增多，骨骼变得粗硬，肌肉横断面积增加，身体各部位的围度、宽度指标增加。

青少年骨骼弹性好，易弯曲，不易折断，因此要养成标准的身体姿态，加强双侧练习，避免因单侧用力过多造成脊柱侧弯或肢体发育不均衡。同时，力量训练应遵循循序渐进的原则，多采用克服自身重力的练习，发展全身肌肉力量。同时，青少年应发展关节灵活性和柔韧性，但也要重视关节的牢固性，防止关节损伤。由于青少年肌肉的生长发育不均衡，应注意全面身体训练，发展大肌肉群的同时，加强小肌肉群的力量训练。

3. 呼吸系统

儿童、少年胸廓小，肺容积与肺活量小，呼吸肌弱，呼吸表浅、频率快，呼吸调节能力差，但随着年龄的增长，呼吸功能将日趋提高。

青少年运动时主要靠增加呼吸频率来增加肺通气量，而呼吸深度增加较少。因此呼吸时相（呼气和吸气）、呼吸形式（胸式呼吸和腹式呼吸）和呼吸节奏（呼吸速度的快和慢）应与技术动作相结合，同时多发展以有氧代谢为主的练习。

4. 心血管系统

儿童、少年心肌纤维细，心脏收缩力较弱，心率快，脉搏输出量小，植物性神经系统对心脏的调节功能不够完善。但同时血管壁弹性好，血管口径相对较大，血液外周阻力小，收缩压低。

青少年运动时主要靠加快心率来增加心排血量，以满足身体对血液供应的需求，因此在业余训练时，应合理安排运动负荷，不宜进行强度较大、持续时间较长的运动，尽量减少“憋气”和静力性练习。同时，应定期检查身体，加强医务监督，正确看待“青春期高血压”。

二、青少年心理发展特征及业余体育训练的注意事项

（一）心理发展滞后于生理发育

青少年是从儿童向成年过渡的时期，也是人的性格、个性、观念形成的重要时期。该时期因人体生长发育过程中身体形态和机能的变化，导致心理上发生了一系列的变化，使人际关系从单纯变得复杂，并在15、16周岁时出现逆反心理（也称叛逆期）。同时，抽象思维和独立学习的能力增强，并出现朦胧的独立人格，但对社会的认知尚显幼稚，对事物的认知水平较低、不全面，自控能力较差，情绪不稳定，容易轻信他人的说服和暗示，依赖性仍是他们主要的行为方式。因此，对青少年运动员需要正面引导，注重情绪调节与自我控制能力的培养。

（二）自我意识增强

所谓自我意识，是人对自身及自己与他人关系的一种认识。从结构形式上看，自我意识表现为具有认知的、情绪的和意志的形式等，对人的心理活动和行为起着重要的调节作用。青少年自我评价的感性成分多于理性成分，十分在意他人对自己的评价。因此，在日常训练中应多发现青少年运动员身上的长处和优点，多给予激励和鼓励，多给予正面评价，以增强他们的自信心。

（三）意志品质发展不均衡

青少年运动员意志品质的发展尚未成熟，在克服困难上表现出意志水平较低。因此，在日常训练中要培养青少年运动员的进取心和拼搏精神，使他们不轻易放弃，不惧怕失败，建立明确的目标，通过自身努力，获取成功。

（四）遵循认知发展规律

2~7周岁，处于前运算阶段，学前儿童可以用符号和内部思维解决问题，他们的思维仍然与具体事物相关，难与当前和现在相关联，他们会被事物的表面现象所蒙蔽；8~12周岁，处于具体运算阶段，小学儿童的思维较抽象，他们能够运用浅显的推理解决问题，较少被感知蒙蔽，仍然需要具体事物帮助学习；12周岁到成年，处于形式运算阶段，青少年和成年人可以做到抽象思维、假想思维，他们思考的内容可以是很久之前或很远之外的，他们的思维可以脱离当前的有形环境。青少年业余训练应遵循认知发展规律，在不同认知发展阶段采取不同干预和促进策略。

第三节　青少年棒垒球运动训练阶段划分

根据运动技能形成规律与发展过程，结合各年龄段青少年学生身心发展特点与需求，由易到难设置棒垒球基础训练、提高训练和专项化训练三个阶段。

一、基础训练阶段

棒垒球运动基础训练阶段是针对棒垒球认知程度较低的初学者的基础训练，涉及不同年龄层次的青少年儿童，他们可能是5~6周岁的儿童，也有可能是13~14周岁的少年，他们的身体条件和接受能力存在较大的差异。所以这一阶段的训练难度较大，出现的困难也比较多，为此教练员必须有足够的思想准备。因此，制订具有针对性的训练目标和训练计划，对训练的组织与实施有着重要的意义。

基础训练阶段应全面发展棒垒球运动的各项基本技术技能，包括传球、接球、击球、跑垒等。运动负荷应控制在中低强度区域，避免单调、长时间的训练。单项技术动作练习应选择合适的重复次数，并要求初学者准确地完成。同时，根据棒垒球项目特点设计游戏，最大限度地吸引初学者积极参与，并设置多种形式的比赛，以赛促练，激发初学者的兴趣。另外，要合理配置训练器材，以适应初学者的训练水平。

对低年龄初学者，还应注重发展他们平衡、协调及柔韧等素质。注意力控制的训练是基础训练不可或缺的内容，应引起教练员的足够重视。而对在训练中坚定、自律的初学者应给予充分的肯定与鼓励，以提升他们的运动表现。

二、提高训练阶段

棒垒球运动提高训练阶段是针对具有一定棒垒球基础运动员的训练。该训练阶段将逐渐增加训练量和训练强度，全面提升运动能力，强化正确技术动作的定型，提升棒垒球技术技能，并在此基础上学习更为复杂的专项技能。同时，增加技战术配合内容和比赛元素，帮助运动员理解基本战术和比赛策略。另外，要全面发展体能，注重发展协调、灵敏和平衡等能力。鼓励运动员采用正确的技术及适当的负重进行力量训练，禁止进行最大或接近最大负重的力量训练。进行适度的无氧训练，持续发展有氧能力，使之能够达到比赛所需要的强度。避免让运动员承受过大压力的训练和比赛，如比赛中限制青少年投手投球数量，以保护他们的肩膀和手臂。采用正确的心理引导方式和手段，提高运动员的注意力。在训练和比赛中强调规则意识和公平竞争意识。增加教学比赛次数，让运动员在实战中不断地强化、提升竞争意识。

三、专项化训练阶段

棒垒球专项化训练阶段是针对 18 周岁以下具有较高棒垒球运动水平运动员的训练。该阶段训练注重基本技术的细节和技战术的运用。因此，教练员应建立明确的训练目标，制订合理的训练计划，加强实战练习，适当增加训练量（避免过度训练），从而提升战术配合意识和专项运动表现。同时，在训练中还应选择一些充满乐趣、具有挑战性和令人兴奋的练习，并要求运动员快速决策、迅速响应并保持较长时间的注意力集中。另外，全面发展一般体能和专项体能，使身体适应专项训练负荷，为比赛做好充分准备。此外，在训练中还应加入心理训练元素，如专注度培养、注意力控制、积极思考、自我调节以及动机强化等。

第四节　不同训练阶段青少年棒垒球运动训练的目标与内容

一、基础训练阶段训练内容与目标

1. 训练内容

（1）棒垒球游戏。

（2）软式棒垒球竞赛规则。比赛场地、击球与跑垒、安全与出局、申诉与抗议、得分与攻守交换。

（3）棒垒球初级基本技术。

① 防守技术：传球与接球（包括平直球、高飞球、地滚球）。

② 进攻技术：挥击球之击“T”架球。

2. 训练目标

（1）了解棒垒球运动的发展概况，以棒垒球运动为载体，陶冶学生的情操，启迪学生的智慧，培养学生精益求精的作风和集体主义精神、“永不言弃”的拼搏精神，勇于担当、敢于发挥、善于表现的英雄主义精神，增强学生的抗压能力。

（2）熟悉软式棒垒球比赛场地，掌握《软式棒垒球竞赛规则》中有关击球与跑垒、安全与出局、申诉与抗议、得分与攻守交换等常用规则条款。

（3）掌握正确的基本技术动作，能够进行简单的教学比赛。

（4）有效地发展协调与灵敏素质。

二、提高训练阶段训练内容与目标

1. 训练内容

（1）棒球、垒球竞赛规则。投手、跑垒、妨碍与阻挡、申诉与抗议以及记录方式和技术统计。

（2）棒垒球中级基本技术。

① 棒垒球项目各种脚步移动。

② 防守技术：投手、接手、脚步与传球、接球（包括平直球、高飞球、地滚球）的协调衔接。

③ 进攻技术：挥击球之击运动中的球、触击球、跑垒（包括离垒与返垒、腾空球跑垒、连续跑垒）。

（3）棒垒球初级战术。

① 各防守位置的防守任务与技术特点、技术要求。

② 击球次序的编排，以及下列战术的战术要点。

a. 夹杀。

b. 偷垒、牺牲触击进攻战术与防守的配合。

c. 全场防守配合的战术要点。

2. 训练目标

（1）基本掌握棒球、垒球竞赛规则中有关投手、击球、跑垒、妨碍与阻挡、申诉与抗议等规则条款，能看懂比赛纪录。

（2）能正确掌握下列技术动作。

① 棒垒球项目各种脚步移动。

② 防守技术：投手与接手，脚步与传球、接球（包括平直球、高飞球、地滚球）的协调衔接。

③ 进攻技术：挥击球之击运动中的球、触击球、跑垒（包括离垒与返垒、腾空球跑垒、连续跑垒）。

（3）掌握下列战术的运用时机及配合要点。

① 夹杀。

② 跑垒和牺牲触击进攻战术与防守战术。

③ 全场防守配合。

三、专项化训练阶段训练内容与目标

1. 训练内容

（1）棒垒球训练计划的制订与执行。

① 课训练计划的制订与执行。

② 周训练计划的制订与执行。

③ 年度训练计划的制订与执行。

（2）棒垒球比赛。

① 简化或特定规则比赛。

② 教学比赛。

③ 正式比赛。

（3）棒垒球高级技术。

① 各防守位置常见的个性化技术。

② 进攻常见的个性化技术（包括垒球的拖击以及棒垒球的鱼跃接球、滑垒、扑垒等）。

③ 投球、击球（包括触击）核心技术动作要领、技术要点。

（4）棒垒球中高级战术。

① 进攻战术：双偷垒、抢分触击，跑而打、跑而触。

② 防守战术：投手牵制、内场手牵制、双杀以及针对上述进攻战术的防守战术。

（5）全面提升青少年体能水平。

2. 训练目标

（1）了解棒垒球训练过程的基本结构与构成环节。

（2）能正确掌握各防守位置常见个性化技术与进攻常见个性化技术（包括垒球的拖击，以及棒垒球的鱼跃接球、滑垒、扑垒等）的运用时机、动作要领和技术要点。掌握反手抛球、侧手传球、单手接地滚球以及离垒与返垒的技术动作与技术要领，并掌握上述技术的运用时机。

（3）能安全正确地完成鱼跃接球、滑垒与扑垒的技术动作。

（4）能正确掌握投球、击球（包括触击）核心技术的动作要领和技术要点。

（5）掌握下列进攻战术和防守战术的运用时机和实施要点。

① 进攻战术：双偷垒、抢分触击，跑而打、跑而触。

② 防守战术：投手牵制、内场手牵制、双杀以及针对上述进攻战术的防守战术。

（6）了解棒垒球体能训练的作用、训练原则、特点与要求，初步掌握棒垒球专项体能训练的基本内容、常用方法与手段。

第五节　青少年棒垒球运动业余训练的组织与实施

一、青少年棒垒球运动员选材

青少年棒垒球运动员的科学选材是我国棒垒球后备人才培养的重要环节，是培养优秀棒垒球运动员的基础。科学的选材可以挖掘具有棒垒球运动天赋的苗子，可以提高优秀棒垒球运动员的成材率，达到事半功倍的效果。依据棒垒球项目时间长、强度低和非周期性，在实际运动过程中，采取传、投、接、击、跑等方式进行攻防活动的特点，结合未来发展趋势，青少年棒垒球运动员的选材可围绕形态学指标、身体机能指标、运动素质指标、心理指标、知识指标和遗传因素等展开。

（一）形态学指标

身体形态是指身体外形的构成，其受先天遗传和后天环境的双重影响，它在一定程度上反映着相应人体的生长发育、机能和竞技能力水平，并在一定程度上影响着运动素质的发展。身体形态具有一定的依赖性，尤其在青少年时期，其骨骼的生长在外力的刺激下会产生很大的变化，任何一种棒垒球专项训练手段都会对其身体形态的发展起到显著的影响，使其朝着棒垒球专项需要的方向发展。因此，身体形态的比例在青少年棒垒球运动员选材过程中颇具参考价值。由于棒垒球技术中转体、摆臂、拨球动作占据较大比重，所以以身体形态匀称、臂长、手大、肩宽和跟腱长为最佳选择。

（二）身体机能指标

根据肌纤维的收缩速度可将肌纤维划分为快肌纤维和慢肌纤维，快肌纤维收缩速度快，慢肌纤维收缩速度慢；快肌肌纤维的收缩力量大于慢肌肌纤维。参加时间短、强度大项目的运动员，其骨骼肌中快肌纤维百分比较从事耐力项目运动员和一般人高，参加棒垒球运动要有较强的爆发力和快速反应能力，因此青少年棒球和垒球运动员选材应选择快肌纤维百分比较高的运动员。

运动训练对人体机能的改造，尤其对运动成绩的影响中，雄性激素起着重要的作用，因此测定运动员的血清睾酮值具有重要的意义。当运动员血清睾酮值高时，机体合成代谢旺盛，可进行大强度训练，以获得更好的训练效果，因此青少年棒球和垒球运动员选材应选择血清睾酮基础值较高的运动员。

（三）运动素质指标

身体素质是指人体在运动中所表现出来的机能能力，其包括力量、速度、耐力、协调、灵敏、柔韧等素质。运动员身体素质水平受后天环境、营养水平的影响，还取决于先天的遗传状况。良好的身体素质是运动员提高运动技能的基础和保障。在青少年时期，尤其是儿童少年时期，打下全面的身体素质基础，可为今后竞技能力的提高提供保障。棒垒球运动虽属集体对抗性项目，但又有其自身的特殊性，对身体素质的要求也有其自身的专项特点。因此，根据棒垒球运动的特点，棒垒球运动员的主要运动素质是力量素质、速度素质、灵敏素质和柔韧素质。

1. 力量素质

力量素质是指人体神经肌肉系统在工作时克服或对抗阻力的能力。根据不同运动项目所需的力量素质不同，可将力量素质分为最大力量、快速力量和力量耐力。快速力量是指肌肉快速发挥力量的能力，是力量与速度的有机结合，爆发力是快速力量的一种表现形式。棒垒球运动对爆发力的要求较高，传球、投球、击球都需要极强的爆发力，且其动作特点是施展全身的力量，并通过下肢发力，经躯干传递至上肢实现各项技术动作的完成。所以，棒垒球运动员的上下肢力量与腰腹肌力量，对完成各项技术动作有着至关重要的作用。因此，根据这些特征，可将立定跳远、规定时间内的仰卧两头起、俯卧背起、实心球前抛和棒球、垒球掷远作为选材测试项目。

2. 速度素质

速度素质是指人体或肢体某部位快速运动的能力，它包括反应速度、动作速度和移动速度，但绝对速度是基础。速度是棒垒球运动中最重要的素质之一，是棒垒球运动员在比赛中争取时间优势的重要条件。而短距离跑则是反映棒垒球运动员机体快速运动的能力与评价速度素质的一项基本指标，通常情况下，可根据青少年不同年龄选择 50 米或 30 米作为选材测试项目。

3. 灵敏素质

灵敏素质是指在各种突然变换的条件下，运动员能够迅速、准确、协调地改变身体运动的空间位置和运动方向，以适应变化着的外环境的能力。在棒垒球运动中，运动员需要快速完成各种变向跑动，快速完成急停急起和转体等动作。因此，灵敏素质是棒垒球运动员的核心素质之一，也是各项技术、战术合理运用的基础素质。通常情况下，采用 5—10—5 测试、伊利诺伊测试、“T”字形跑以及各种滑步测试作为选材测试项目，并通过结合一些简单游戏的观察来辅助灵敏素质的选材。

4. 柔韧素质

柔韧素质是指人体各关节的活动幅度、肌肉、肌腱和韧带的弹性和伸展能力。良好的柔韧性可以减少运动员的运动损伤，提高运动员的动作幅度。由于棒垒球运动中的传、接、投、击、跑等技术动作对身体的灵活性和柔韧性都有较高的要求。因此，柔韧素质是棒垒球运动员重要的身体素质之一。目前对柔韧素质的选材一般采用坐位体前屈测试、转肩距测试和 FMS 肩部灵活性伸展测试。

（四）心理指标

心理因素是影响运动员比赛发挥的一个重要的因素。强大的心理素质能够保证运动员在比赛中面对困难不逃避、不退缩、信心百倍、少焦虑、注意集中，拥有较强的抗压能力和调节能力。在竞争激烈、势均力敌、实力相当的比赛中，获胜往往取决于运动员心理因素上的优势。因此，在青少年棒垒球运动员选材时，应将心理素质作为一个重要参考指标，但非必要条件，这是因为青少年的心理素质大多不够成熟，还具有发展性和可塑性。青少年棒球和垒球运动员选材可借助运动心理学量表进行。

（五）知识指标

运动员知识能力是竞技能力的重要组成部分，它是指运动员掌握和运用运动知识提高竞技运动水平的能力。运动员除了具备体能素质、技术能力、战术能力、心理素质以外，还需要具备知识能力，这是现代竞技运动对运动员的要求，知识能力的提高对于运动员获得体能素质、技战术能力、心理能力有促进作用和发展，是决定比赛成败的关键。棒垒球运动员不仅需要掌握运动生理学、运动医学、运动生物力学、运动解剖学、运动营养学等人体生物科学知识，还需要掌握心理学、教育科学、人文社会科学知识等其他知识。

（六）遗传因素

遗传是生物亲代与子代之间、子代个体之间相似的现象。研究表明，人体在身体形态、身体素质、生理机能以及心理和智力特征等方面都具有相当高的遗传度。因此，遗传素质是棒垒球运动员是否成才的重要潜在指标，也是影响棒垒球运动员成材的因素之一。所以，在进行青少年棒垒球运动员选材时，要对他们的家族遗传因素做一些调查，以便对他们进行综合素质和潜力评价，从而挖掘拥有良好运动天赋及才能的青少年棒垒球运动员。根据棒垒球运动的特点，应以家族的身体形态、神经肌肉反应类型和有无运动经历作为参考依据。

二、青少年棒垒球运动业余训练的原则

（一）全面性原则

对于青少年棒垒球运动员而言，发展各项基本技术技能和全面运动素质非常重要。在他们开始接受专项训练之前首先要在综合能力方面得到均衡发展，这是青少年棒垒球运动员最为重要的训练原则之一。青少年棒垒球运动员长期训练路径的三个层次分别为全面发展、专项化训练和高水平运动表现。全面发展作为所有训练计划的基础，基础牢固可靠才能逐渐发展到第二个层次，直至达到第三个层次。

（二）适时专项化原则

当青少年棒垒球运动员建立好一个坚实而全面的基础后，就可进入到专项化训练阶段。在棒垒球项目中需要对场上防守位置进行专项化训练，例如，投接手训练、内场手训练、外场手训练等，以便让他们的身体、技战术以及心理等方面得到适应。但这是一个复杂的过程，所以在专项化训练开始之后，必须持续增加训练量与训练强度。

由于棒垒球是一项以速度和爆发力为主导的项目。所以，只有当青少年运动员基本掌握棒垒球基本动作技能后，且又能应对高强度训练要求时，才可进行专项化训练。

（三）多样性训练原则

众多优秀运动员的成才之路表明，每一名优秀运动员都在青少年时期进行了数千小时的训练，他们每一种能力的发展都进行了成千上万次的重复练习。因此，在棒垒球训练中对训练量和训练强度的有效的监控和调整至关重要，否则他们将难以承受来自身体及心理的双重压力。所以，在青少年棒垒球运动员成长过程中的每一个训练阶段都应融入各式各样的练习内容、手段与方式，以提高他们的兴趣和自觉性，并保持注意力集中，防止伤病、厌烦和倦怠。例如，在对年龄较小的球员进行基本技术练习时融入游戏环节，可发展他们的一系列技能，以帮助他们构建新的运动能力。

（四）区别对待原则

每一名青少年棒垒球运动员都有自己独特的个性特点、生理特征、社交表现以及智力水平，所以制订带有个性化的有效训练计划非常重要。而通过主观观察和客观测量来确定青少年棒垒球运动员的优势与不足是制订带有个性化的有效训练计划的重要一步。同时，由于不同的青少年棒垒球运动员对训练的承受能力存在显著的差异，所以在制订带有个性化的有效训练计划时，必须充分考虑个体的优势和不足、个体化差异（如发展阶段、训练背景以及经历）、健康状态、训练课和连续比赛之间的恢复速率以及性别差异等。另外，严格基于实际年龄划分儿童、少年、青少年并不可取，因为相同年龄的孩子可能在解剖学成熟度上存在着若干年的差异。因此，必须对骨龄、生物学年龄以及运动年龄加以综合考虑。

（五）适宜负荷原则

了解增加训练负荷的方法对于良好训练计划的制订至关重要，而青少年棒垒球运动员的训练量和质量将直接影响到他们专项运动能力的提升。因此，处在生长发育期的青少年棒垒球运动员应根据自身实际和需求逐渐增加训练负荷，只有在对特定训练负荷产生适应之后，其训练、比赛的抗压能力和项目需求能力才会得到提升。所以，渐进式的训练负荷更适合青少年棒垒球运动员长期发展的需要。

在生长发育早期阶段，青少年棒垒球运动员在力量、速度、耐力等方面所表现出来的提升会是正常生长发育的结果。如 10～15 周岁的棒垒球运动员，在整个赛季中每周训练两次、周末比赛一场。如果单从训练刺激的结果来看，由于训练量偏小制约了棒垒球技能和专项运动能力的发展，所以运动员在赛季中的表现也许不会有显著提升，但生长发育的正面影响却一直存在，所以运动表现仍然会有所改善。因此，处在生长发育期的青少年棒垒球运动员应逐步增加训练频次、训练时间、练习量，并阶梯式递增训练负荷。

三、青少年棒垒球运动业余训练方法

1. 重复训练法

重复训练法是指在相对固定的条件下，按照一定要求，反复进行某一练习的方法。由于重复训练法是在承受一定的负荷强度下进行的，所以，它有利于青少年棒垒球运动员提高机体各器官系统的功能水平，有利于建立和巩固动作技术定型和熟练地运用技术。但在运用重复训练法时应注意适量的运动负荷。

2. 变换训练法

变换训练法是指在练习过程中有目的地变换练习条件（环境、速度、重量、时间或动作组合）的一种训练方法。在运用变换训练方法时应注意以下几点：

（1）明确变换练习条件的目的和任务，具有针对性地变换练习负荷、动作组合、练习环境和条件等。

（2）及时纠正运动员的错误动作，在技战术训练中，采用变换训练法达到训练目的后，应及时恢复到正常情况，避免产生混淆。

3. 循环训练法

循环训练法是指根据训练的具体目标，建立若干练习站（点），运动员按照既定的顺序、内容，依次完成每站（点）的练习，周而复始地进行训练的一种方法。在运用循环训练法时应注意以下几点：

（1）根据训练的目标确定各站（点）的内容和站（点）的数量。

（2）针对青少年棒垒球运动员的特点因人而异地确定运动负荷。

（3）组合和变换循环练习的形式。

4. 竞赛训练法

竞赛训练法是指运动员在比赛条件和要求下进行练习的一种方法。它有助于提高青少年棒垒球运动员对专项理论知识、技战术的运用能力，有助于提高实际训练水平，对培养青少年棒垒球运动员的实战能力具有积极的作用。但在运用竞赛训练法时应注意以下几点：

（1）应符合青少年棒垒球运动员的年龄特征安排训练。

（2）运用时机应适合青少年棒垒球运动员的水平。

5. 游戏法

游戏法是指以游戏的方式来提高运动员对棒垒球运动项目的学习兴趣，从而促进棒垒球技术、战术掌握的学习方法。在运用游戏法时应注意以下几点：

（1）以游戏法进行业余训练时，负荷量度的安排应符合青少年生长发育的特点和规律。

（2）游戏法的练习形式应丰富多样。

四、青少年棒垒球运动业余训练计划

1. 年度训练计划

青少年棒垒球运动业余训练的年度训练计划应根据全年教学安排与比赛时间而制订。主要内容包括：

（1）上一年度训练情况和本年度的训练目标。

（2）身体素质、技战术训练及运动成绩所要达到的指标和心理训练的要求。

（3）全年训练阶段的划分，各个时期身体训练和技战术训练的比重与内容，以及训练负荷的安排。

（4）参加比赛期间的安排。

（5）检查评定训练效果的时间与方法等。

2. 阶段训练计划

青少年棒垒球业余训练的阶段训练计划是根据年度训练计划中所规定的各阶段任务、内容、要求和训练频次等制订的。阶段训练计划比年度训练计划更为具体，它能使训练内容的安排、主要训练手段的选择和负荷量的确定等更加切合训练过程的实际。青少年棒垒球业余训练一般以三个月为一个阶段，根据训练任务或重点不同，可以分为基础阶段计划、准备比赛阶段计划、恢复阶段计划和临时性短期集训计划等。制订阶段训练计划应从学生实际情况出发，明确阶段训练计划的时间、身心负荷以及阶段训练的重点内容和拟解决的难题。

3. 周训练计划

青少年棒垒球业余训练的周训练计划是根据阶段训练计划，并结合业余训练实际而制订的一个星期的训练安排。青少年棒垒球业余训练每周一般可安排 3~4 次，每次训练时间约为 1.5~2 小时。周训练计划应将不同的训练内容，如技战术训练与身体素质训练交替进行。

4. 课时训练计划

青少年棒垒球业余训练的课时训练计划是最基础的训练计划，它包括棒垒球训练目的与任务，以及训练的内容、顺序、手段、组织形式、时间、负荷等。一般可采用教案或卡片等形式。

以上 4 种训练计划，就步骤而言，应先制订年度训练计划，后制订阶段和周训练计划，最后制订课训练计划。就内容而言，应逐步详细与具体化训练内容。就要求而言，则应根据场地器材的现实条件和青少年棒垒球运动员的身心状况，确定每种训练计划的目标，合理安排训练时间、内容和负荷，防止训练手段成人化。

五、青少年棒垒球运动业余训练管理

（一）制度建设

1. 建立健全规章制度

不以规矩，不能成方圆。没有制度建设就谈不上管理，制度建设在管理过程中起着举足轻重的作用。管理和制度建设相辅相依，杂糅相容。建立健全规章制度可以规范青少年棒垒球运动员的日常行为，推动教学、训练活动的顺利开展，营造良好的学习、训练氛围，并使管理工作有章可循，有制可遵，有据可依，为管理科学化、规范化、制度化提供保证。

2. 评估奖励

评估训练结果、发现问题、调控训练过程、实现预期训练目标是管理工作中常用的方法。因此，青少年棒垒球业余训练单位应根据训练目标要求，确定评估指标体系、评估方法，定期开展训练评估，并辅以奖优罚劣，保证训练质量。

（二）教练员素养

1. 良好的师德

教练员在训练过程中不仅向青少年棒垒球运动员传授技术技能，而且还以自身的职业素养和良好的师德影响着他们。因此，教练员必须热爱运动员，同时又具备崇高的理想、高尚的道德品质和思想情操、过硬的政治思想素质、较强的事业心和责任心以及良好的思想作风和工作作风。

2. 良好的业务能力

教练员首先是指导员，应具备较高的专项技能和教育训练学方面的基础理论知识，还应具备标准的示范能力；其次是应具备简单生动的语言表达能力，能将自己的训练理念和思想传授给青少年棒垒球运动员；最后是心理专家，时刻揣摩了解青少年棒垒球运动员的心理状态，捕捉他们的各种信息，及时发现并排除他们的心里问题。

3. 较强的组织管理能力

管理是一切组织正常发挥作用的前提，任何一个有组织的集体活动，不论其性质如何，都只有在管理者对它加以管理的条件下，才能按照所要求的方向进行下去。良好的管理是青少年棒垒球运动员竞技水平提高和青少年棒球、垒球队有序发展的重要因素。在日常训练中，教练员不仅是训练的参与者，还是训练的指挥者和组织者。由于青少年运动员具有活泼好动、自我约束能力弱、自我管理能力差等特点，再加上运动训练本身的艰苦性，所以在训练中他们常常会出现“三天打鱼两天晒网”等现象，在文化学习中也会出现逃课缺勤的状况。如果教练员一味通过强制手段管理青少年运动员，并不能达到想要的效果，相反还会造成青少年运动员的叛逆心理。因此，教练员须具备较强的组织管理能力，才能保证青少年棒垒球运动员日常训练与文化学习的顺利进行。

（三）运动员管理

1. 思想政治教育

加强共产主义理想信念教育，树立正确的人生观、价值观、道德观。同时，进行爱国主义、集体主义、社会主义教育，培养青少年棒垒球运动员热爱集体、服从组织、遵守纪律、勇敢顽强和不怕困难等精神品质，形成良好的道德品质和行为习惯。

2. 队风队纪教育

良好的队风队纪，既是运动队长期教育、训练的结果，也是思想教育的有力手段。一个运动集体必须有严明的组织纪律，这样就能促进运动员积极向上、努力拼搏，认真、刻苦地参加训练和比赛，并在训练和比赛活动中自觉地克制和改变自身那些不符合规范的行为和作风，逐渐陶冶自己的心灵，提高自己的思想境界，培养自己顽强拼搏的精神。因此，青少年棒球队、垒球队应坚持实事求是，坚持正面教育，坚持言教与身教相结合，以动之以情、晓之以理的方式进行队风队记教育。

3. 组织纪律性教育

自律性与行为习惯决定着一个人的未来发展。青少年运动员与同龄学生一样，心理发展尚不完全，自律能力相对较弱，所以在训练过程中往往以自我为主，训练时由着自己的心情而来，有时还会出现组织纪律性松散等状况。因此，需对青少年棒垒球运动员进行组织纪律性教育，规范他们的日常行为习惯，逐渐培养他们的自律性。但在进行组织纪律性教育时，应采取鼓励、评比等方式来激励他们，让他们树立自信心，也可以采用说教的方式时刻提醒他们。切勿过分批评，要为他们保留应有的自尊心。

4. 意志品质教育

棒垒球是一项户外体育运动，常年经受风吹日晒对青少年棒垒球运动员而言就需要具有良好的意志品质。良好的意志品质不是一朝一夕就能建立起来的，而是经过长期的训练才能培养起来。因此，对训练中怕累、怕吃苦的青少年棒垒球运动员来说，需要因势利导，创造生动活泼的训练环境，通过多手段培养训练的兴趣，增强训练的自觉性，培养他们克服困难的精神和适应能力，解除苦和累的思想包袱，使他们自觉吃苦、不怕累，达到增强意志品质的目的。

5. 科学训练管理

运动员是运动训练的主体。对青少年棒垒球运动员的训练管理主要是加强思想教育、明确训练目的、端正训练态度，同时应督促他们的文化课程学习。因为文化课程学习是青少年棒垒球运动员的重点，是他们长远发展的基础，也是搞好训练工作的需要。另外，要建立青少年棒垒球运动员档案管理制度，及时记录训练等情况。对个别破坏纪律、违反规章制度或缺课过多的运动员应采取必要的管理措施，不可姑息迁就。

6. 文化学习管理

青少年棒垒球运动员承担着学、训双重任务，所以他们只能利用课余时间、节假日、寒暑假进行训练。因此，在上课期间，每周训练的频次与每次训练的时间不宜过长，需劳逸结合，并在队内部建立互帮互学机制，且在每次考试结束后针对队内训练刻苦、学习认真、成绩优异的队员进行表扬与奖励，以此来激励其他队员，而对个别学习成绩明显退步的队员应暂时减少训练次数或时间，待学习进步时再恢复正常训练。同时，教练员应经常关心青少年棒垒球运动员的文化学习，定期与班主任、其他任课教师和家长取得联系，了解他们的学习动态、思想作风以及文化课学习成绩，发现问题，互相配合，及时进行教育；另外，需防止片面追求训练而忽视文化学习倾向的发生，并经常教育他们正确对待业余训练，努力学好文化知识，做到训练和文化课学习两不误。

7. 细化生活管理

由于青少年棒垒球运动员来自不同的家庭、不同的成长环境，所以对他们的生活管理除了建立各种规章制度让他们遵守之外，还要让他们在生活中学会相互帮助、和谐共处。同时，教练员要像父母一样关心照顾他们，帮助他们解决必要的日常生活问题，了解他们的生活习惯，使他们的个性发展得到保护，人格受到尊重。另外，教练员应协调好各部门的工作，保证后勤保障，让运动员有集体归属感和认同感。另外，教练员还需密切联系家长和任课老师，共同解决他们在生活、学习和训练中出现的问题，并陪伴他们健康、快乐地成长。

8. 强化心理管理

（1）满足合理需要。行为科学认为，人的行为产生于需要。因此，满足青少年棒垒球运动员的需要是有效调动他们积极性的重要手段与方法，也是管理青少年棒垒球运动员的重要举措。青少年棒垒球运动员的许多思想经常与他们的实际需要交织在一起。因此，不能回避他们的需要，而是应对他们的需要进行认真分析，有针对性地采取不同的策略与对策，有的需要表扬与鼓励，有的则需要批评与教育，这样才能有效地达到管理的目的。

（2）了解心理特点与内心情感变化。青少年棒垒球运动员与同龄其他学生一样，其内心情感相当丰富，与情感相关联的主要对象是父母、教师、同学和自己的性格。很多时候外在的评价会产生攀比，而攀比就会引起嫉妒，有些运动员会因为责骂，长时间产生焦虑情绪。对于类似这些问题，教练员应该用大量的时间与队员进行沟通、开导，让其多与他人沟通，或进行心理治疗，消除心中的不满与嫉妒心理。另外，还应适当地与队员家长进行沟通，做队员家长的思想工作，消除家长的疑虑。总之，教练员应丰富他们的内心情感，注意他们的内心情感变化，对他们加以鼓励与支持。

（3）注重心理干预。性格的内向与外向对运动技能的学习有着密切的关系。内向型运动员，兴奋过程比较慢，而且难以持续，抑制过程消失较迟，持续时间较长；而外向型运动员，则与之完全相反。因此，在棒垒球日常训练中，应重视青少年棒垒球运动员的心理素质训练，引导他们的个性健康发展，同时加强他们意志力、注意力、自信心的训练和培养，以提高他们在比赛中的自我心理调整能力。

总之，青少年棒垒球教练员应尽一切可能把训练工作做扎实，使各方面工作互相配合、互相促进，产生正向交叉效应，使现有的基础条件最大限度地发挥效益。另外，应加强青少年棒垒球运动员的纪律约束与思想政治工作，但应避免采用简单粗暴的强制性管理措施，因为这在一定程度上会让他们产生逆反心理而不服管教。所以，一方面，需要运用正面教育方式激励他们产生自我约束的概念，形成自我强制的意识；另一方面，需要借助外部的纪律约束机制，迫使他们自我强制、自我约束。

六、比赛指导

比赛指导可分为赛前准备、赛中指导与赛后总结。

（一）赛前准备

1. 分析对手

收集资料，了解对手的攻防特点。主要分析棒次安排规律、对方投手的投球特点、防守阵容、攻防战术等。

2. 召开赛前准备会

赛前准备会的主要目的是做好赛前动员，统一思想、树立信心，根据对手的情况制定战术。切忌烦琐，要言简意赅。

（二）赛中指导（开局阶段、相持阶段、最后阶段）

1. 特殊防守局面指导

在比分较为接近，尤其是临近比赛结束或延长局时，为了抑制对方的进攻，教练员需把握好有限的防守暂停机会进行技术指导、战术安排或心理安慰等。

2. 特殊进攻局面指导

垒球比赛中，每队在每局进攻时有一次暂停机会，通常情况下，进攻队可在想要扩大战果或追平、反超比分时使用，垒上有跑垒员是请求暂停的最佳时机，最好用此时部署相关战术。有时垒上没有跑垒员也可以请求暂停，这个暂停不是部署战术，而是给击球员增添一份信心，或是缓解击球员紧张的情绪。

3. 战术（暗号）

当进攻局面僵持，且在垒上有跑垒员时，依据对方防守能力与防守弱点，结合本方击球员、跑垒员特点，通过赛前确定的暗号，实施相关战术。例如，发偷垒暗号，实施偷垒战术，发牺牲触击暗号，实施牺牲触击战术等。

4. 战术换人

（1）当投手连续投出“四坏球”时，或投手投出的球被连续击出安打时，或者虽然不是连续安打，但被多次击出高质量球时，应更换投手。

（2）当防守队员不在状态时，应及早发现并果断做出换人决定。

（3）进攻中，尤其是临近比赛尾声，恰遇垒上跑垒员速度比较慢时，可以由一名速度比较快的跑垒员进行替补。同样，此时若遇正在击球的击球员击球能力较弱，也可以选择更换一名击球能力稍强的击球员击球，以达到出其不意的效果。

（三）赛后总结

赛后总结包括每场比赛后的总结和整个比赛后的总结两部分，有个人总结与全队总结两方面。个人总结由队员本人完成，通过个人在比赛中的技术表现、战术意图领会与实施、心理活动等方面进行总结。全队总结由教练员完成，通过完成比赛情况和队员各项技战术指标的分析，总结成功经验，找出存在的问题，提出解决问题的办法和建议，以便更好地制订今后的训练计划。

思考题

1. 请阐述青少年业余体育训练的概念和特点？
2. 青少年生长发育的特征及其训练注意事项是什么？
3. 青少年棒垒球业余训练分为哪些阶段？每个阶段的训练目标和内容是什么？
4. 青少年棒垒球运动员选材应考虑哪些因素？
5. 青少年棒垒球业余训练的原则和方法是什么？

第六章

棒垒球运动体能训练

本章提要

本章介绍了棒垒球运动体能训练的一些先进理念，棒垒球运动体能训练的作用、原则、专项特点与要求。在此基础上，重点阐述了棒垒球运动体能训练中常用的方法与手段，介绍了棒垒球运动专项体能测试、评估的内容和方法。

学习目标

1. 理解棒垒球运动体能训练的作用、原则、专项特点与要求。
2. 初步掌握棒垒球运动体能训练的基本内容、方法与手段，并能在实践中有效运用。
3. 基本掌握棒垒球运动专项体能测试、评估的内容与方法。

第一节　体能训练的相关概念与内容

一、体能训练的概念

体能训练是运动训练的重要组成部分，是结合专项需要并通过合理负荷的动作练习，通过体能训练能够改善运动员的身体形态，提高有机体各器官系统机能的活动能力，充分发展运动素质，促进运动成绩提高的训练过程，它是技术训练和战术训练的基础，并对掌握专项技术、战术，承担大负荷训练和参加比赛，促进运动员身体健康，防止伤病以及延长运动寿命，都具有极为重要的意义。

二、体能训练的内容

根据其适用的范围，体能训练内容可分为一般体能训练、专项体能训练和身体功能训练。

（一）一般体能训练

一般体能训练，是指运用多种非专项体能练习手段所进行的旨在增进运动员身体健康，提高各器官系统机能，全面发展运动素质，改善身体形态，掌握非专项的运动技术、技能和知识，为专项成绩提高打好基础的训练。例如，针对力量、速度、耐力等的一般体能训练。

（二）专项体能训练

专项体能训练，是指采用直接提高专项素质的练习，以及与专项有紧密联系的专门性体能练习。专项体能训练可最大限度地发展对专项成绩有直接关系的专项运动素质，以保证专项技术和战术的掌握及其在比赛中顺利、有效地运用，从而创造优异成绩的训练。例如，二垒跑、棒垒球掷远、棒速和球速训练等。

（三）身体功能训练

身体功能训练，是一种注重身体基本姿态和人体动作模式，整合机体各项素质用于优化人体最基本的运动功能，对机体的动作模式、脊柱力量、动力链、恢复与再生环节进行系统性优化，达到提高专项运动能力的一种训练理念和方法体系。例如，呼吸练习、纠正性练习、灵活性与稳定性训练、预康复训练（养护性练习/防伤练习）、激活练习、恢复与再生训练等。

综上所述，一般体能训练和专项体能训练有交叉部分，而功能训练包含交叉部分的内容，并且是介于一般体能和专项体能之间符合人体运动能力发展和运动专项需求的一种训练方式，这种训练方式可以使机体的基础体能更好地向专项体能转化。实际上，一般体能训练中也会渗透着功能训练的手段，而专项训练中亦有功能训练的介入。此外，功能训练的范畴还包括一般体能和专项体能没有涉及的内容，比如与康复结合的伤病预防练习、恢复与再生训练等，并在其中融合了更为丰富的方法手段。但它们最大的区别在于功能训练的理念和方法上包含了核心训练、动态平衡、本体感受控制、动作模式、动力链等方面的特征。它们三者之间是一个有机过渡和循序渐进的过程，共同为运动员构筑起良好的竞技表现基石。

第二节 棒垒球运动体能训练的作用与原则

一、棒垒球运动体能训练的作用

（一）提高专项竞技能力

棒垒球运动体能训练不仅能够促进运动员身体素质的整体提升，而且还能有效地促进运动员专项技术的发展。众所周知，任何运动技术的表现都需要良好的身体素质作为基础保障，所以出众的身体素质不仅能够有效地保障技术动作的稳定性，同时也是运动员持续且稳定地运用技术动作的核心与关键。因此，良好的体能是运动员完成高质量技术动作的第一要素。

（二）提升抗压能力

具备优秀的体能有助于提升运动员心理抗压能力的观点越来越得到体育界的广泛认同。良好的体能储备不仅为棒垒球运动员奠定了生理制胜基础，同时也对于培养棒垒球运动员抗压能力，形成稳定的心理素质极有助益。棒垒球体能训练能够有效地改善棒垒球运动员专项能力的提升，而良好的体能储备来自运动员长期艰苦的体能训练，这种艰苦的体能训练过程能够培养运动员良好的意志品质。

（三）运动损伤的预防与康复

良好的身体素质能够有效地减少和预防运动损伤。但随着棒垒球运动的不断发展，以往的体能训练对棒垒球运动员技术技能发展与提高的促进作用略显欠缺，尤其是体能训练的后期，这种助益变化得很小，而专项化的棒垒球体能训练则根据棒垒球技术技能的发展而演化产生，具有针对性强、训练效果突出的特点，已经得到了棒垒球界的广泛认可。

二、棒垒球运动体能训练的原则

（一）持续系统训练原则

运动员的体能发展有其内在规律，应合理规划，且需常年持续不断地进行训练。不仅要将体能训练的整个过程纳入到系统规划中，而且还要针对棒垒球运动员的不同发展阶段，在体能训练的内容、比重、手段、负荷等方面做出系统的安排。尤其是在青少年时期以及达到高水平运动成绩之后，应周密考量人的生长发育在不同年龄阶段所具有的不均衡性，同时注重青少年时期运动素质表现出的发展“敏感期”。

（二）全面合理原则

全面发展的运动素质和全面提高的身体机能，是达到高水平专项运动技术的基本前提和基础。因此，在发展棒垒球专项技术技能的同时，应全面安排和充分发展各项运动素质，特别是在儿童和青少年时期，更应全面发展运动素质，提高身体机能水平，以促进棒垒球专项技术技能的发展。同时，要处理好一般体能与专项体能之间的关系，使棒垒球专项需求得到良好发展。

（三）结合专项原则

体能训练对于棒垒球运动的作用是保障专项技术技能的发展，提升专项运动表现。因此，体能训练不能偏离棒垒球专项，要与棒垒球专项技术、战术相结合，要科学地确定体能训练和专项训练的比重。体能训练的内容和手段需紧密结合棒垒球专项需求，充分发展与棒垒球专项技术技能有关的核心运动素质与机能，并进行有针对性的训练。

（四）个性化原则

体能训练的安排需因人、因时而异，需从训练对象的个人特点、比赛要求、训练条件等实际情况出发进行安排。同时，体能训练必须有针对性，需紧紧围绕提高棒垒球专项技术技能水平这一最终目标进行。另外，还要根据运动员的主观和客观条件以及专项需求，合理确定和安排体能练习的内容与负荷。此外，还应使运动员的运动素质在各个方面按比例平衡发展，以适应棒垒球技术技能水平提高的要求。

第三节　棒垒球运动的体能特点与训练要求

一、棒垒球运动的体能特点

棒垒球运动属于表现快速力量性和准确性的运动。棒垒球运动防守的主要技术特征是快速准确地投球和传球、快速地移动、快速地跑动接球；进攻的主要特征是击球员准确地击球和击球后的快速跑垒。棒垒球运动的核心是投手和击球员的比拼，是运动员与时间、距离争夺的运动。因此，根据棒垒球运动的特点，其体能特点大致可归纳为以下几点：

（一）非周期性特点

棒垒球运动的非周期性特点决定了其体能的特殊性。如进攻技术中的击球，虽然就挥棒技术动作而言是规律的，但击球员根据投球高度、速度、角度、弧度以及战术安排进行有选择性地挥棒击球则无固定规律。而在防守过程中，防守队员需具备应变和移动能力，在身体前、后、左、右移动过程中需具备加速、制动、变向和身体伸展能力以及滑步、交叉步、蹬跨甚至鱼跃等步伐的运用能力。棒垒球运动的这种非周期性技术特征，决定了速度、力量、稳定、平衡等素质是运动员棒垒球技术技能提高的基石。

（二）爆发力及耐力特点

传、接、投、击、跑是棒垒球重要的 5 项基本技术，这些技术动作在比赛过程中几乎都是在无氧条件下快速完成的。如投手投球时，需要有快速的鞭打动作，才能加快投球速度，所以投球是一种在瞬间爆发的动作。挥棒时，只有快速转动身体，才能获得较快的挥棒速度并将球有力击出，所以击球也是一种在瞬间爆发的动作。但由于棒垒球比赛没有时间限制，所以又需要这种爆发力具备相应的耐久性。因此，在发展爆发力的基础上，还需发展力量耐力。

（三）灵敏性特点

目前，棒球、垒球的最快投球速度分别达 160 千米 / 小时和 120 千米 / 小时左右。如此快的球速若被击出，其速度会非常快，这对运动员的灵敏素质提出了很高的要求。另外，运动员在比赛中从静态到动态，从一种动态动作转变到另一种动态动作的快或慢、是否准确合理，都会直接影响技术动作的完成。因此，棒垒球运动员需具备优秀的灵敏素质（包括动作灵敏和反应灵敏）和思维能力。

（四）比赛无时限特点

棒垒球比赛不受时间限制，一般高水平棒球比赛在 3 小时以上，垒球比赛在 2 小时左右。因此，无论是投手还是其他队员都必须具备长时间保持技术动作稳定性和机体对抗疲劳的能力。

二、棒垒球运动体能训练的要求

（一）结合棒垒球项目特点制订训练计划

棒垒球体能训练必须与棒垒球项目相结合，动作设计和训练方法也应与棒垒球技术动作紧密结合。同时，要根据运动员的技术技能需求，确定训练频率、负荷强度、间歇时间。

（二）练习的技术动作规范准确

体能训练强调“质”而非“量”。因此，只有做到技术动作规范，动作细节准确，才能达到预期的训练效果。否则，不仅不能提高体能水平，而且还可能因一些错误的代偿动作造成运动损伤。

（三）符合能量代谢特征

棒垒球比赛过程中，运动员所承受和所达到的强度在比赛中不断变化，但关键技术动作是靠以无氧代谢供能完成的。例如，投球、打棒、滑垒、夹杀和传接球等动作，均要求运动员具有很强的磷酸原供能能力和糖酵解供能能力。

（四）满足个性化需求

运动员在年龄、性别、竞技水平、身心特点、伤病情况等方面存在差异，这要求要对不同的运动员采取针对性的训练负荷。只有准确分析运动员的需求和特点，根据实际情况，制订针对性的训练计划，才能使运动员的体能得到充分的发展。

（五）体能测试与评估

体能测试与评估是反应棒垒球运动员运动能力状态的一面镜子。定期有效地进行体能测试与评估可以真实反映运动员的体能现状，同时再结合训练信息的反馈，可以为今后的体能训练明确方向，使训练更具有针对性，以便达到更好的训练效果。

第四节　棒垒球运动体能训练常用方法

一、动态热身

在日常的训练和比赛前都要进行热身活动，有效的热身活动能够增加骨骼肌血流量，提高体温，提升神经兴奋性，增大关节活动范围，从心理上和生理上为训练和比赛做好准备。实践证明，有效的热身设计方案能够提高运动竞技表现，降低受伤风险和减少运动后肌肉疼痛，是训练和比赛中必不可少的内容。

（一）动态拉伸

动态拉伸是相对静态拉伸而言的。通常的静态拉伸方式是使身体到达肌肉被拉长时的某一位置，并保持一定的时间。而动态拉伸是以动态的方式进行肌肉拉伸的练习，强调各个基本动作模式的组成。动态拉伸通常选择 4~8 个动作，每个动作在最大拉伸位置处保持 1~2 秒，并有顺序地对全身各主要肌群进行拉伸。实践中往往先选择针对髋部各肌群的拉伸练习，再进行多关节参与的拉伸练习。

1. 抱膝前进（图 6–4–1）

（1）功能。拉伸前腿的臀大肌和腘绳肌，以及后腿的屈髋肌群，提高身体平衡能力。

（2）动作要领。身体直立，两脚间距与肩同宽。然后左脚向前迈一步，呈运动分腿姿，右膝抬至胸前，双手抱膝向上提拉，右脚脚尖勾起，同时左脚脚跟提起，收紧左侧臀大肌，保持背部挺直，牵拉 1~2 秒。然后换至对侧，重复以上步骤，交替完成规定次数。

2. 行进间屈膝抵臀（图 6–4–2）

（1）功能。拉伸股四头肌等肌群。

（2）动作要领。身体直立，两脚间距与肩同宽，背部挺直，腹部收紧。然后右腿微屈，双手抓住左脚，使左脚脚跟抵臀，右脚脚跟提起向上伸展，双手拉伸左腿股四头肌，保持牵拉腿的膝盖指向地面，同时臀大肌收紧，牵拉 1~2 秒。然后换至对侧，重复以上步骤，完成规定次数。

图 6–4–1　抱膝前进

图 6–4–2　行进间屈膝抵臀

抱膝前进

行进间屈膝抵臀

3. 行进间侧摆腿（图 6–4–3）

（1）功能。拉伸腹股沟及大腿内侧肌群。

（2）动作要领。身体直立，双手置于髋部。然后向前迈步，右腿微屈，左腿抬膝至大腿与地面平行，外展至体侧，保持支撑侧的稳定与平衡，牵拉 1~2 秒，再将腿摆回身体中线处，还原至起始动作然后换至对侧，重复以上步骤，完成规定次数。

4. 斜抱腿（图 6-4-4）

（1）功能。拉伸髋关节外侧肌群，同时提高身体平衡能力。

（2）动作要领。身体直立，双脚间距与肩同宽，抬头挺胸，腹部收紧。然后左腿向前迈一步，呈运动分腿姿；右手抱膝抬至胸部，左手抱脚踝呈“摇篮”状，缓慢用力向上，左脚脚跟提起，收紧左侧臀大肌，牵拉 1~2 秒。然后换至对侧，重复以上步骤，完成规定次数。

行进间侧摆腿

斜抱腿

图 6-4-3　行进间侧摆腿

图 6-4-4　斜抱腿

5. 弓步转体（图 6-4-5）

（1）功能。拉伸屈髋肌群、臀大肌以及腹内斜肌和腹外斜肌，增加胸椎活动幅度。

（2）动作要领。身体直立，两脚间距与肩同宽。然后左脚向前迈步成弓步，前腿膝关节不得超过脚尖，牵拉时收紧后腿臀大肌，双臂屈肘置于胸前，

弓步转体

图 6-4-5　弓步转体

慢慢向左转体至最大幅度，牵拉 1~2 秒。然后换至对侧，重复以上步骤，完成规定次数。

6. 侧向弓步移动（图 6-4-6）

（1）功能。拉伸大腿内侧肌群及腹股沟。

（2）动作要领。身体直立，背部挺直腹部收紧，双臂自然垂于身体两侧。然后双臂前平举，右脚向右侧迈出成侧弓步，两脚脚尖向前，下蹲成深蹲姿势，两脚脚跟不得离地，身体重心位于两腿之间，同时保持右腿伸直，牵拉 1~2 秒。然后换至对侧，重复以上步骤，完成规定次数。

侧向弓步移动

图 6-4-6　侧向弓步移动

7. 燕式平衡（图 6-4-7）

（1）功能。拉伸腘绳肌，同时提高平衡能力。

（2）动作要领。身体直立，左腿保持身体平衡，上体前倾，右腿向后伸展，双臂侧平举，拇指朝上。保持头至脚踝呈一条直线，直至身体与地面保持平行，牵拉 1~2 秒，控制身体的平衡与稳定。然后换至对侧，重复以上步骤。

燕式平衡

图 6-4-7　燕式平衡

8. 最伟大拉伸（图 6–4–8）

（1）功能。拉伸髋关节附近多处肌肉。

（2）动作要领。身体直立，双脚分开与肩同宽，双臂置于体侧。然后左腿抬至与地面平行，向前跨步成弓步，俯身右手支撑地面，左肘抵至左脚内侧，牵拉 1~2 秒；左手从左腿内侧向外打开，眼睛注视手指方向，使两臂呈一条直线，牵拉 1~2 秒；双手撑地，左腿逐渐伸直，左脚跟支撑，脚尖勾起，牵拉 1~2 秒；回到弓步姿势，右腿蹬起回到起始位置。然后换至对侧，重复以上步骤，完成规定次数。

最伟大拉伸

图 6–4–8　最伟大拉伸

（二）跑动练习

棒垒球运动专项热身中的跑动练习，强调身体在整体动力链参与下，建立神经支配下的各运动系统中的联系，是身体有序的组合运动，以此强化正确的动作模式。与此同时，通过加快动作频率提升神经兴奋性。一般情况下，跑动练习控制在 10~20 米距离内，每个动作完成 1~2 组。

1. 快速高抬腿行进（图 6-4-9）

（1）功能。动员腿部快肌纤维，提升髋、膝、踝关节的灵活性和稳定性。

（2）动作要领。上体正直，微前倾，一腿抬至大腿与地面平行，另一腿保持完全伸展；手臂快速摆动，双脚上下快速移动，并保持小步幅向前移动。

快速高抬腿行进

图 6-4-9　快速高抬腿行进

2. 快速后踢腿行进（图 6-4-10）

（1）功能。主要激活股四头肌。

（2）动作要领。上体正直，微前倾，两脚交替屈膝后踢至脚跟触臀。保持动作迅速流畅，配合摆臂，小步向前移动。

快速后踢腿行进

图 6-4-10　快速后踢腿行进

3. 弓步前行（图 6-4-11）

（1）功能。激活臀部、腹股沟和大腿的肌肉群，提高髋关节灵活性。

（2）动作要领。右脚向前跨步，并放大正常步幅成弓步，在右脚着地时，左膝接近地面；然后右脚用力将左脚拉离地面，同时向前跨步成弓步。左右交替，重复进行，并注意手臂的协调摆动。

弓步前行

图 6-4-11 弓步前行

4. 低重心侧滑步（图 6-4-12）

（1）功能。激活侧移和内收、外展肌群。

（2）动作要领。两膝弯曲，上体前倾，两臂屈肘位于体前，重心降低。向右侧滑步时，左脚向右蹬地，并小跳步向右脚靠拢，右脚向右侧方向侧跨步，在右脚侧跨步落地后，左脚再次蹬地小跳步，依次类推。向左侧滑步反之。

低重心侧滑步

图 6-4-12 低重心侧滑步

5. 交叉步（图 6-4-13）

（1）功能。提升髋关节灵活性。

（2）动作要领。上体正直，微前倾，膝关节稍弯曲，重心稍降低。向左侧交叉步时，右脚在左脚前方交叉，左脚向左侧跨步，然后右脚向左脚后方交叉，左脚再向左侧跨步，依次类推。向右侧交叉步则反之。

交叉步

图 6-4-13　交叉步

6. 后退跑（图 6-4-14）

（1）功能。激活伸髋肌群，提升髋关节灵活性。

（2）动作要领。上体正直，微前倾，重心置于两脚之间。左脚向后伸展，在左脚落地支撑后蹬地换右脚向后伸展，保持身体稳定。

后退跑

图 6-4-14　后退跑

7. 渐进加速跑（图 6-4-15）

（1）功能。激活神经系统。

（2）动作要领。从原地起跑开始，慢速启动，逐渐加速，10 米后全速跑动，并完成规定距离。

渐进加速跑

图 6-4-15　渐进加速跑

二、柔韧与拉伸

柔韧性（flexibility）是指与关节联结的肌肉、筋膜和韧带等组织的活动范围，而灵活性（mobility）是由关节结构所体现出的活动范围。在运动过程中，良好的柔韧性和灵活性对运动员的肌肉以及关节能起到积极作用，有助于运动员扩大其动作幅度，从而实现肌力的最大化。相反，柔韧性和灵活性较差，则会影响运动员对运动技能的掌握，同时还会限制力量、速度、协调等素质的发展。拉伸在运动训练体系中是提升机体柔韧性和灵活性不可或缺的方法与手段，主要针对特定的肌肉、韧带或关节。通过增加骨骼肌起止点或不同骨骼间的距离，调整肌肉的肌张力和提高关节的活动幅度。

静态拉伸是指通过缓慢的动作将肌肉、韧带等软组织拉长到一定的程度，并保持静止状态的练习方法。这种方法对改善关节活动范围、缓解机体疲劳和减少运动损伤等方面均有良好的作用。由于静态拉伸动作匀速、缓慢，且幅度小，所以牵张反射会受到抑制，拉伸过程中虽然软组织可能会有不适的牵拉感，但不会有疼痛感。当静态拉伸时间足够长时，还会激活高尔基腱器而导致肌肉放松。因此，静态拉伸常被用作训练或比赛结束后的恢复手段。

静态拉伸也曾长期用于准备活动中，并作为提升运动状态、减少肌肉酸痛与预防伤病的方法。但相关研究证明，静态拉伸会降低肌肉力量、爆发力、速度、反应时间与动作时间以及力量耐力。因此，只有掌握准备活动中静态拉伸与动态拉伸的比例和前后顺序，才能达到既增大关节活动范围，又提高肌肉工作效率的目的。

运动结束后，由于血液受重力影响，大量积聚在下肢扩张的静脉与毛细血管网内，所以静态拉伸应按照下肢—躯干—上肢的顺序，这样有助于静脉血的回流。同时还应按照大肌肉群—小肌肉群的顺序进行拉伸，因为血液大多集中在大肌肉群，需要率先回流，而且运动后大肌肉群的紧张度对关节活动范围有直接影响。所以，先进行大肌肉群的静态拉伸练习有利于更好地放松。

静态拉伸主要分为上肢拉伸（图 6-4-16）、核心区拉伸与下肢拉伸（图 6-4-17，图 6-4-18）。目前，普遍认为在拉伸位置保持 10~60 秒的静止为最佳拉伸时长。过长时间的静态拉伸不会达到比预期更好的效果。

图 6-4-16　上肢静态拉伸

图 6-4-17　核心区及下肢静态拉伸一

图 6-4-18　核心区及下肢静态拉伸二

三、力量与爆发力

力量分为最大力量、相对力量、快速力量、力量耐力、反应力量等，各种力量对人体运动起到不同的作用。人体运动是一个复杂的过程，特别是在较长时间的持续运动中所表现出来的能力，绝不是各种力量的简单相加，而是人体在神经系统的支配之下，各系统协同作用，通过肌肉、肌群、关节有序配合的结果。科学训练的目的就是根据运动专项需要，挖掘各种力量的潜力，通过长期整合，形成一个结构完整、功能完善的力量体系，以应对各种复杂运动的需要。

根据棒垒球运动的特点，肌肉的爆发力和肌肉的绝对力量是棒垒球运动员力量素质的重要部分。而在发展力量素质过程中，核心区的稳定力量训练是基础，动力链训练是提升，防伤训练是保障。棒垒球运动力量练习包括核心区垫上练习（图 6-4-19 至图 6-4-39）、器械抗阻练习（图 6-4-40 至图 6-4-56）、专项爆发力练习（图 6-4-57 至图 6-4-63）、养护防伤练习（图 6-4-64 至图 6-4-68）。

（一）核心区垫上练习示例

1. 触碰脚尖（图 6-4-19）

触碰脚尖

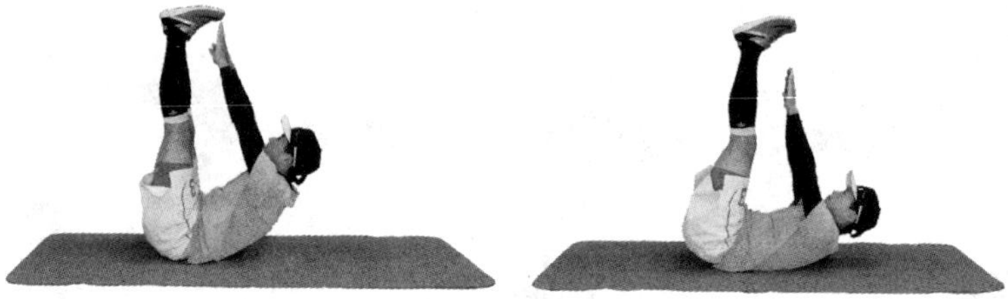

图 6-4-19

2. 仰卧屈髋（图 6-4-20）

仰卧屈髋

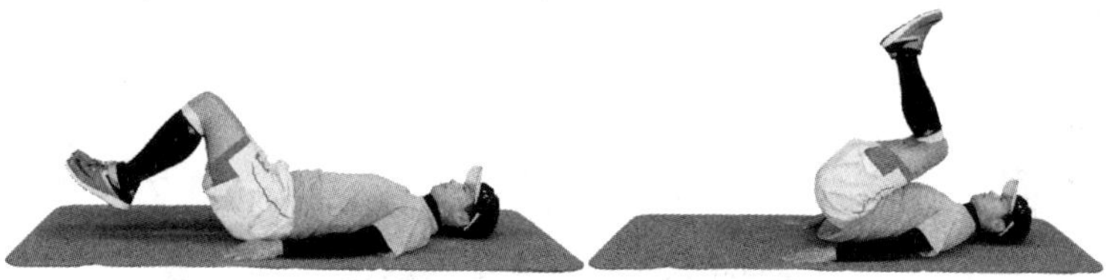

图 6-4-20

3. 对角扭转（图 6-4-21）

对角扭转

图 6-4-21

4. 蝴蝶卷腹（图 6-4-22）

蝴蝶卷腹

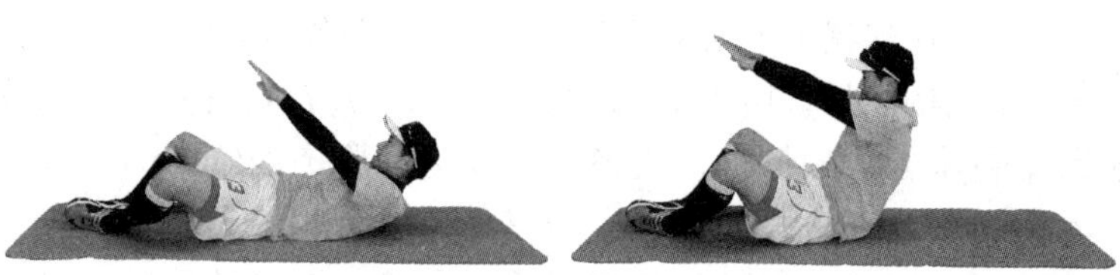

图 6-4-22

5. 对角背起（图 6–4–23）

图 6–4–23

对角背起

6. 蹬自行车（图 6–4–24）

图 6–4–24

蹬自行车

7. 俄罗斯转体（图 6–4–25）

图 6–4–25

俄罗斯转体

8. 单腿千斤顶（图 6–4–26）

图 6–4–26

单腿千斤顶

9. 双腿雨刮器（图 6–4–27）

图 6–4–27

双腿雨刮器

10. 超人式（图 6-4-28）

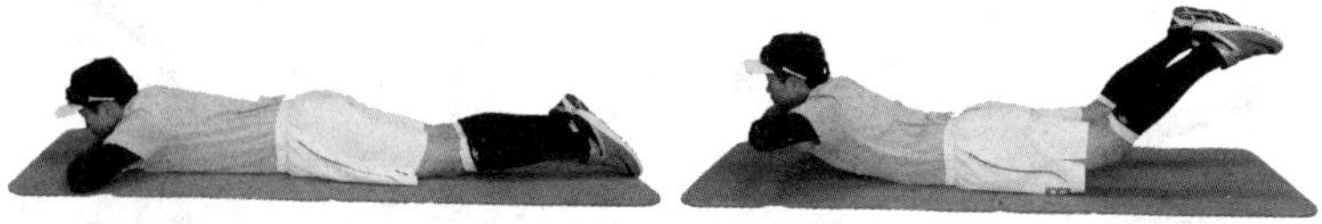

图 6-4-28

11. 交替触脚尖（图 6-4-29）

交替触脚尖

图 6-4-29

12. 死鱼式（图 6-4-30）

死鱼式

图 6-4-30

13. 抗旋转屈伸（图 6-4-31）

抗旋转屈伸

图 6-4-31

14. 半角 - 垂直举腿（图 6-4-32）

半角 - 垂直举腿

图 6-4-32

15. 直腿卷腹（图 6–4–33）

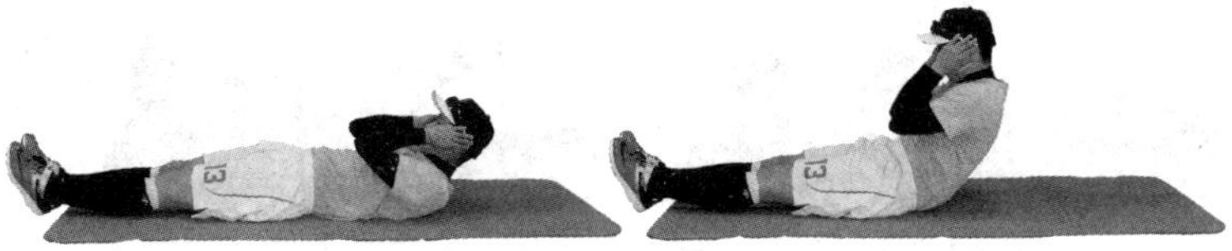

图 6–4–33

直腿卷腹

16. 死虫式（图 6–4–34）

图 6–4–34

死虫式

17. 死虫式进阶（图 6–4–35）

图 6–4–35

死虫式进阶

18. 侧身直腿开合（图 6–4–36）

图 6–4–36

侧身直腿开合

19. 侧身提腿（图 6–4–37）

图 6–4–37

侧身提腿

20. 侧身直腿画小圆圈（图 6-4-38）

侧身直腿画小圆圈

图 6-4-38

21. 侧卧内侧抬腿（图 6-4-39）

侧卧内侧抬腿

图 6-4-39

（二）器械抗阻练习

1. 负重下蹲（图 6-4-40）

身体直立，将杠铃置于颈后，握距比肩宽，腰背挺直。然后屈髋屈膝下蹲，直至大腿与地面平行，膝关节不超过脚尖不内扣，脚后跟不离开地面。然后伸髋伸膝站立回到起始位置。重复上述动作，完成规定次数。

负重下蹲

图 6-4-40　负重下蹲

2. 单侧负重蹲（图 6-4-41）

身体直立，单手持壶铃于肩上，胸背挺直，腹部收紧，另一侧手垂于体侧。然后屈髋屈膝下蹲，直至大腿与地面平行，膝关节不超过脚尖不内扣，脚后跟不离开地面。然后伸髋伸膝站立回到起始位置。重复上述动作，完成规定次数。

单侧负重蹲

图 6-4-41　单侧负重蹲

3. 负重弓步走（图 6-4-42）

身体直立，双手持哑铃于身体两侧，并保持躯干正直。然后右脚抬腿向前跨步呈低分腿姿势，双膝约成 90° 膝盖不触碰地面，保持右脚不动，左腿蹬伸站起回到起始位置。然后换至对侧，重复上述动作，完成规定次数。

负重弓步走

图 6-4-42　负重弓步走

4. 蹬阶抬腿（图 6-4-43）

双手持哑铃于身体两侧，面向跳凳站立，躯干保持正直，双脚距跳凳一步。然后左脚全脚掌踏上跳凳蹬伸使腿完全伸直，同时右腿提至大腿与地面平行，保持身体稳定，控制身体重心和移动速度；左腿屈膝身体下降至右脚着地回到起始姿势。然后换至对侧，重复以上步骤，完成规定次数。

蹬阶抬腿

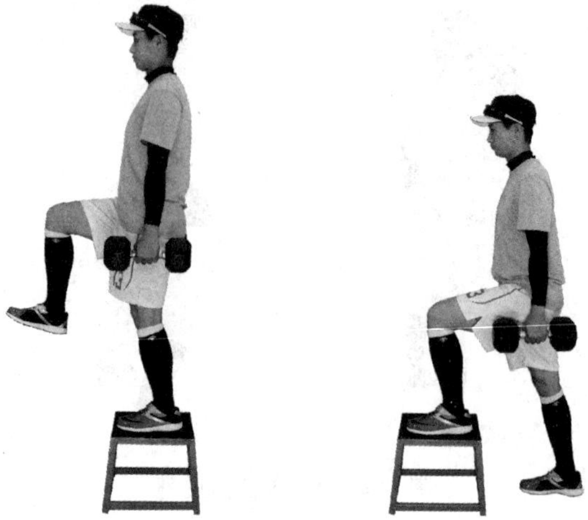

图 6-4-43　蹬阶抬腿

5. 同侧单腿罗马尼亚硬拉（图 6-4-44）

身体直立，左脚悬空，右手握哑铃自然垂于体前。以右髋为轴，左腿伸直向后抬起，同时身体前倾至左腿与地面几乎平行；右腿微屈，左腿下降，同时身体直立回到起始位置。然后换至对侧，重复以上步骤，完成规定次数。

同侧单腿罗马尼亚硬拉

图 6-4-44　同侧单腿罗马尼亚硬拉

6. 保加利亚分腿蹲（图 6-4-45）

直立姿右脚站立，左脚背置于跳蹬上，胸背挺直，腹部收紧，双手持哑铃置于体侧。臀部向后，左腿屈膝下蹲至大腿与地面平行，控制下蹲速度，然后快速蹬伸回到起始位置。然后换至对侧，重复以上步骤，完成规定次数。

保加利亚分腿蹲

图 6-4-45　保加利亚分腿蹲

7. 哑铃仰卧推举（图 6-4-46）

平躺在卧推凳上，双手正握哑铃置于胸部上方，两臂伸直与肩同宽。手肘张开，竖直下放哑铃至胸部位置，然后再快速推起哑铃，回到起始位置。重复以上步骤，完成规定次数。

哑铃仰卧推举

图 6-4-46　哑铃仰卧推举

8. 哑铃坐姿肩上推举（图 6-4-47）

挺胸直背坐在椅上，双手正握哑铃置于肩上。快速向上推起哑铃，直至手臂伸直，但不要过伸，然后回到起始位置。重复以上步骤，完成规定次数。

9. 高位下拉（图 6-4-48）

面向训练器械，成直立坐姿，正手宽握把手于头顶前上方，两臂伸直。肩胛骨下回旋，双臂拉至锁骨位置，双肘位于身体两侧，然后回到起始位置。然后重复以上步骤，完成规定次数。

哑铃坐姿肩上推举

图 6-4-47　哑铃坐姿肩上推举

高位下拉

图 6-4-48　高位下拉

10. 单臂俯身划船（图 6-4-49）

身体前倾与地面平行，左膝成 90° 跪在板凳上，右腿微屈撑地，左手竖直撑于板凳，右手持哑铃自然垂于肩下方，身体保持稳定。肩胛骨内收屈臂抬肘，哑铃沿体侧提至腹部高度，并停留 1 秒，但肘关节不得外展，之后慢慢放下回到起始动作。然后换至对侧，重复以上步骤，完成规定次数。

11. 屈臂悬垂后拉（图 6-4-50）

将杠铃杆调节至适合高度，固定在深蹲架上，双手正握杠铃杆，握距略比肩宽，身体自然悬挂于杠铃杆下，挺胸直背，双腿自然伸直，身体从头到脚呈一条直线。肩胛骨内收下沉，屈肘将胸部拉近杠铃杆，伸直手臂回到起始姿势，然后重复以上步骤，完成规定次数。

单臂俯身划船

图 6-4-49　单臂俯身划船

屈臂悬垂后拉

图 6-4-50　屈臂悬垂后拉

12. 直臂下拉（图 6-4-51）

面向训练器械，身体直立，两臂伸直略宽于肩，双手正握把手置于头顶高度，挺胸直背，腹部收紧，保持身体稳定。肩胛骨内收，直臂下拉至髋部位置，之后回到起始姿势。然后重复以上步骤，完成规定次数。

13. 哑铃耸肩（图 6-4-52）

身体直立，双手握哑铃自然垂于体侧，手肘微屈，手臂不动，耸肩使肩膀上提靠近耳朵，静止 1 秒。然后回到起始位置，重复以上步骤，完成规定次数。

14. 哑铃锤式臂弯举（图 6-4-53）

身体直立，两臂自然垂于体侧，双手握哑铃，拳眼向前。上臂不动，双臂屈肘举起哑铃至肩部。然后回到起始位置，重复以上步骤，完成规定次数。

直臂下拉

图 6-4-51　直臂下拉

哑铃耸肩

哑铃锤式臂弯举

图 6-4-52　哑铃耸肩

图 6-4-53　哑铃锤式臂弯举

15. 站姿肱三头肌下压（图 6-4-54）

面向训练器械，身体直立，上臂夹紧置于身体两侧，屈肘，双手正握把手位于胸前，挺胸直背，腹部收紧，上体微前倾，保持身体稳定。上臂不动，伸肘将握把下拉至手臂伸直，屈臂回到起始姿势。然后重复以上步骤，完成规定次数。

站姿肱三头肌下压

图 6-4-54　站姿肱三头肌下压

16. 单腿跪姿下砍（图 6-4-55）

左膝跪地，右膝弯曲成 90°，右脚、左髋、左脚呈一条直线，上体向右转 90° 面向器械，两臂上举，双手拉住把手。将把手下拉至胸部，再沿对角线下压至左髋外侧，再回到起始位置，换至对侧。然后重复以上步骤，完成规定次数。

单腿跪姿下砍

图 6-4-55　单腿跪姿下砍

（视线跟着手移动，以便较好地控制胸椎旋转。）

17. 单腿跪姿旋转推举（图 6-4-56）

左膝跪地，右膝弯曲成 90°，右脚、左髋、左脚呈一条直线，上体向右转 90° 面向器械，双臂自然下垂于体前，双手握住把手。将把手上拉至胸部，再沿对角线上推，再回到起始位置，换至对侧。然后重复以上步骤，完成规定次数。

单腿跪姿旋转推举

图 6-4-56　单腿跪姿旋转推举

（视线跟着手移动，以便较好地控制胸椎旋转。）

（三）专项爆发力练习

1. 平行站立快速旋转抛球（图 6-4-57）

面向墙壁双膝微屈，身体直立，并与墙壁保持约 3 米的距离，两臂微屈，双手持相应重量的药球于腰前。向右快速旋转躯干，并将球拉向右髋部后侧；然后向左转髋发力，带动躯干、肩、手臂将球快速抛向墙壁。左右交替进行，重复以上步骤，完成规定次数。

平行站立快速旋转抛球

图 6-4-57　平行站立快速旋转抛球

2. 侧向站立快速旋转抛球（图 6-4-58）

侧对墙壁双膝微屈，身体直立，并与墙壁保持约 3 米的距离，背部挺直，腹部收紧，双手持相应重量的药球于体侧，蹬地旋转发力，将球快速平抛至墙壁。左右交替进行，重复以上步骤，完成规定次数。

侧向站立快速旋转抛球

图 6-4-58　侧向站立快速旋转抛球

3. 投球姿势快速旋转抛球（图 6-4-59）

准备姿势同侧向站立快速旋转抛球。抛球时提左脚，同时将球举至右侧肩部处，然后左脚向前伸踏，并向左转髋发力，带动躯干、肩、手臂将球快速平抛至墙壁，重复上述步骤，完成规定次数。

投球姿快速旋转抛球

图 6-4-59　投球姿快速旋转抛球

4. 站姿过顶抛球（图 6-4-60）

双膝微屈，身体直立，双手持球于脑后。然后伸膝、收腹，带动躯干、肩、手臂将球快速平抛至墙壁。重复上述步骤，完成规定次数。

站姿过顶抛球

图 6-4-60 站姿过顶抛球

5. 跪姿反向抛球（图 6-4-61）

呈弓步单腿跪姿，右手直臂持重力球于身前。然后躯干向右快速转动，带动肩、手臂将球甩出。两手交替进行，重复以上步骤，完成规定次数。

跪姿反向抛球

图 6-4-61 跪姿反向抛球

（球的高度大约在头部位置。）

6. 摇晃传球（图 6-4-62）

侧对投球目标，两脚左右大幅度分开，双手持重力球于身前。上体向右侧倾斜，随后摆臂将球传出（球的高度大约在眼部位置），同时保持左腿稳定支撑。左右两侧交替进行，重复以上步骤，完成规定次数。

7. 侧卧抛球（图 6-4-63）

屈膝侧卧于地面，右手持重力球于身前，右上臂紧贴于身体，并与小臂成 90° 夹角。右臂肩关节外旋，在前臂接近与地面垂直时将球垂直抛出，球下落时将球接住，然后回到起始位置。左右交替进行，重复上述步骤，完成规定次数。

图 6-4-62　摇晃传球

摇晃传球

图 6-4-63　侧卧抛球

侧卧抛球

（四）养护防伤练习

1. 弹力带肩上臂屈伸（图 6-4-64）

背对训练器弓步站立，上体微前倾，屈肘将弹力带至于头后。在保持上臂不动的情况下，双手拉弹力带直至手臂伸直，再回到起始姿势。重复上述步

图 6-4-64　弹力带肩上臂屈伸

弹力带肩上臂屈伸

骤，完成规定次数。

2. 站姿夹胸伸展（图 6–4–65）

背对训练器械，前后分腿姿站立，前腿微屈，身体微前倾，挺胸直背，腹部收紧，双手分别握住弹力带两端，掌心向前，手、肘微屈置于体侧肩部高度。保持躯干位置和手臂的角度不变，两臂直臂内收（身体保持稳定），将手把拉向身体正前方至掌心相对，然后张开双臂回到起始姿势。重复以上步骤，完成规定次数。

站姿夹胸伸展

图 6–4–65　站姿夹胸伸展

3. 站姿“T”形伸展（图 6–4–66）

面向训练器械站立，两臂前平举分别握住弹力带两端。保持肘关节角度不变，肩胛骨内收（后拉过程中勿耸肩），两臂水平外展至体侧，然后两臂内收回到起始姿势。重复上述步骤，完成规定次数。

站姿“T”形伸展

图 6–4–66　站姿“T”形伸展

4. 肩袖练习一（图 6-4-67）

自然站立，右肩侧靠近弹力带固定点，右腋下夹住一条毛巾，右臂前平举，并与上臂呈 90°，右手握住弹力带前端，右肩关节向内旋转，前臂向内拉弹力带至腹部，再慢慢回到起始位置。重复以上步骤，完成规定次数。

肩袖练习一

图 6-4-67　肩袖练习一

5. 肩袖练习二（图 6-4-68）

自然站立，右肩侧靠近弹力带固定点，左腋下夹住一条毛巾，前臂贴近腹部并与上臂呈 90°，左手握住弹力带前端，左肩关节向外旋转，前臂向外拉弹力带至小臂与身体垂直，再慢慢回到起始位置。重复以上步骤，完成规定次数。

肩袖练习二

图 6-4-68　肩袖练习二

四、灵敏素质练习

灵敏素质对棒垒球运动员掌握、提高棒垒球技术技能有着十分重要的作用，能使运动员在没有预演并且需要快速决策的运动状态下保持身体平衡能力和控制能力。因此，进行灵敏练习，可以使棒垒球运动员在中枢神经系统建立复杂的条件反射，使大脑两半球皮质的兴奋和抑制过程越来越协调和准确，从而提高中枢神经系统和运动系统的沟通速度与协调能力，进而提高机体动作速度。灵敏练习可分为动作灵敏练习与反应灵敏练习。

（一）动作灵敏练习

1. 直线加速

（1）目标。发展快速起动能力

（2）要领。离垒姿态突然起动或滑步接起动加速。

（3）练习内容。10 米、20 米、30 米冲刺。

2. 15 米折返跑（图 6-4-69）

（1）目标。发展加速及变向能力。

（2）要领。两脚自然开立正对前方，重心降低。听口令或自行起动向前跑 5 米，并用手触碰第一条线，然后折返跑回起始线；接着再向前跑 10 米触碰第二条线，然后折返跑回起始线；再向前跑 15 米触碰第三条线，然后折返跑回起始线。

3. 正方形跑（图 6-4-70）

（1）目标。发展变向、脚下移动、空间转换能力。

（2）要领。两脚自然开立正对前方，听口令或自行起动，从锥桶 1 加速

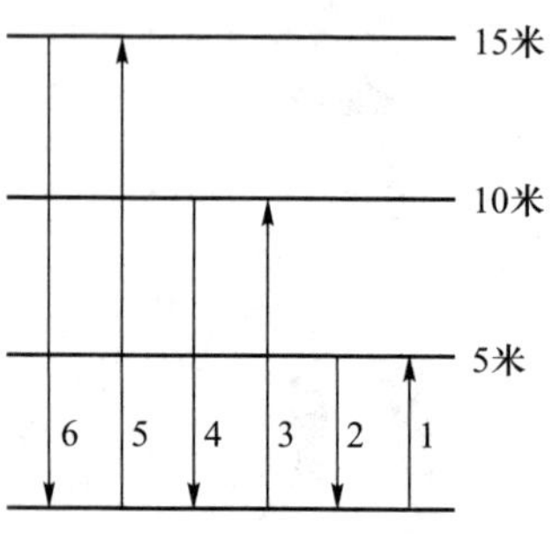

图 6-4-69

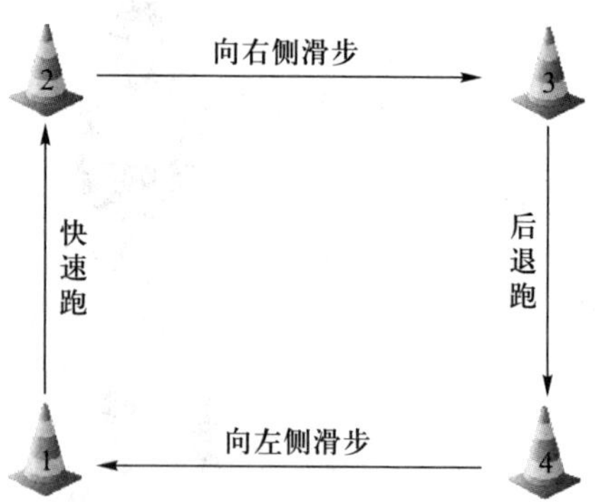

图 6-4-70

（可根据练习目标，设定正方形边长，也可设计不同的步伐。）

跑到锥桶 2，然后向右侧滑步到锥桶 3，再从锥桶 3 后退跑到锥桶 4，再从锥桶 4 向左侧滑步到锥桶 1。

4. 绳梯练习

（1）目标。发展身体控制能力与脚下协调能力。

（2）要领。重心降低、高频率完成、上下肢协调。

（二）反应灵敏练习

1. 听、看移动练习（图 6-4-71）

（1）目标。提高反应能力，缩短反应时间。

（2）要领。运动员站在四边形内的指定区域，根据教练员手势或口令冲向目标标志桶，并用手碰触，然后回到指定区域等待下一指令。每组重复 15 秒左右。

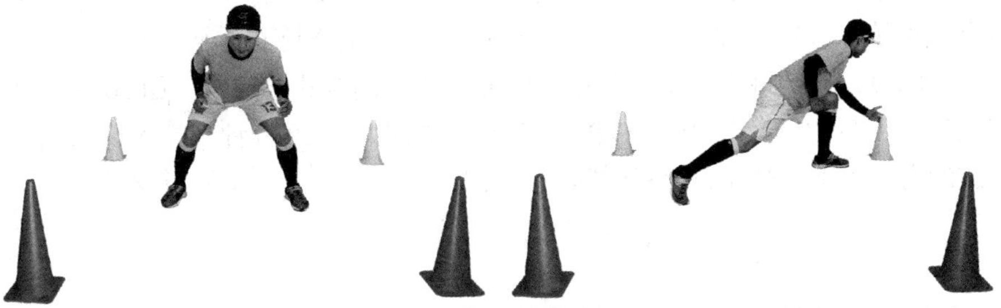

图 6-4-71　听、看移动练习

（可根据练习目标，设定正方形边长，也可设计不同的步伐。）

2. 六角球练习（图 6-4-72）

图 6-4-72　六角球练习

（1）目标。发展获取视觉信息线索及混合信息线索能力。

（2）要领。根据六角球落地后的不同反弹角度，运动员迅速做出反应，并移动接住该球。

五、耐力素质练习

耐力是指有机体长时间工作，克服工作过程中产生的疲劳的能力。耐力与力量结合表现为力量耐力，与速度结合表现为速度耐力。影响耐力素质的因素很多，但主要有运动器官、系统长时间持续工作的能力；能源物质的储备及利用能力；运动员的心理耐受能力；运动技能的熟练程度等。耐力素质是各项运动的基础，对以有氧代谢为主要供能来源的运动项目而言尤为重要。棒垒球运动虽是以无氧供能为主，但有氧能力的发展也不可或缺。棒垒球运动员应经常进行有氧训练，且每次训练控制在 30 分钟左右，运动强度在心率 150~160 次 / 分左右。同时，在训练形式上应采用不同方式或不同方式的组合。如 30 分钟间歇跑兼有氧力量 20 分钟；中速跑 2~3 千米兼柔韧力量 20 分钟等。无论采用何种形式的有氧训练，都需符合长时间、中低强度和全身性参与这三个要点。

第五节　棒垒球运动体能测试项目与方法

体能测试是指对运动员体能基本特征信息的获取过程，是体能训练计划制订的依据，是推动体能训练科学化水平提高的前提和保障。体能测试也是体能训练的重要组成部分，是检查评定体能训练效果的重要手段。

运动员体能测试由身体形态、身体机能、运动素质构成。运动素质是体能的外在表现，因此，体能测试的重点是对运动员运动素质的测试。

一、棒垒球运动常用的素质测试项目（表 6-5-1）

表 6-5-1　棒垒球运动常用的素质测试项目

身体素质	测试项目
基本身体素质	速度：30 米跑
	力量：卧推、深蹲、高翻、引体向上、立定跳远

续表

身体素质	测试项目
基本身体素质	耐力：3 000 米跑、12 分钟跑
	柔韧：座位体前屈、肩部柔韧测试
	灵敏：6 米 ×6 米或 6 米 ×4 米往返跑、5—10—5 测试、T 型跑
专项身体素质	跑垒：一垒跑、二垒跑、全垒跑
	传、投球：棒垒球掷远、垒球下手投远、球速测试
	击球：棒垒球击远、挥棒速度测试

二、棒垒球运动常用的素质测试方法

（一）基本身体素质测试

1. 5—10—5 测试

（1）设备与场地布置。计时器或秒表，卷尺或有标记的场地，三个锥桶或标记物以及平坦防滑的测试场地。在长 10 码（9.144 米）的直线上，平均每间隔 5 码（4.572 米）放一个标志桶（图 6–5–1）。

（2）测试方法。运动员两脚分开，一手触地骑跨中间线。听到口令后（也可自行起动），向左转身跑向一侧端线，用脚或手触碰端线后折返跑向另一侧端线，在脚或手触碰端线后折返跑向起始的中间线，在通过起始的中间线时计时停止。

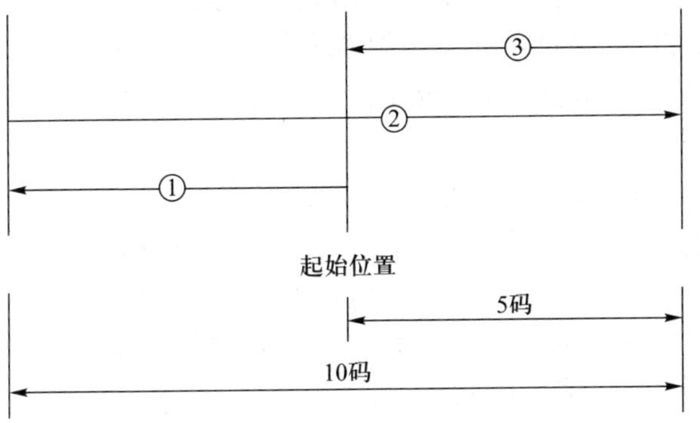

图 6–5–1　5—10—5 测试示意图

2. T 型跑测试

（1）设备与地布置。4 个标志桶、长卷尺，秒表，在具有较好摩擦力的平坦地面上放置标志桶，形成一个 10 码 ×10 码的 T 型测试场地（图 6-5-2）。

（2）测试方法。测试开始时，运动员站在 A 点。听到口令后（也可自行起动）跑向 B 点，用右手碰触标志桶，然后向左侧滑步至 C 点，用左手碰触 C 点标志桶，接着向右侧滑步至 D，用右手碰触 D 点标志桶，然后再向左侧滑步至 B 点，在左手碰触 B 点标志桶后，最后退跑回 A 点，计时停止。

（侧向移动全部采用滑步，双脚不能交叉。）

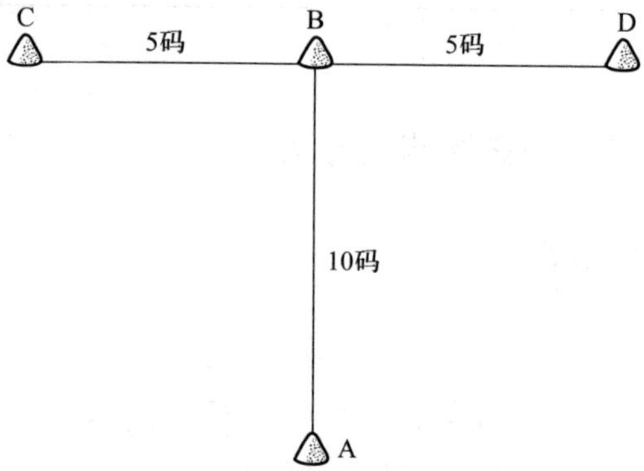

图 6-5-2　T 型跑测试意图

（二）专项素质测试

1. 一垒跑

（1）设备与场地布置。秒表、棒（垒）球场地。

（2）测试方法。运动员任意一脚触踏本垒板自行起动，并快速跑向一垒，在任意一脚触踏一垒垒包（垒球触踏橙色垒包）后停表。

2. 二垒跑

（1）设备与场地布置。秒表、棒（垒）球场地。

（2）测试方法。运动员一脚触踏二垒垒包，采用站立式起跑姿式准备，保持身体完全静止后，根据指令或自行起动并开始计时，然后运动员跑向三垒、本垒，在触踏本垒板后计时结束。

（抢跑或漏踏垒，成绩均无效。）

3. 全垒跑

（1）设备与场地布置。秒表、棒（垒）球场地。

（2）测试方法。运动员任意一脚触踏本垒板自行启动开表，依次以任意一脚触踏一垒、二垒、三垒垒包，最后任意一脚触踏本垒板后停表，记录成绩。重复测试两次，两次测试之间间歇两分钟，取成绩最好的一次为测试成绩。

4. 掷远

（1）设备与场地布置。皮尺、运动场。

（2）测试方法。运动员持球站在助跑区域内，原地或助跑将球以上手传球方式（垒球投手可采用下手投球方式）掷出，用皮尺丈量掷远线至球第一落地点之间的距离。

若运动员持球准备时，其任意一脚完全踏出或触踏助跑区域后侧线，或在传球出手前、出手后，其任意一脚完全踏出或触踏掷远线，或掷出的球未落在掷远有效区内（掷远有效区两条界线属于有效区），则该次掷远无效。

5. 击远

（1）设备与场地布置。皮尺、棒（垒）球场地。

（2）测试方法。运动员站在任意一击球箱内靠近本垒板击斜抛球。丈量本垒板尖角至球第一落地点之间的距离。击出界的球被判定为界外球，则该次击球无效。

6. 投手投球速度

（1）设备与场地布置。雷达测速仪、相应投球距离。

（2）测试方法。投手持球踏在投手板上，向置于击球箱后沿的挡网投球，雷达测速仪置于接手区后沿，正对投手板。若投手的投球被判定为不合法投球，则该次投球无效。

思考题

1. 棒垒球运动体能训练有哪些作用和训练原则?
2. 试述棒垒球运动体能训练的专项特点与要求。
3. 棒垒球运动训练常用的力量训练方法有哪些?
4. 棒垒球运动防伤养护性训练需要注意哪些问题?
5. 简述棒垒球运动体能测试的常用方法。

第七章

棒垒球运动科研工作

本章提要

本章讲解了棒垒球运动科研的目的、任务和作用。介绍了国内棒垒球运动科研的现状和趋势，阐述了棒垒球运动科研的一般程序和方法。

学习目标

1. 了解棒垒球运动科研工作的目的、任务和作用。
2. 了解棒垒球运动科研工作国内外现状及趋势。
3. 掌握棒垒球运动科研工作的程序和基本方法。

第一节　棒垒球运动科研工作概述

一、棒垒球运动科研的目的

棒垒球运动的科学研究是运用科学研究方法探索棒垒球运动的过去、现在及未来的发展。认识和掌握棒垒球运动的客观规律，并运用这些客观规律，指导棒垒球运动的实践，提高棒垒球运动训练工作的科学性、实效性，从而推动棒垒球运动的发展，促进棒垒球竞技水平的提高。

二、棒垒球运动科研工作的任务

棒垒球运动的科学研究，其主要任务是在前人研究成果的基础上，深入研究前人尚未认识、尚未解决的问题或尚未研究过的领域。为棒垒球运动的发展提供新理论、新方法，有效服务于棒垒球运动的实践活动顺利进行。

（一）为提高棒垒球竞技水平提供科学依据

依靠体育科学研究探索棒垒球运动的发展规律，包括科学选材与教学、训练、竞赛的管理；合理营养的内容与措施；疲劳消除的手段与方法等。为棒垒球的教学、训练、比赛提供科学依据，从而显著提升中国棒垒球运动的竞技水平。

（二）促进全民健身活动的发展，丰富全民健身活动的内容

由于棒垒球运动不同的竞赛方式，对技术难度与运动强度有不同的要求，具有因人而异的功效，所以依靠体育科学研究，探索棒垒球运动对大众的健身、娱乐、休闲及生活习惯等因素的影响，可为促进全民健身活动的开展，丰富全民健身活动的内容，落实全民健身战略的实施提供理论支撑。

（三）提升棒垒球运动从业者的科学素养

从事棒垒球运动科研工作，需秉承实事求是的作风，一切从实际出发，利用准确的数据和资料，得出正确的结论。同时，随着科学知识体系的不断更新，棒垒球运动也呈现出多样性、复合性等特点。因此，棒垒球运动从业者只有通过不断学习，获取并应用新的理论和知识，才能提升自身的思想素质、理论水平和工作能力，从而推动棒垒球运动的蓬勃发展。

三、棒垒球运动科研工作的意义

（一）促进棒垒球运动科学化进程

棒垒球运动科研能为棒垒球教练员提高运动员的竞技能力，不断探索新的途径和新的方法；为充分认识和控制棒垒球运动训练与竞赛过程，提高棒垒球运动训练与竞赛的科学化水平提供理论与方法支撑。

（二）推动科研成果转化提高技能水平

随着科学技术的发展，许多由科研成果转化的全新训练器材引入到棒垒球运动领域。例如，大数据分析系统、训练负荷监控仪器、新材料器材等，这些成果的转化大大促进了棒垒球运动技能水平的提高。

（三）推动棒垒球运动在学校的开展

一批棒垒球运动教师积极从事棒垒球运动科研工作，不断探索各类学校棒

垒球运动教学的有效手段和方法，为教育教学改革和提高体育教学质量与效果做出了卓越贡献，也为棒垒球运动发展培养了大批专门人才。

（四）促进棒垒球运动专门人才成长

通过棒垒球运动科研工作，提升了棒垒球运动专业人员的业务水平和从事科学研究的能力，促进棒垒球运动专业人才的成长。积极地开展科研工作，已成为培养教练员、教师和高层次科研人员的一条重要途径。

第二节　棒垒球运动科研工作现状与趋势

一、棒垒球运动科研工作现状

（一）棒垒球运动发展现状的研究

现阶段我国学者对棒垒球运动发展现状的研究主要集中在学校棒垒球运动的开展现状、可行性、制约因素、前景与对策等方面。学者们普遍认为：学校棒垒球运动是我国棒垒球运动的基石，也是我国体育教育工作的内容，并对我国棒垒球运动后备人才培养与可持续发展以及学校体育改革有着重要的现实意义。在校园中，师生们对棒垒球运动人文底蕴和内涵优势较认可，简化形式的棒垒球运动课程极易开展，娱乐性、趣味性和安全性高，锻炼价值和教育功能强，值得学校与社会推广。新时期下棒垒球运动课程对促进学生德智体美劳全面发展和培养特长爱好，满足学生个体差异需求。但目前对棒垒球运动整体认可度较低、场地器材设施受限、教学力量严重不足、赛事组织水平较低、区域发展不平衡均是制约棒垒球运动在学校开展的主要因素。有关专家提出，应在“体教融合”的模式下，通过对棒垒球师资的注册、培训、考核及学术研讨活动等多项举措，来完善师资培训体系，提高培训质量，以科研为引领，从课程设计、教学方法、项目文化、竞赛与训练、生理、心理等多方面进行科学的分析和论证，为教育行政人员、教师、教练等相关人员提供科学的理论依据，推动棒垒球运动的普及推广；与企业联合，摆脱经费困境；合理使用场地，提高器材质量；改革各级各类比赛体制，让更多的学生参加比赛是学校棒垒球今后的改革方向。

（二）多学科知识在棒垒球运动教学与训练中的应用研究

随着当前科学技术的快速发展，体育与各学科之间的联系更加紧密，这一发展趋势对棒垒球运动也产生了较为深刻的影响。现代棒垒球运动更注重运用运动医学、生物力学、生理学、心理学等多学科知识及现代化手段和研究成果，对教学、训练、竞赛及实践进行深入、具体、有针对性地结合，从而促进棒垒球运动的发展。例如，运用高速摄影、等速肌力测试、肌电图、三维测力台等科研手段，从运动学、动力学、肌电学方面对影响棒球投球动作质量及投球速度的关键部位和因素进行深入研究，并在此基础上对优化投球动作以减少运动损伤等方面给出了合理建议。而心理学研究认为，运动员流畅的心理状态与比赛成绩高度相关，棒垒球运动员的流畅心理状态也具有一定的稳定性，依据棒垒球运动员流畅心理状态的评价标准对运动员进行心理选材有一定的可行性。另外，利用先进的视觉仪器设备对儿童软式垒球挥棒击球的视觉落点进行研究，认为儿童挥棒击球动作质量与其视觉落点偏移值呈显著负相关，即击球时视觉落点离球体越近，击球成功率越高，视觉落点离球体越远，击球成功率越低。在儿童的运动学习中引导其加强视觉控制力的练习，也必将促进儿童的课业学习能力等。现代化的技术手段颠覆了棒垒球运动教学与训练的传统模式，这些技术手段更加精细、更有针对性，对于提升棒垒球运动教学与训练的效率有着积极的促进作用。

（三）棒垒球运动市场化的研究

2019 年，美国职业棒球大联盟发布《2019 中国棒球人口白皮书》内容显示，截至 2019 年，中国棒球人群达 4 100 万，活跃人群 2 100 万，其中消费人群占 81.5%，观赛人群占 45.7%，棒球参与者占 40.0%。全国棒垒球呈现赛事数量以及人口越来越多的局面，这足以证明我国棒垒球赛事活动正处于极其频繁和蓬勃发展中，具有较强的发展潜力。我国学者认为，棒垒球运动文化与群众基础薄弱、棒垒球投资资金少、媒体关注度低等仍然是制约棒垒球运动市场化发展的主要因素。需重视培育开发棒垒球运动市场，扎扎实实推广宣传，投入大量人力物力财力去吸引青少年和广大群众参加棒垒球活动，培养他们的兴趣与爱好，造成一定的声势，扩大其社会影响，让社会认识、了解棒垒球运动的优势和其所提供的价值，形成有效和稳定的棒垒球系列活动。还需健全棒垒球项目的法制法规，规范比赛、注册、奖惩、后备力量培养和输送、市场商业运作等制度，形成有章可循，有法可依的局面。同时，借鉴适用于我国发展的成功经验，制定一条符合我国棒垒球运动市场化发展的道路，并在前进的道路上不断总结经验。但目前棒垒球运动市场化的研究成果还只停留在理想化的框架、路径和模式建议，研究不够深入和具体，可操作性不强。

（四）棒垒球运动历史文化的研究

棒垒球运动从起源到如今有着 100 多年的历史，众多学者对棒垒球运动在美国、日本和中国不同时期的发展历程做了细致的研究，认为随着社会的发展和演变，棒垒球运动的发展也经历着由兴起到低谷再到逐渐发展的“波型”发展趋势。美国棒球运动发展阶段经历了起源时期、发展时期和专业化时期。棒球运动传入日本后，最初在高校间发展，具有职业性质的棒球队的成立促使了日本职业棒球联盟的产生，21世纪初之后，日本棒球运动繁荣发展。在旧中国棒垒球运动虽然开展得较早，也有一些开展垒球运动的专业人才，但由于反动政府仅把体育运动作为装饰门面，粉饰太平的工具，所以棒垒球运动长期处于不被重视的地位，未能得到健康的发展。中华人民共和国成立后，我国的体育事业在党和人民政府的领导下，获得了飞速的发展，棒垒球运动也随之发展起来，1959年到达发展的顶峰。但由于历史原因，从1961年开始，棒垒球运动的发展发生了停滞甚至倒退，直至改革开放后，中国棒垒球运动才重获新生。目前，棒垒球运动历史的研究主要是通过文献资料对棒垒球发展历程进行脉络整理，以“史”鉴“今”的研究较少，而历史对未来发展的启示、借鉴能够更好地推动棒垒球运动的发展。

二、棒垒球运动科研工作的趋势

（一）新的训练理念和方法的研究

中国棒球运动在2008年北京奥运会上取得了历史性的突破，虽有长足进步，但仍在亚洲第四位置徘徊。我国垒球运动在20世纪90年代取得过奥运会和世锦赛亚军的辉煌成绩，但进入21世纪后，竞技水平逐渐下滑，并痛失2020年东京奥运会参赛资格。如何以当代棒垒球运动发展趋势为导向，结合中国棒垒球运动的实际，更新中国棒垒球训练理念和指导思想，保障中国棒垒球运动赶超世界水平，是中国棒垒球运动科研的重要工作之一。例如，任秋革在《棒球运动科学训练初探》中，通过围绕棒球运动对运动员体能素质的要求，服务技战术思想，制订完整的体能训练计划，对于提高棒球运动员身体素质，强化击球和投球方面的有效性进行了科学分析。孙爱林等在《棒球的最佳击球点》中，通过数学建模，利用公式推导出在击球点如何将力量最大化传递到球上，以增加球速。通过动力学角度分析了棒球击球碰撞过程中的能量传递问题。总而言之，利用现代科学技术成果和学科知识来指导训练，全面提升竞技能力，是今后棒垒球运动科研应继续加强和重视的工作。

（二）以棒垒球运动为载体的国际交往与文化交流

随着“一带一路”倡议的深度传播，中国体育文化与世界其他各国体育文化研究与交流的广度、深度达到了史无前例的规模。棒垒球运动作为国际体育文化交流的一部分，其活力和魅力足以吸引众多热爱健身的人们。棒垒球运动国际交流应该尊重文化差异，走出具有中国特色的棒垒球运动发展之路，只有与国外在政治、经济、文化等方面不断交流才能不断发展自己，且更有利于促进各国之间相互理解、相互尊重。国际棒垒球比赛不仅拉近了各国的距离，更对棒垒球运动发展起了积极作用。

（三）我国棒垒球运动发展道路的研究

随着我国政治、经济体制改革的深化，原有的政府管办竞技体育方式已难以适应我国竞技体育发展的需要。因此，棒垒球项目应做好市场定位，培养棒垒球文化的传播人才，扩大传播途径，提高市场竞争力，积极吸引体制外资金流入，扩大市场机制增量。以点带面，优先发展的发展策略是实现棒垒球市场化和产业化的重点。我国棒垒球运动在发展环境和战略、职业联赛竞赛制度、运动队管理、联赛和球队、球员的推广包装以及后备人才培养途径等方面，既要借鉴西方成熟的职业化体系，还要结合我国实际，走我国棒垒球运动发展道路，以及向世界棒垒球运动先进国家学习赶超世界强队。我国棒垒球运动发展特色道路等战略性、规划性的问题，还有待深入研究。

（四）棒垒球运动大数据模型研究

在信息化时代下，运用相关资源加快体育数据开放共享，推进体育政府部门和社会体育产业数据纵向发展，稳步推动公共数据资源开放，将大数据在工业、新兴产业、农业农村等行业领域应用案例应用在体育行业、体育产业和体育事业中形成体育科研和大数据产业链。从获取的棒垒球运动相关文献数据以及棒垒球比赛大数据、教练员数据、运动员数据、环境数据等多个数据集，通过智能算法建立的数据模型，对其进行大数据分析决策，为棒垒球运动健康发展提出健康管理模式。用智能化大数据管理棒垒球比赛、棒垒球健身、棒垒球文化、棒垒球消费、运动员数据、训练数据。因此，大数据智能管理研究也是棒垒球运动科研的方向与趋势。

第三节　棒垒球运动科研工作的程序

棒垒球运动的科学研究工作大致可分为选题、研究设计、制订研究计划、查阅文献、收集资料，整理和分析材料、论文撰写等几个研究步骤与程序。

一、研究选题

（一）选择和确定研究主题

进行棒垒球运动科研工作首先要选择和确定研究主题。由于研究主题的选择与确定直接影响到整个科研工作的顺利进行，因此，选择与确定主题时应注意以下几方面：

（1）主题应具体明确，能反映文章的研究内容，做到文题相符。

（2）应从实际出发，充分考虑研究者的研究能力和客观条件，确保研究工作的可行性，不贪大求全、好高骛远。

（3）选题需要考虑研究的现实性和时效性等客观条件。

（4）需考虑科研成果的应用价值，对解决棒垒球运动中的有关问题具有指导作用。

（二）选题途径

（1）从文献资料、书籍中发现问题，提出问题。

（2）参加学术性论文报告会，了解棒垒球运动学术前沿知识，从中受到启发。

（3）从棒垒球运动实践中发现问题，提出问题。

（4）从棒垒球运动技术变迁、比赛规则改变中寻找问题，提出问题。

（5）虚心请教有经验的教师、教练员和科研人员，启发、开拓自己的思路，有所侧重地就某个方面发现问题、提出问题。

（三）选题的原则

（1）价值性原则。选题要有一定的研究价值，要从科学性、创造性和社会需要性三个角度来衡量。

（2）适宜能力原则。选题必须是研究者所能胜任的，这种胜任条件包括学识、观察能力、分析能力、操作实验仪器仪表能力、社交能力、组织能力、数理统计及分析能力。尺有所短、寸有所长，当代体育运动科学研究越来越趋向团队协作，单打独干已很难有所作为，因此需要充分发挥团队成员的优势。

（3）条件允许原则。选题需考虑研究的可行性。若选题不切合实际，或超出条件允许的诸如时间、经费、层次等情况，都会无法付诸实施。

（4）兴趣导向原则。兴趣是最好的老师，一般选题要选择自己熟悉或擅长的领域。

二、研究设计

研究设计是整个研究工作的策划，它的最终形式是一份体育科学研究计划书。它能有效地引导研究者合理利用有关文献资料，有效安排时间，恰当地运用研究方法，提供合乎逻辑的技术路线，指出研究工作中的重点和难点所在。研究计划包含以下几方面内容：

（一）样本设计

没有样本，就无从研究。样本的选取，应考虑样本的代表性和样本大小，要能代表总体特征，样本不宜太大，但也不宜太小。

（二）方法设计

选题阶段确定的研究方法，主要是思考方法的可行性，而在研究设计中的方法，则需考虑周详、具体，可以是多种研究方法的组合。

（三）分析设计

指资料分析方法的设计，应基于研究目的和假设。

（四）变量选择

变量是研究对象外在特征内在规律的反映。正确选择变量能使研究工作收到事半功倍的效果。

（五）技术路线与进度设计

将所要从事的研究工作，按最合理最经济的顺序安排好，并且规定出各项工作大概的起止时间，这样既可以保证棒垒球运动科研工作有条不紊地进行、又可以按计划检查工作进展情况，保证研究工作按时完成。研究工作一般分 5 个阶段：

第一阶段：查阅文献、专家访谈确定研究方向；

第二阶段：制订研究计划，确定研究内容和研究方法；

第三阶段：调查访问、实验、测试、收集数据；

第四阶段：整理、归纳、分析资料、探究问题，提出可行性方案；

第五阶段：撰写论文。

三、资料收集

收集和积累资料是棒垒球运动科学研究的基础，是形成研究者理论观点的依据，是撰写论文一项十分重要的准备工作。收集和积累与研究主题相关的资料，主要包括查阅相关文献、书籍与媒体报道；问卷调查和访谈；棒垒球训练或比赛数据采集以及实验与测试数据的采集。数据采集应做到准确、翔实、丰富、全面。

四、资料整理和分析

各种渠道收集的众多资料与采集的数据，需分门别类加以整理，有的可用文字形式表达；有的经过数理统计，用图表形式表达，使材料系统化。同时，在材料整理中，通过对大量材料的鉴别、归类和分析，可以加深对问题的认识。从逻辑推理出发，便于在撰写时合理运用所获取的材料。通过分析，则可以使论证逐步形成自己的论点和论据，最终得出正确的结论。

五、论文撰写

在收集材料，并经过整理、分析和初步形成观点和论据后，便进入论文撰写阶段。论文的撰写大体分为以下几个步骤：

（一）构思

在落笔撰写论文之前，应思考论文定什么题，怎么写，写成什么样。换言之就是论文需要先构思好，然后再用文字表达出来。

（二）提纲撰写

提纲就是安排和组织全文的结构，从全局出发，协调好各部分的关系，搭好论文框架，这是防止论文成文后返工或大改的关键。

（三）初稿

在拟好撰写提纲的基础上，进行整体组装，用适当的语言形式把论文的内容准确地表达出来，初步成文。

（四）定稿

初稿完成后，在征询相关专家和各方面意见的基础上，反复修改，直至最后定稿。

（五）润色

一篇好的论文，其文笔应流畅，合乎语法，能用简洁的语句表达完整的意思。所以，撰写论文的最后一道工序就是对论文加以修饰、打磨，使其更加完美。

第四节　棒垒球运动科学研究的常用方法

棒垒球运动科学研究方法是多种多样的。但不论选择、运用哪种研究方法，都必须符合研究主题的研究目的、性质、对象、内容和所完成的具体任务。研究者可以综合运用各种研究方法来研究某一主题，也可只使用一种方法研究某一主题。目前，比较常用的研究方法有：文献法、观察法、调查法、实验法等。

一、文献法

文献是记录有信息或知识的一切载体。棒垒球运动科研中的文献法是指对棒垒球运动相关的文献的检索、收集、整理、分析并进行利用的科学研究方法。文献的载体类型包括印刷型、微缩型、声像型和机读型。文献的出版类型包括图书、期刊、报纸、会议文献、科技报告、专利文献、标准文献、学位论文、产品技术资料、档案、政府出版物、电子文献。文献的检索包括手工检索和计算机检索。借助有关数据库，计算机检索是当今文献资料检索的重要工具。文献综述是在全面收集有关文献资料的基础上，经过归纳整理和分析鉴别，对一定时期的某个学科或专题的研究成果和进展进行系统、全面的论述和评论，是文献综合利用的重要表现形式。

二、观察法

观察法不仅是研究自然科学的重要方法，也是人类学、社会学、教育学、体育学等社会科学的重要工具。观察法具有观察主体的目的性和能动性、观察对象的自然发生性、观察过程的可重复性和观察的知觉过程和思维过程统一性等特点。根据观察的目的、对象、性质和形式等标准，在棒垒球运动科研中，常用观察法可分为直接观察与间接观察、干预观察与非干预观察、参与观察与非参与观察、结构观察与非结构观察以及定性观察和定量观察等基本类型。观察法是获得第一手资料的重要手段，是检验体育科学理论观点是否正确的重要途径，也是发现问题的重要方式，观察法有助于研究课题的选择和形成，方便易行。观察法也存在观察主体、观察对象、观察仪器和过程等方面的局限。观察法具其一定的适用范围，在棒垒球运动科研中，观察法适用于描述对象在自然条件下的具体状态，或者需要对正在进行的某些过程做出描述时。观察法更适合于对棒垒球训练和比赛中技术上存在问题的观察，对学习动机、态度、效果的观察，对技术、战术统计的观察等。观察法的基本程序包括制订观察设计方案，做好观察前的准备工作，观察实施，观察记录，整理观察材料等环节。观察设计方案是组织进行观察的依据，主要内容包括观察的目的和任务、观察对象、观察内容与方法、观察指标、观察方法等。观察实施中应遵循客观性、全面性、典型性、针对性等基本原则；并且要合理安排观察任务，尽量用科学仪器，自觉控制观察活动，进行横纵对比等实施中的具体问题，尽可能减少观察误差。

三、调查法

调查法主要包括问卷调查法、访谈法、专家调查法。问卷调查法是棒垒球运动科研中常用的一种收集资料的方法。调查问卷的结构包括封面信、指导语、问题与答案、编码及结束语。调查问卷的设计应遵循具体性原则、单一性原则、通俗性原则、准确性原则、客观性原则，题目设计应为非否定性选题、排序题、问答题及关联题。提高问卷回收率的方法有选择具体有吸引力的调查课题、提高调查问卷的设计质量、取得权威机构的支持、采用合适的问卷调查方式、对受访者进行回馈等。访谈的基本程序包括访谈前的准备、接近访问者和访谈中的策略以及访谈后的整理。专家调查法的基本程序包括根据调查主体设计调查表、选择专家、实施调查、及时整理调查反馈结果、信息汇总和统计几个阶段。此外，调查法还有网络调查法、口述史及案例研究等方法。

四、实验法

实验法是唯一一种通过操纵和控制特定变量进行研究的方法，同时，也是对自变量和因变量的因果关系假设进行检验的最佳方法，正式的实验包括有意识地使自变量发生变化和进行组间比较这两个基本条件。实验研究计划中需要明确研究问题、研究假设、被试的选择、实验处理、实验条件的控制、实验设计的方式、实验材料与工具、实验程序等方面，只有这样才能保证实验结果具有科学性和有效性。随机化原则、对照原则和重复原则等是保证实验结果准确性的基本原则。实验效度有 4 种类型，即内在效度关注的是因变量的变化是否由实验自变量所引起；外在效度是指实验结论的外推范围；结构效度是对自变量结构和因变量结构的明确界定；统计结论效度是对实验组和对照组之间是否存在差异的精确性检验。实验设计包括弱实验设计、真实验设计和准实验设计，这几种实验对影响实验效度的各种因素控制程度不同。每种实验设计方式各有优缺点。选择合适的实验设计，可以提高实验结果的准确性和结论的可靠性。

思考题

1. 棒垒球运动科学研究目的、任务和作用是什么？
2. 棒垒球运动科学研究主要有哪些方法？
3. 简述棒垒球运动科学研究选题原则。
4. 简述国内外棒垒球运动科学研究的现状与趋势。

第八章

棒垒球运动的竞赛组织与裁判工作

本章提要

本章重点阐述棒垒球运动的竞赛组织工作和棒垒球运动竞赛编排工作的主要内容与方法。介绍棒垒球运动竞赛规则以及裁判员职责、工作方法与程序。

学习目标

1. 了解棒垒球运动竞赛组织工作。
2. 掌握棒垒球运动竞赛编排的基本知识与方法。
3. 具备制定棒垒球运动竞赛规程以及竞赛编排的能力。
4. 掌握棒球、垒球运动竞赛规则的主要条款。
5. 了解裁判员的职责，熟悉裁判员的工作方法和程序。

第一节　棒垒球运动的竞赛组织

棒垒球运动竞赛是在一定规程、规则的制约下进行的一种竞技性体育活动，是运动员体质、技术、战术、心理、智慧、文化素养、道德水准的综合较量。棒垒球竞赛有助于棒垒球运动的发展和竞技水平的提高；有利于更快地发现和培养优秀棒垒球运动后备人才，也是检验棒垒球运动训练水平最客观的方法之一。同时，也有助于培养团队精神、拼搏争胜的集体主义精神以及勇敢、坚毅、沉着、果断等优良品质和服从裁判、讲文明、讲礼貌等体育道德风尚。

一、竞赛准备工作

（一）设立竞赛组织机构

拟定和建立竞赛的组织机构是体育竞赛组织工作的重要环节。机构设置要合理、精练，职能划分要明确，要保证竞赛任务的圆满完成。各种竞赛的组织机构一般采用“组织委员会制”（简称组委会）。组委会是在主办单位的领导下，由各方面代表组成，负责组织和领导竞赛的全部工作。组委会下设办公室、竞赛处、新闻宣传处、后勤保障处、安全保卫处等职能部门。

1. 组织委员会

组织委员会（简称组委会）是竞赛组织工作的最高领导机构。其职能是审议批准下设各机构的负责人及人员名单（包括确定仲裁委员、裁判长等），审议批准竞赛活动的各项实施方案以及裁决竞赛工作中出现的重大问题。

2. 办公室

办公室是竞赛组织工作的综合办事机构。其职能是拟定竞赛有关文件、组织会议（包括开幕式、闭幕式）、联络调控、文档管理以及接待等工作。

3. 竞赛处

竞赛处是竞赛组织工作的业务机构。其职能是制定竞赛规程、组织报名、编排竞赛日程、编印秩序册以及比赛中的组织管理工作和比赛结束后的收尾工作。

4. 新闻宣传处

新闻宣传处是竞赛组织工作的宣传机构。其职能是准备宣传材料、组织新闻素材、召开新闻发布会、进行思想教育和环境布置等工作。

5. 后勤保障处

后勤保障处是竞赛组织工作的保障机构。其职能是负责场地器材、食宿、卫生、医疗、交通等工作的实施。

6. 安全保卫处

安全保卫处负责竞赛工作中的安全保卫工作。其职能是制订安全保卫计划，落实对竞赛设施、生活设施的安全检查和安全保卫，维持赛场秩序和及时处理突发事件等工作。

（二）制定竞赛规程

竞赛规程是根据竞赛计划而制定的有关竞赛方面的具体政策与规定。它是竞赛的指导性文件，也是竞赛组织者、参与者进行工作和比赛的法律性文件，所有竞赛工作都是依据竞赛规程而展开的。竞赛规程主要包括比赛名称、比赛日期与地点、主办单位、承办单位、协办单位、参赛单位和人数，报名资格与报名截止日期，竞赛办法和竞赛规则，评定名次和奖励办法，抽签日期和地点等。举行任何一项竞赛活动，首先必须制定竞赛规程。

（三）编印秩序册

竞赛秩序册是组织完成一次竞赛活动的综合性的完整文件，是竞赛组织者组织管理比赛的依据，也是教练员、运动员、裁判员进行比赛的依据。秩序册内容包括封面、竞赛规程及补充规定，组委会及下设机构成员名单，各参赛队及各参赛队成员名单，大会活动日程表和竞赛日程表以及成绩登记表等。

二、竞赛期间工作

（一）全局一致，各方协调

棒垒球竞赛是一项综合性工程，组织竞赛、临场管理、宣传报道、后勤保障、医护卫生、安全保卫等工作，缺一不可。因此，竞赛各相关部门应保持信息畅通，保证各个环节的工作有序开展。竞赛组织者应深入赛场，掌握最新动态，加强各方面的协调配合，不断改进工作，把控竞赛全局，一旦出现问题，及时解决，切实保证比赛圆满完成。

（二）加强临场管理

临场管理是组织好棒垒球竞赛的关键环节，它直接影响比赛的顺利进行，裁判员需要公正执法，运动员需要规范职业道德，工作人员需要做到热情服务，对临场比赛中的技术问题，对违反体育道德的现象，对不负责任的工作态度，以及对场地器材、饮食卫生、安全保卫中可能出现的隐患和问题都要及时发现，尽快给予解决，竞赛组织者要提倡、表彰精神文明，鼓励拼搏进取，同时对违规违法的人或事要坚决严肃处理，不得徇私，不得延误时间，不得影响比赛进程。

（三）开幕式与闭幕式

开幕式历来都是重头戏。在开幕式上既要反映出以和平、团结、友谊为宗旨的核心思想，也要展现出民族文化、地方风俗和组织工作的水平，同时还要表达对各地来宾的热烈欢迎。开幕式上，除了进行一系列基本的仪式外，一般都有精彩的富有民族特色的团体操和文艺或军事体育表演。

闭幕式通常具有一些欢乐的气氛，会进行精彩的文艺表演。闭幕式要做好颁奖工作，要根据竞赛规程的规定，提前准备好奖品及奖金。精神文明奖可在比赛进行中就开始评选，比赛结束时其评选活动也应结束，并和其他奖项同时颁发。

（四）成绩统计和处理

棒垒球竞赛要对比赛全过程及每个阶段的成绩作出准确的记录和统计，以此作为阶段性排名和最终排名的依据，同时也便于成绩公告和成绩册汇编。因此，必须准确、快捷地完成比赛成绩的统计和处理。

（五）成绩公告

每场比赛结束后，要将该场的比赛成绩尽快送交给大会竞赛部门，再由大会竞赛部门将各项成绩汇总，准确快捷地印、制、发当日的成绩公告，使参加竞赛的单位、运动员和观众及时了解竞赛的进程和结果，以便进行分析研究与新闻宣传报道。随着互联网技术的快速发展，目前竞赛成绩公告一般都借助互联网进行瞬时公布。

（六）排定名次

比赛结束，竞赛部门要尽快核对每场比赛的成绩，排定名次，并上交裁判长在闭幕式上宣布。

（七）制作竞赛成绩册

竞赛组织者要对比赛的成绩进行审查核对，准确无误后装订成册，尽快发给各参赛单位，也可以利用互联网让各队自行下载。

三、竞赛结束工作

竞赛活动结束以后，各相关部门需对整个竞赛工作做全面、认真的总结，并形成书面文件。在肯定成绩的同时，积极寻找存在的问题，并提出可操作性的建议，为今后承办赛事积累经验。同时，将书面总结、竞赛的各类文件、记录表格、原始成绩等提交主办单位归类存档，以便今后查阅。

第二节 棒垒球运动的竞赛制度与编排方法

棒垒球运动比赛经常采用的竞赛制度有 4 种：循环制、淘汰制、混合制和佩奇制，其选择应根据比赛的目的、任务、参赛队的数量、竞赛时间的限定、场地器材情况、经费的多少而决定。

一、循环制

循环制是参加比赛各队在同一次竞赛中都须相遇的竞赛制度。其优点在于比赛较多，运动员有较多的锻炼、切磋、学习机会，偶然性较小，可较为客观地反映各参赛队的竞技水平，最后名次的确定也较为合理。但其缺点在于比赛场次较多，所需比赛时间较长，对人力、财力、物力要求较高，最后几轮比赛可能出现比赛双方胜负与比赛名次无关，但影响其他队名次的现象发生。循环制分为单循环、多循环。

（一）单循环赛制

单循环是所有参赛队在比赛中都相遇一次，最后按胜负场次或积分多少排定名次，获胜次数或积分多者名次列前。单循环比赛通常参赛队不太多（一般6队左右），比赛时间较为宽裕的情况下采用。

1. 单循环赛轮数和场数的计算

（1）单循环赛的比赛轮数计算方法。若参赛队数是偶数，则比赛轮次等于队数减1。若参赛队数是奇数，则比赛轮数等于队数。

案例：若5个队参赛，则比赛轮数为5轮。若6个队参赛，则轮数为：6－1＝5（轮）。

（2）单循环赛的比赛场数计算公式。场数＝N（N－1）/2，N表示队数。

案例：若6个队参加比赛，其比赛场数为：6×（6－1）/2＝15（场）。

2. 单循环编排方法

（1）逆时针轮转编排法。采用“逆时针轮转方法”进行编制，先以阿拉伯数字为代号，代替队名进行编制。把队数按U型走向分成均等的两边，如遇奇数队，最后一位数字为0。第一轮只要在U型相对队数之间画横线，即为第一轮比赛秩序。第二轮开始，固定在左上角数字不动，其余数字均按逆时针方向移动一个位置，即为该轮比赛秩序。如遇0队即为该轮轮空（表8-2-1）。

表8-2-1　逆时针轮转表

第一轮	第二轮	第三轮	第四轮	第五轮
1—6（0）	1—5	1—4	1—3	1—2
2—5	6（0）—4	5—3	4—2	3—6（0）
3—4	2—3	6（0）—2	5—6（0）	4—5

（2）“贝格尔”编排方法。一般编排法在奇数队参赛时，第二轮的轮空队从第四轮起每场都与前一轮的轮空队比赛，形成竞赛条件较为不公平的现象。为了最大程度降低不合理的现象，1985 年起，世界性排球比赛多采用“贝格尔”编排法。

“贝格尔”编排法的第一轮同一般编排法，第二轮开始的编排同传统方法大相径庭。首先，最大号数（或 0 数）放在第一行左右摆动，如第一轮该数位于右边，第二轮则摆动到左边，第三轮又移动到右边，如此反复。其次，将上一轮右下角数字提到该轮第一行同最大号数（或 0 数）相对应。最后，将其他数字按数字同右下角提到第一行这个数字的前后顺序关系进入位置（表 8-2-2）。编排后的检查口诀为：“贝格尔”编排方法从 1 开始，以 1 结束。

表 8-2-2　“贝格尔”轮转表

第一轮	第二轮	第三轮	第四轮	第五轮	第六轮	第七轮
1—8（0）	8（0）—5	2—8（0）	8（0）—6	3—8（0）	8（0）—7	4—8（0）
2—7	6—4	3—1	7—5	4—2	1—6	5—3
3—6	7—3	4—7	1—4	5—1	2—5	6—2
4—5	1—2	5—6	2—3	6—7	3—4	7—1

（二）多循环赛制

所有参赛队在比赛中相遇两次及以上，即为多循环赛。多循环赛一般都在具有一定影响力的职业联赛中采用，主客场比赛较为多见。如美国职业棒球联盟联赛（MLB），中国职业棒球联赛（CNBL），以及中国篮球职业联赛等都采用了多循环赛制的比赛。多循环赛通常分为多个阶段，每个循环赛为一个阶段。多循环编排方法和名次产生方法与单循环相同，但比赛轮次数与比赛场次数是单循环的多倍。如二循环赛即为两倍，三循环赛即为三倍，以此类推。

（三）循环赛制的日程编排

依据排好的比赛秩序表，再按规程规定的方法将数字换成队名，然后填于秩序表中，最后编好比赛日程表（表 8-2-3）。

表 8-2-3　单循环竞赛日程表

日期	时间	轮数	场序	比赛队	场地
9 月 1 日	9：00	1	1	1 江苏—6 北京	1
	15：00		2	2 四川—5 辽宁	2
			3	3 上海—4 广东	1

续表

日期	时间	轮数	场序	比赛队	场地
9月2日	9：00	2	4	1 江苏—5 辽宁	2
	15：00		5	6 北京—4 广东	1
			6	2 四川—3 上海	2
9月3日	9：00	3	7	1 江苏—4 广东	1
	15：00		8	5 辽宁—3 上海	2
			9	6 北京—2 四川	1
9月4日	9：00	4	10	1 江苏—3 上海	2
	15：00		11	4 广东—2 四川	1
			12	5 辽宁—6 北京	2
9月5日	9：00	5	13	1 江苏—2 四川	1
	15：00		14	3 上海—6 北京	2
			15	4 广东—5 辽宁	1

（四）循环赛制编排的注意事项

（1）循环赛必须以轮次逐轮进行编排，如需调整某个轮次比赛次序，则整个轮次都将进行调整，而不能将个别场次进行调整。

（2）编排时应注意场地、时间及赛间的休息时间等方面的相对平衡。

（五）分组循环赛

在参赛队伍比较多的时候经常采用分组循环赛编排方法。分组循环赛通常分预赛和决赛两个阶段，预赛是把比较多的参赛队伍先分成若干个小组进行比赛，赛出小组名次，决赛是将预赛中各个小组产生的名次进行相应的比赛，决出最后名次。

1. 预赛阶段

预赛的分组循环赛竞赛秩序编排方法一般采用单循环编排方法。为了保护各个小组参赛队伍的水平相对平均，最大限度克服分组的队伍实力不公平现象，通常要设立种子队进行编排。分组循环赛一般按分组数或分组数的两倍数确定种子队。

（1）设立种子队抽签分组方法。种子队先抽签，确定各种子队的组别，然后其他各队再抽签进入各个组别。

（2）不设立种子队的抽签分组方法。可根据上届比赛名次进行“蛇形”编排，如 16 个队参赛分成 A、B、C、D 4 个组，进行“蛇形”编排分组（表 8–2–4）。

表 8–2–4　“蛇形”排列法分组表

第一轮	第二轮	第三轮	第四轮
1	2	3	4
8	7	6	5
9	10	11	12
16	15	14	13

（3）如遇没有往届比赛的名次，也没有种子队的情况，则采取单纯抽签分组方法。

2. 决赛阶段

决赛阶段比赛可以有多种不同的编排方法，包括同名决赛、循环赛、淘汰赛及淘汰附件赛（具体详见混合制编排）。

二、淘汰制

淘汰制是指所有参赛者按照排定的顺序进行比赛，胜者进入下一轮，负者退出比赛，直至产生最后一名获胜者（冠军）的竞赛办法。淘汰制包括单淘汰赛制、双淘汰赛制和交叉淘汰赛制等，其中单淘汰赛制是目前运动竞赛中运用比较广泛的一种赛制，本节仅介绍单淘汰赛制。

（一）单淘汰赛制的特点

单淘汰赛制主要是在参赛队数较多，比赛时间较短时采用，其特点是比赛的容量大且具有强烈的对抗性。在使用单淘汰赛制时，应注意运用“种子”分区、抽签和定位等方法，使强者或同一单位参赛者之间避免过早相遇。也可采用补赛法（又称为附加赛），以帮助确定第 2 名以后的名次。

（二）单淘汰赛制编排方法

1. 比赛场数

比赛场数等于参赛队数减 1。如 16 个队参赛则比赛场数为 15 场。

2. 比赛轮数

2 的乘方数（指数）即比赛轮数。如 8 个队参赛，则为 3 轮，因为 $2^3=8$，16 个队参赛，则为 4 轮，因为 $2^4=16$，以此类推。如果参赛队不为 2 的乘方数，则比赛轮数为稍大的一个以 2 为底的乘方数的指数。如 30 队参赛，则为

5 轮。因为 $2^5=32$，恰好大于 30，而 $2^4=16$，小于 30。

3. 编排方法

首先，按参赛队数建立 2 的乘方数的对阵表。例如，8 支队参加单淘汰比赛。由于 8 恰好是 2 的乘方数，所以 8 支队的淘汰赛共进行 3 轮,7 场比赛（图 8-2-1）。

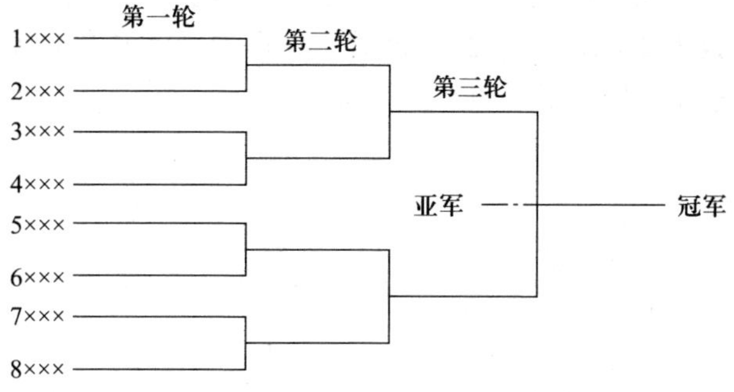

图 8-2-1　8 个队单淘汰赛编排对阵秩序表

其次，设立种子队，以保证淘汰赛产生的前若干名（如前 4 名或前 8 名）是最强的队，并使他们最后相遇。种子队一般为排名靠前的队，他们分别被安排进各个不同的“半区”，使各“半区”的竞技实力基本相当。一般情况下，1 号种子队进入上半区的顶部，2 号种子队进入下半区的底部，3、4 号种子队进入下半区的顶部和上半区的底部，以此类推（图 8-2-2）。

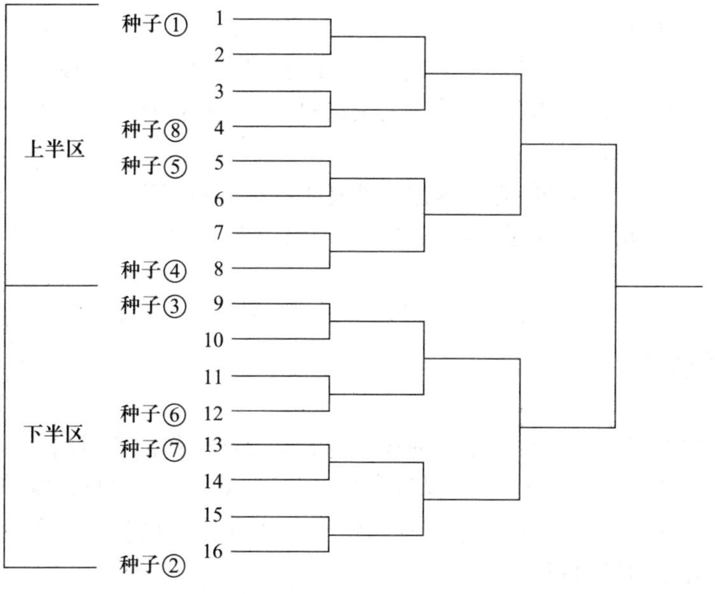

图 8-2-2　16 个队单淘汰赛种子队定位图

最后，如果参赛队不是 2 的乘方数，则须安排一部分“轮空”位置，使单淘汰赛正好是 2 的乘方数，以保证单淘汰赛的完整性。轮空位置数为比实际参赛队稍大的 2 的乘方数减去实际参赛队数。

例如，14 支队参加单淘汰比赛。首先，选用比 14 稍大的 16（$2^4=16$）进行单淘汰排序。其次，确定种子队。再次，确定轮空数，由于只有 14 支参赛队，所以轮空数为 2（16−14＝2）。最后，根据种子序号在前优先原则，第一轮轮空队为 1 号和 2 号种子（图 8−2−3）。

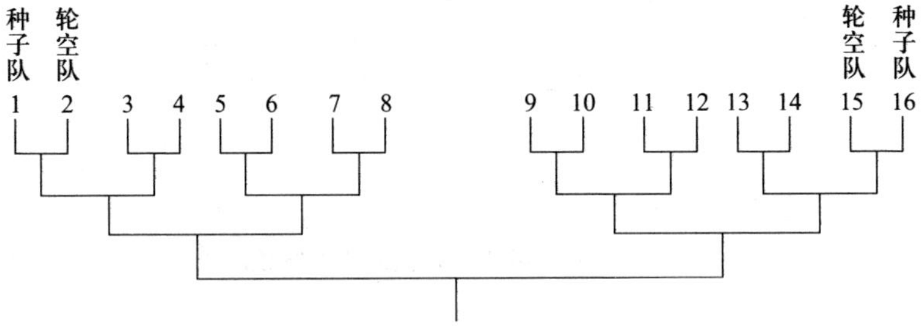

图 8−2−3　14 个队单淘汰赛编排秩序

（三）单淘汰赛制编排的注意事项

（1）在淘汰赛中，由于各组别和场次较多，而且交叉进行，所以编排时容易出现重场、漏场和连场等问题，因此在编排中要注意全面检查、反复核对，以杜绝差错。

（2）淘汰赛应逐轮进行，以保持比赛进度的一致，轮空必须安排在第一轮完成。轮空位置设置时，种子队优先，种子序号在前优先，也可以采用抽签的方式决定轮空队。

（3）由于淘汰赛的特点，编排时要特别安排好各组别比赛的“决赛”。

（4）编排方案应立足于假设参赛队在任何一场比赛中都有望取胜的可能性。

三、混合赛制

在一次竞赛中，同时采用多种赛制的竞赛办法称作混合赛制。混合赛制通常是在参赛队（人）较多，而时间较短的情况下采用。棒垒球比赛一般有 8 支队伍及以上采用混合赛制。混合赛制将全部比赛分为预赛、复赛、决赛或预赛、决赛几个阶段进行。

（一）预赛阶段

1. 分组

根据参赛队平均分成若干组。一般采用依据上一年度同类比赛成绩设立种子队，然后进行抽签分组，或进行蛇形排列分组（表 8-2-5）。

表 8-2-5　“蛇形”排列法分组表

第一组	第二组	第三组	第四组
1	2	3	4
8	7	6	5
9	10	11	12
16	15	14	13

2. 分组循环

采用单循环、多循环（单循环较为常见）的方式决出各组名次，然后进行下一阶段的比赛。

（二）决赛阶段

目前棒垒球比赛决赛阶段常用的赛制有：分组交叉淘汰赛、分组同名次淘汰赛、同名次决赛、佩奇制等。

1. 分组交叉淘汰赛

分组交叉淘汰赛是指一组名次靠前的队伍与另一组名次靠后的队伍按赛前排定的对阵表进行的比赛，胜者进入靠前名次的比赛，负者进入靠后名次的比赛（图 8-2-4）。例如，A 组第一对阵 B 组第二，B 组第一对阵 A 组第二，两场比赛的胜者决出冠亚军，负者决出三、四名。

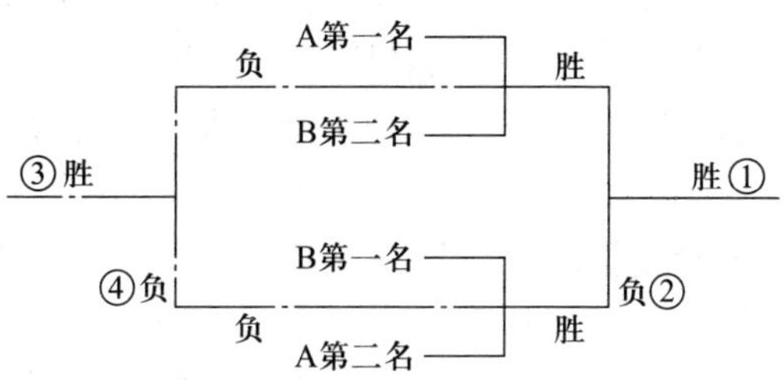

图 8-2-4

2. 分组同名次淘汰赛

分组同名次淘汰赛是指预赛各组相同名次之间的比赛，胜者进入靠前名次的比赛，负者进入靠后名次的比赛（图 8–2–5）。例如，A 组第一对阵 B 组第一，C 组第一对阵 D 组第一，两场比赛的胜者决出冠亚军，负者决出三、四名。

3. 同名次决赛

同名次决赛只有在预赛分两组的情况下方可采用。决赛在两组相同名次队伍之间进行，胜者名次靠前（图 8–2–6）。例如，A 组第一对阵 B 组第一，胜者为冠军，负者为亚军。A 组第二对阵 B 组第二，胜者为第三名，负者为第四名。

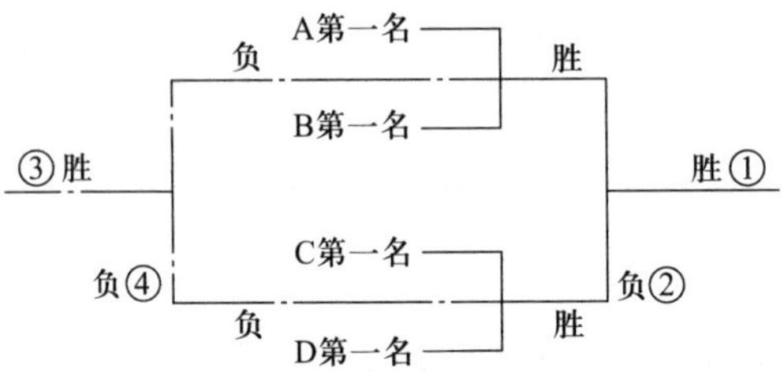

图 8–2–5

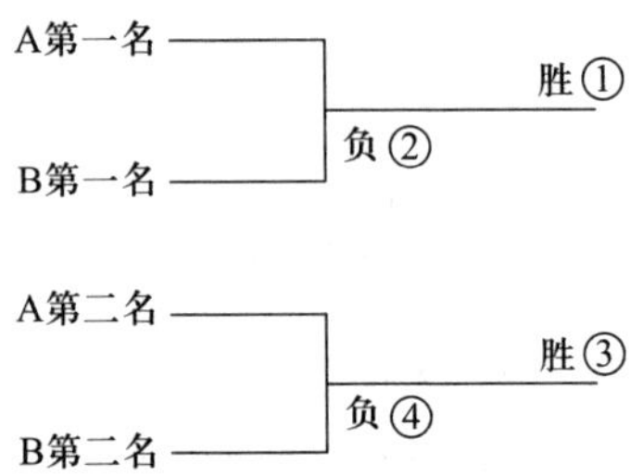

图 8–2–6

4. 佩奇制

佩奇制是垒球比赛决赛阶段常用的赛制。佩奇制可分为单佩奇制和双佩奇制。佩奇制的优点是可以让预赛阶段没有发挥出应有竞技水平的运动队仍保留着冲击冠军的机会，其缺点是比赛场次不均衡，同时预赛阶段只能分两组，所以不适合参赛队多，竞赛时间短的赛事。

（1）单佩奇制。

① 若预赛阶段为单循环比赛时，则第一轮比赛由预赛第一名对阵预赛第二名，预赛第三名对阵预赛第四名（负者为第四名）。第二轮由预赛第一、第二名比赛的负者对阵预赛第三、第四名比赛的胜者（负者第三名）。第三轮由预赛第一、第二名比赛的胜者对阵前一场比赛的胜者，负者为第二名，胜者为冠军（图 8–2–7）。

② 若预赛阶段为分组循环，则第一轮比赛在两个小组第一名和两个小组第二名之间进行（第二名之间比赛的负者为第四名）。第二轮比赛由两个小组第一名之间比赛的负者对阵两个小组第二名之间比赛的胜者（负者为第三名）。第三轮由两个小组第一名之间比赛的胜者对阵前一场比赛的胜者，负者

为第二名，胜者为冠军（图 8–2–8）。

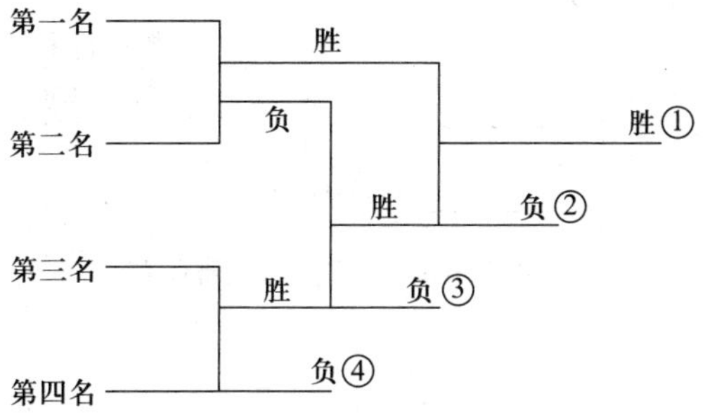

图 8–2–7　1—4 名单佩奇制赛

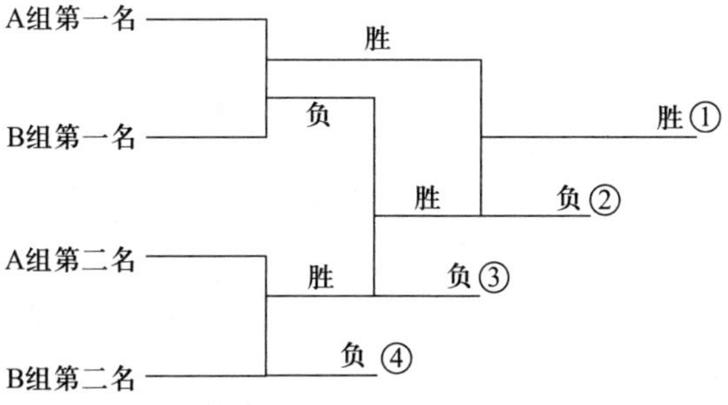

图 8–2–8　1—4 名分组循环单佩奇制

（5 名以后的比赛与 1—4 名的比赛方式相同。）

（2）双佩奇制

双佩奇制是指进行两次佩奇制比赛的赛制。

① 第一佩奇制（以预赛分 A、B 两组为例）。首先，将 A 组第一、第三名与 B 组第二、第四名编为 C 组，B 组的第一、第三名与 A 组的第二、第四名编为 D 组。然后，按单佩奇制前两轮（第三轮比赛不再进行）的方式进行比赛，排出 C 组、D 组的名次（图 8–2–9，图 8–2–10）。

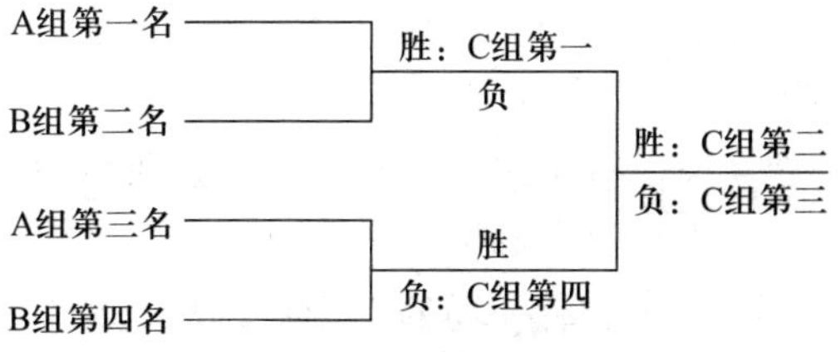

图 8–2–9　C 组第一佩奇制赛

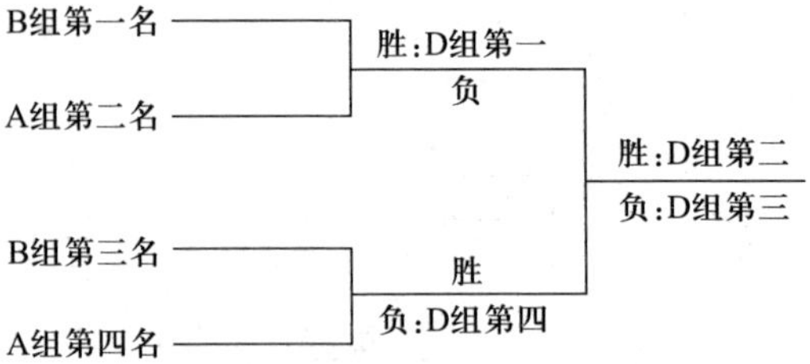

图 8-2-10　D 组第一佩奇制赛

② 第二佩奇制。将 C 组、D 组的前两名编为一组，进行 1—4 名的比赛。C 组、D 组的三、四名编为一组，进行 5—8 名的比赛。采用单佩奇制的方式进行比赛，最后排出 1—8 名的全部名次（图 8-2-11，图 8-2-12）。

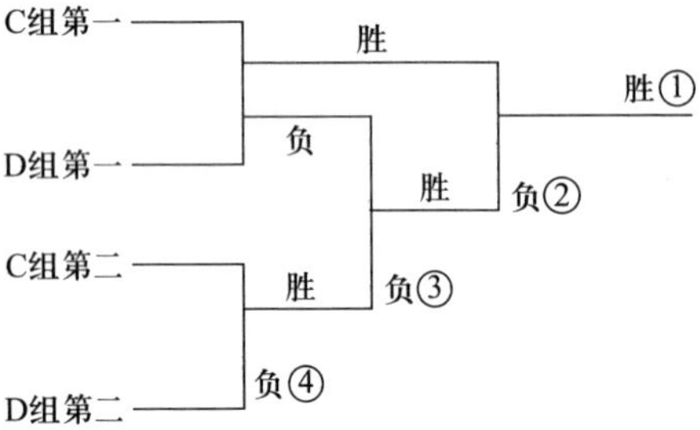

图 8-2-11　第二佩奇制 1—4 名比赛

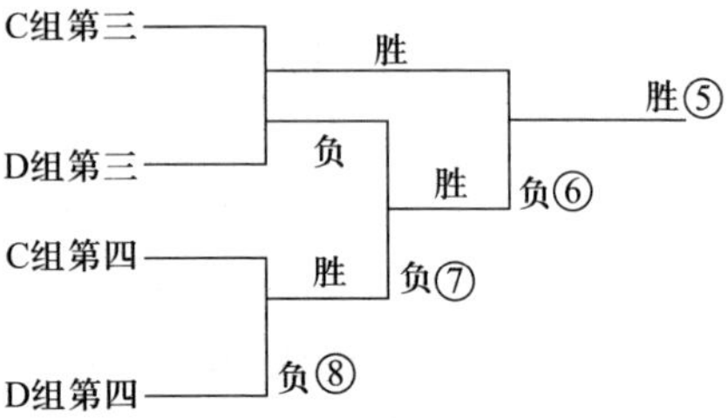

图 8-2-12　第二佩奇制 5—8 名比赛

（通常情况下，双佩奇制只进行前八名的比赛，八名以后的比赛不再进行。）

第三节　棒垒球运动竞赛规则简介

一、比赛规则

（一）比赛局数

棒球比赛一般为 9 局，也可以是 7 局，如 U23 世界杯等；垒球比赛为 7 局。棒垒球比赛若遇下列情况则除外：

（1）主队（先守队）在最后一局的上半局结束，或在下半局三人出局之前所得的分领先于客队（先攻队），则可不必完成最后一局的比赛。

（2）最后一局比赛结束时比分相等，则需要进行延长局比赛，直至某队在同等局数中的得分多于对方，或主队（先守队）在三人出局之前的得分多于客队（先攻队）。通常情况下棒球在一垒、二垒放置跑垒员，垒球在二垒放置跑垒员。

（二）得分

（1）跑垒员在三人出局前，依次合法触踏一垒、二垒、三垒及本垒，即得一分。

（2）当第三人出局或最后出局是由于下列情况时，则得分无效。

① 当击跑员触踏一垒前被杀出局时。

② 当击跑员或任何跑垒员被封杀出局（包括申诉）时。

③ 当前位跑垒员被判出局时。

④ 触杀或申诉出局在前，得分在后时。

⑤ 当跑垒员在投手投球出手前离垒过早时（垒球）。

（三）死球

比赛停止称为“死球”。如下列情况：

（1）球碰触任何非比赛场地器具与物体或非比赛人员，或球进入比赛无效区。

（2）球进入裁判员或进攻队员的衣服。

（3）裁判员宣判“死球”。

（四）延迟死球

延迟死球发生于比赛进行中的局面，需待攻守行为结束后，裁判员宣布“死球”，同时再做出适当的判罚。

（五）选择局面

比赛中，进攻队领队或教练可选择按不合法行为判罚或维持比赛现状的局面。

（六）暂停做指导

1. 棒球

（1）在职业或专业棒球比赛中，每队在9局比赛中有6次非更换投手为目的的暂停做指导机会，但仅限于对投手和另一名防守队员做指导。自延长局起，每队每局有一次非更换投手为目的的暂停做指导机会。非专业级别比赛可采用限制不同次数的指导投手规则，或不限制指导投手的次数。

（2）同一局中，教练员不得对同一名投手做出第2次指导。否则，投手将被调离投手位置，本场比赛不得再担任投手，但可继续参加比赛。

（3）同一局中，面对同一名击球员，禁止教练员对投手做第2次指导。

（4）棒球比赛无进攻暂停。

2. 垒球

（1）防守暂停做指导。7局比赛中，防守队只能有三次非更换投手为目的的暂停做指导，延长局起，每局有一次非更换投手为目的的暂停做指导。若超过上述暂停做指导的次数，则宣判当值投手为不合法投手，并调离投手位置，本场比赛不得再担任投手，但可继续参加比赛。

（2）进攻暂停做指导。进攻队每局只能有一次暂停做指导。

（在棒垒球比赛中，当教练员跨过垒线返回球员席或防守队员返回比赛场地，则暂停做指导即告结束。）

3. 不视为暂停做指导

（1）投手上垒后要求穿夹克，不视为一次暂停。

（2）领队、教练或防守队成员通知裁判更换投手，或更换投手位置，无论是更换之前还是更换之后与投手交谈，都不视为暂停作指导。

（3）垒球比赛中，利用对方队暂停做指导的机会对本方队员进行指导。只要对方队准备就绪时，本方也已准备就绪即可。

（七）申诉

1. 申诉局面

申诉局面即在比赛中，非违规队的领队、教练或队员未提出要求，裁判员不能预先做出判决的局面。在棒垒球比赛中，常见的申诉局面有：

（1）漏踏垒。

（2）腾空球离垒过早。

（3）击球次序错误。

（4）踏过一垒之后试图进二垒。

（5）击球次序错误。

2. 申诉形式

（1）棒球。棒球比赛中，只能在继续比赛状态下采用持球触踏垒位和持球触杀违规跑垒员的形式进行申诉（击球次序错误除外）。

（2）垒球。在垒球比赛中，既可采用与棒球比赛相同的方式进行申诉（击球次序错误除外），也可采用死球状态下的口头申诉。若防守队员选择死球申诉，则其必须在内场；若教练员选择死球申诉，则其必须在比赛场地内。

（无论是棒球比赛还是垒球比赛，对击跑员踏过一垒后试图进二垒的申诉，都必须采用持球触杀的方式。）

（无论是棒球比赛还是垒球比赛，对跑垒员漏踏本垒的申诉，都必须采用持球触杀的方式。除非漏踏本垒的跑垒员无意图返回补踏，或已进入球员席。）

3. 申诉时机

申诉必须在投手合法或不合法投出下一球，所有防守队员离开界内地区走向球员席，或比赛结束，所有裁判员都已离开比赛场地之前提出。

（八）抗议

抗议不同于“申诉”，是防守队或进攻队对下列问题提出异议：

（1）裁判员对比赛规则的运用或解释。

（2）队员资格。

二、比赛队员和参赛队员

（一）上场队员名单

上场队员名单是比赛开始之前提交给裁判长或司球裁判以及记录员的名单，包括开场队员姓名、防守位置和球衣号码，所有替补队员的姓名和球衣号码，以及主教练的签名。

（二）比赛队员

（1）每队在比赛的任何时间都应保持 9 人列在上场队员名单中。若使用代打队员 DH（棒球）或指定队员 DP（垒球），则必须 10 人列在上场队员名单中。

（若使用代打队员 DH（棒球）和指定队员 DP（垒球），须开场即使用，但中途可以取消。）

（2）若无法以规定的上场人数开始或完成比赛，则判该队“弃权”。

（3）比赛开始时，除接手位于接手区内，投手持球位于投手板附近（棒球）或持球在投手圈内（垒球）外，其他防守队员都须站在界内地区的任何地方。

（三）临时跑垒员

临时跑垒员仅在快投垒球比赛中使用。为了加快比赛节奏，进攻方可在 2 人出局、接手在垒上的情况下，换上一名临时跑垒员替代接手跑垒，但该接手必须参与前半局的防守。此替代可以在 2 人出局、接手在垒上的任何时间做出。临时跑垒员必须是替代时正在击球的击球员的前一名击球员，并且该击球员当时不在垒上。

三、比赛器材

（一）手套

棒垒球器材中的手套分为分指手套和连指手套，分指手套适合所有队员使用，而连指手套仅限于接手和一垒手使用。一旦除接手和一垒手外的其他防守队员被发现使用连指手套参与防守（投手投球不视为参与防守）：

棒球：无任何判罚，仅需更换手套即可。

垒球：攻队主教练可选择维持比赛现状，或选择该次攻守行为无效，击球员按击球前的球、击数重新击球，所有跑垒员返回投手投球时所占的垒位。

（二）球棒

棒球棒最粗端的直径不得超过 6.6 厘米，长度不得超过 106.7 厘米。垒球棒最粗端的直径不得超过 5.7 厘米，长度不得超过 86.4 厘米。棒球棒无重量规定，而垒球棒的重量不得超过 1 077 克。

（三）头盔

（1）准备击球员、击球员、击跑员、跑垒员、球童，以及一垒、三垒跑垒指导员区内担任指导的青年队员（垒球），或跑垒指导员（棒球）都必须佩戴下垂双护耳头盔（一侧一个）。

（2）职业或专业棒球比赛的队员和跑垒指导员可佩戴单边护耳的头盔。

（3）接手和防守队员都可以佩戴无护耳的头盔。

（4）比赛过程中，若击跑员、跑垒员在跑垒过程中故意摘掉头盔，则将被判出局，但仍将维持继续比赛局面，同时也不取消原有的封杀局面。若击跑员、跑垒员在跑垒过程中头盔无意脱落，则继续比赛。棒球在任何情况下都无判罚，而垒球则在球或防守队员碰触无意脱落的头盔时成死球，并判脱落头盔的击跑员或跑垒员出局，即便击跑员或跑垒员已回到队员席。

四、投球规则

（一）棒球运动的合法投球

合法的投球有正面投球与侧身投球两种姿势，投手可依照自己的意愿采用任何一种投球姿势。同时，投手必须触踏在投手板上接受接手的暗号。

1. 正面投球姿势

投手应面对击球员站立，支撑脚与投手板保持接触，伸踏脚可自由站立。以此姿势开始，任何与投球有关的自然动作，都必须连续完成，不得中断或变更投球姿势。

除实际向击球员投球外，投手的任何一个脚都不得抬离地面，但伸踏脚可往后退一步，再向前踏出一步。

当投手的支撑脚与投手板接触，双手持球于身体前方，则被视为已采用正面投球姿势。

2. 侧身投球姿势

投手应面对击球员站立，支撑脚与投手板保持接触，伸踏脚置于投手板前方，双手持球于身体前方，并保持身体的完全静止，此时表明投手采用侧身投球姿势。以此姿势，投手可以向击球员投球、向垒上伸踏传球，也可将支撑脚退至投手板的后方（仅限于后方）。

采用侧身投球姿势前，投手可做任何自然动作，如被称为“stretch”的伸展动作（“stretch”是指手臂伸展至头上或身前的动作）。一旦做了伸展动作，其必须采用侧身投球姿势。侧身投球时，投手两手持球停滞于身前，就不得再移动，除脖子以外应使身体的动作完全静止。

采用侧身投球姿势后，任何与投球有关的自然动作，都必须连续完成，不得中断或变更投球姿势。

（所有投手都应投球至第一位击球员或其替补击球员完成击球任务，或至攻守交换为止。但司球裁判判定投手因受伤或疾病无法投球除外。）

（二）垒球运动的合法投球

1. 准备投球

面对击球员站立，支撑脚与投手板保持接触，双脚不得踏出 61 厘米宽的投手板，臀部保持与一垒、三垒平行。双手分开，用手套或投球手持球，接受或传递接手的暗号。接受暗号后，双手合掌握球于体前，并保持身体静止不少于 2 秒，但不超过 5 秒的完全静止。

（伸踏脚在身体静止期间必须保持静止。投球开始后，伸踏脚只能向前运动。伸踏脚在身体保持静止期间或之后不得向后移动。）

（双手合掌握球于体侧，视为置球于体前。）

2. 开始投球

投球开始前，投手的支撑脚必须与投手板保持接触，静止后一旦分手或做任何摆臂动作即视为投球开始，之后不得再次合手，或中途停止。

（1）摆臂。

① 投手一旦做出投球动作就必须立即向击球员投球。

② 采用绕环式投球时，其投球臂只能绕环一次。

（手臂从体侧、体后、下垂开始摆臂，这样允许手臂绕过臀部两次。）

（2）伸踏。

① 投手投球时，其伸踏脚只能面向击球员伸踏一步，同时球出手。

② 伸踏脚不得完全踏出投手板两端延长线。

③ 投手的支撑脚只要不向后退出投手板，始终保持与投手板的接触，便可在板上滑动。

④ 投手的伸踏脚在向前伸踏着地前，支撑脚应保持与投手板的接触或向前蹬离、脱离投手板或向前腾空。

（投手从投手板面向击球员跨跳，并用一个连贯的动作将球投出，支撑脚可以顺势做后续动作。）

⑤ 投手伸踏或蹬离或跳离投手板时，其投球臂的所有动作都必须保持连贯。

⑥ 投手的支撑脚拖离、跳离或单脚跳离都必须从投手板开始，不得从投手板以外的地方跳离或拖离。

（3）出手。

① 投手必须采用低手投球动作。即手低于臀部，同时手腕与身体的距离不得大于肘部与身体的距离，不得中途停止或改变前摆的动作。

② 投手的手掌及手腕必须向前摆过身体的垂直线，球才能出手。

③ 投球臂可以做投球后的随挥，但不得继续做绕臂动作。

④ 投手不得故意掉球、投地滚球或反弹球等，以干扰击队员击球。

⑤ 在投手接到回传球，或裁判员宣布“比赛开始”之后，20 秒内必须投出下一球。

（三）撤板

在棒垒球比赛中，当投手合手静止后，因某种原因需要撤离投板，必须先向后撤板，然后再分手。若向两侧或向前撤板，或先分手，后撤板，则都将被视为不合法投球行为。

（四）不合法投球与投手犯规

“不合法投球”与“投手犯规”都是指投手违反规则规定的投球行为，为“延迟死球”局面。棒球比赛中，若垒上没有跑垒员，则称为“不合法投球”，并判击球员“一球”；若垒上有跑垒员，则称为“投手犯规”，并给予跑垒员安全进一个垒。垒球比赛中，无论垒上是否有跑垒员，都称“不合法投球”，同时判击球员“一球”，垒上跑垒员安全进一个垒。

若击球员将不合法投球或投手犯规之球击出，在该攻守行为结束后，攻队可以选择按不合法投球或投手犯规判罚，或选择已形成的局面有效。但当包括击跑员在内的所有跑垒员都进了一个垒以上，则攻队不得再选择。

（五）其他异物

（1）棒垒球比赛中，防守队员任何时候都不得将异物用于球上。如果投手舔手指，在其接触球之前，必须将手指擦干。

（2）在司球裁判的允许与监督下，投手可以使用松香粉。

（3）任何防守队员不得用松香粉擦球，或将松香粉抹在手套中，然后再将球放入手套。

（4）投手的手指不得贴胶带或防汗带，其投球臂的手腕或前臂不得佩戴手镯、护腕（护肘）或类似物品。垒球比赛中，若投手因受伤而要求在投球手臂佩带防汗带或护腕（护肘）时，其双臂必须着内衬覆盖。

五、击球规则

（一）击球次序

由教练员决定上场队员的击球次序。击球次序一旦决定，整场比赛不得更改（防守位置可变更）。若在比赛中发现进攻方未按照事先排定的击球次序击球，则可以向裁判员提出“申诉”。

（二）击球要求

（1）击球员必须佩带被认可的头盔。

（2）击球员必须在裁判员宣布“比赛开始”后10秒钟内进入击球区。

（3）击球员在投手开始投球前，其双脚必须完全站在击球区内。脚可踩在线上，但不得踏出线外。

（4）击球员进入击球区后，当投手已在投手区，接手已在接手区时，其必须至少保持一只脚在击球区内。

（三）合法接住球（Catch）

防守队员用手或手套接住投出、击出或传出的球即为合法接住球。

（1）防守队员持球需有一定时间足以证明他完全控制了该球，并且是主动有意识地让球离手。若防守队员在伸手入手套取球时或传球过程中将球失落，则也被视为接住球。

（2）若球仅被防守队员用手臂夹住或用身体的一部分或衣服或器具把球捂住时，不视为球被合法接住。

（3）防守队员在向比赛无效区移动时接球，为确保球被接住，其双脚必须在比赛有效区内，或踏在有效区与无效区的界线上，或从比赛有效区跳起，并在落地至比赛无效区前接住球。若从比赛无效区折回接球时，双脚必须踏在比赛有效区内。

（4）防守队员在接球过程中与其他防守队员、裁判员、围墙 / 围网碰撞或跌倒在地，导致球失落，则不视为球被接住。

（5）若防守队员在接球时，将手套扣在地上，而不是将手套放在球下，则不视为球被接住。

（6）击出的球碰触防守队员以外物体时，视为球已碰触地面。

（四）不合法接球

击出、传出或投出的球被防守队员用脱离身体固定位置的帽子、面罩，手套或比赛服的任何部分接住。

（五）好球区

（1）投出的球在落地之前通过本垒板上空的任何部分，且又在击球员肩部上沿与裤腰上沿的中间平行线与髌骨下沿之间的立体空间区域。

（2）投出的球在落地之前通过本垒板上空的任何部分，且又在击球员自然击球站姿的胸骨下沿与膝关节下沿之间的区域。

（自然击球站姿是指投手投球出手后，击球员决定是否挥击时的站立姿势。）

（六）"球"与"击"

当击球员未击投手合法投出的球时，司球裁判将宣判球或击。

1. "球"

（1）下列情况判一球，继续比赛，除非因其他原因成为死球。

① 击球员未挥击投手投出的未进入好球区，或落在本垒板上，或到达本垒板前落地的球。

② 接手未按规定直接将球回传给投手（垒上有跑垒员除外）。

③ 投手持球后，未能在 12 秒内（棒球）或 20 秒（垒球）内投出下一球。

（2）下列情况判一球，死球局面。

① 投手不合法投球，但击球员未击。

② 当不合法投球被击出后，主教练未选择已形成的比赛局面。

③ 垒球：每超过规定试投的球。

2. "击"

（1）下列情况判一击，继续比赛，跑垒员可以进垒，但有被杀出局的危险。

① 投出的球在落地前进入好球区而击球员未挥击时。

（好球区的上下必须球的整体进入好球区，两边只要球的任何一部分进入好球区即可。）

② 合法投出的球击球员挥击未中。

③ 擦棒球。

（擦棒球是指击出的球直接飞向接手的手或手套，且不高于击球员的头顶，同时被接手合法接住。）

（2）下列情况判一击，死球，所有跑垒员必须返回其原占垒位。但返垒无须依次踏垒，也没有被杀出局的危险。

① 投出的球在好球区内击中击球员。

② 击球员挥击未中而被投球击中身体的任何部分。

③ 两击之前击球员每击出一个界外球。

④ 两击之前，击球员击出的球碰触了站在击球区内击球员身体的任何部分或服装。

⑤ 若击球员在裁判宣布“比赛开始”（PLAY BALL）后 10 秒钟内仍未进入击球区，则无须投球即可判一击。

⑥ 投手已在投手区，接手已在接手区时，击球员双脚离开击球区延误比赛，且又没有任何例外条款可以适用，则无需投球即可判一击。

（七）界内球与界外球

1. 界内球

合法击出的球：

（1）停在本垒至一垒或本垒至三垒间的界内地区，或在该区域上空被碰触时。

（2）由界内地区反弹越过一垒、三垒垒包时，无论球落在何处。

（3）触及一垒、二垒、三垒垒包时。

（4）在界内地区碰触裁判员、队员身体或衣服时。

（5）先落在一垒、三垒垒包后的界内地区时。

（6）腾空球从界内地区上空直接飞越外场围墙或围网时。

（7）腾空球击中边线标志杆时。

2. 界外球

合法击出的球：

（1）停在本垒至一垒或本垒至三垒间的界外地区时。

（2）由界外地区反弹越过一垒、三垒垒包时。

（3）先落在一垒、三垒垒包后的界外地区时。

（4）在界外地区碰触裁判员、队员的身体或附属品、脱离身体的器具、衣服以及其他非比赛场上的障碍物时。

（5）再次碰触站在击球区内的击球员，或其手持的球棒时。

（6）触棒后直接飞向接手的身体或器具，且不高于击球员的头顶，被另一防守队员接住时。

（7）击中投手板后，在未被碰触的情况下从一垒或三垒垒包前滚到界外地区时。

3. 腾空球界内、界外的判定

腾空球落地前被碰触，则按碰触球时球和边线的垂直点（包括边线标杆）

来判定，而不是按防守队员站在界内或界外来判定。只要球在界外地区未碰触任何障碍物，腾空球的界内、界外的判定与该球首先位于界外地区还是界内地区无关。

（八）击球员出局

（1）继续比赛，跑垒员可以跑垒，但有被杀出局的危险。

① 第三击时，“好球”未击，或挥击未中，或擦棒球被接手接住。

（“好球”是指合法投出的球进入“好球区”。）

② 两人出局前，一垒有跑垒员，击球员被判三击。

（2）当击球员有下列行为时，为死球，所有跑垒员必须返回投手投球时所占垒位。但返垒无须依次踏垒。

① 击球员第三击挥击未中而被投球击中身体的任何部位，或在未挥击的情况下，在好球区被投球击中身体的任何部位。

② 当击球员击出界内或界外球时，其一脚完全踏在击球区线外的地面上，或触踏在本垒板上。

③ 当击球员先退出击球区，然后再助跑进入击球区并击中球时。

（若未击中球，则无判罚。）

④ 击出的界内球在界内地区再次碰触球棒。除非：

a. 击出的界内球再次碰触站在击球区内击球员手持的球棒，或界外球。

b. 击球员击球后放下的球棒，在界内地区被击出的球滚动碰触，若裁判员认为并非故意妨碍球的滚动，则根据球停止的位置或防守队员第一次触球的位置决定界内或界外球。

六、击跑员与跑垒员规则

（一）击跑员

1. 击球员成为击跑员

（1）合法击出界内或界外球。击出的界内球或界外腾空球被接杀为继续比赛局面，击出界外地滚球为死球局面。

（2）符合第三击规则为。即两人出局之前一垒无跑垒员，或两人出局之后，接手失接（包括落地之后被接手合法接住的球）被判第“三击”的球，则击球员不出局，继续比赛。

（3）必须跑向并踏触一垒。

① 当司球裁判判定 4 个坏球时，包括不合法投球，则给予击球员安全送上一垒，继续比赛。

② 当防守队投手、接手或主教练告知司球裁判故意保送击球员时，死球局面，除非被迫进垒，否则跑垒员不得进垒。

（故意保送可在击球员开始或完成击球任务前的任何球 / 击数时提出。）

（4）投球中身，击球员上一垒，死球局面。若击球员可躲避而未躲避被投球击中，则判一球，且不得保送上垒。

（投球中身时，击球员的手不视为球棒的一部分。）

（击球员可躲避而未躲避被投球击中，则判一球，但不得保送上垒。）

（5）击出的界内球进入比赛无效区，包括本垒打或二垒打等。

2. 击跑员出局

（1）下列为继续比赛局面，跑垒员可以跑垒，但有被杀出局的危险。

① 击出界内球，或接手第三击失接，击球员成为击跑员跑向一垒，在到达一垒前被杀出局。

② 击出的腾空球在落地和碰触除防守队员之外的其他人员或障碍物之前被防守队员合法接住。

③ 内场高飞球：当两人出局前，一垒、二垒或一垒、二垒、三垒有跑垒员，击球员击出内场附近容易被接的高飞球（不包括平直球和触击高飞球）时。内场高飞球无论是否被防守队员合法接住，都判击球员出局，继续比赛。

④ 下列情况击跑员放弃进垒返回球员席：

a. 击出界内球后。

b. 四坏球被保送后。

c. 任何可以合法进一垒时。

（2）击跑员有下列行为时，为死球局面，所有跑垒员必须返回投手投球时所占垒位。但返垒无须依次踏垒：

① 为避免或拖延被防守队员触杀而向本垒后退（垒球）。

② 两击之后触击成界外球时。

（二）跑垒员

1. 双垒包

双垒包仅在垒球比赛中使用，置于一垒，其一半固定在界内地区，颜色明显不同的另一半固定在界外地区。

（1）对防守队员的规定。防守队员在任何时候都只能使用双垒包的界内部分。只有在继续比赛局面中，防守队员在一垒外界外地区向一垒传球时，击跑员和防守队员可以使用双垒包的任何部分。当防守队员使用双垒包的界外部分时，击跑员可以跑在界内地区。

（2）对进攻队员的规定。

① 对击球员的规定：

a. 当击球员击出的球击中双垒包的界内部分，则为界内球；击中界外部分，则为界外球。

b. 当击球员击出的界内球传杀一垒，或第三击接手漏接时，击球员跑向一垒需触踏双垒包界外部分。若触踏双垒包界内部分，或在返回一垒之前被防守队员提出申诉，则判击跑员出局（视同漏踏垒）。

（防守队员触踏双垒包界内部分准备接传出的球，而击跑员也触踏该垒包，并发生冲撞，则为死球局面，击跑员出局。）

c. 击出穿过内场的球或将球击至外场，在一垒处无传杀时，击跑员可以触踏双垒包的任何部分。

② 对跑垒员的规定：

a. 过一垒位后，跑垒员必须返回双垒包的界内部分。

b. 在腾空球离垒时，必须触踏双垒包的界内部分。

c. 牵制球时，跑垒员必须返回双垒包的界内部分。

d. 跑垒员返回双垒包界内部分后，再站在双垒包界外部分上，视为未踏垒。如果：被防守队员持球触杀，则判跑垒员出局；投手持球在投手圈内，跑垒员仍站在双垒包的界外部分上，则判跑垒员出局。

2. 移位垒包

（1）当跑垒员使垒包脱离规定垒位时，该跑垒员和后位跑垒员在同一比赛局面下不必触踏离位的垒包，只需触踏原垒位即可。继续比赛局面，跑垒员可以进垒，但有被杀出局的危险。

（2）当跑垒员因滑垒而使垒包脱离原垒位时，可视为碰触垒位。若跑垒员已安全到达该垒位，在移位垒包放回原垒位之前，不视为未触及垒位。在垒包被重新放置后，其可以返回垒位而无被杀出局的危险。若在移位垒包放回垒位之前试图进下一垒，则失去安全返垒的权利，且有被杀出局的危险。

3. 按顺序合法踏垒

击跑员和所有跑垒员必须按照合法顺序踏垒（即一垒—二垒—三垒—本垒），若欲在继续比赛局面中返垒，则须按相反顺序依次踏垒返回。除非击跑员或跑垒员进垒、返垒受阻而无法踏垒。

（死球时跑垒员返垒，无需按相反顺序依次踏垒，除非有漏踏垒情况发生。）

（跑垒员已离开比赛场地，或后位跑垒员已得分，则前位跑垒员不得返回补踏所漏踏的或不合法离垒的垒位。）

4. 封杀

（1）封杀局面。当击球员成为击跑员后，导致前位跑垒员被迫进垒，从而形成封杀局面。

（2）封杀行为。防守队员持球并用身体的任何一部分碰触击跑员或跑垒员欲进至的垒位的行为。

（3）封杀出局与安全。在封杀局面下，防守队员在击跑员或跑垒员之前持球并用身体的任何一部分碰触击跑员或跑垒员欲进至的垒位，则该击跑员或跑垒员将被判“出局”。反之，则将被判“安全”。

棒垒球比赛中，只有在“封杀”局面下才可使用“封杀”行为使击跑员或跑垒员出局。若包括击球员在内的所有跑垒员都前进了一个垒，或因各种原因导致后位跑垒员出局，则前位跑垒员的“封杀”局面将被取消，所有前位跑垒员都有选择向下一垒跑进或不向下一垒跑进的权利，此时若欲使前位跑垒员出局，必须采用“触杀”行为。

案例一：在击球员击球之前，比赛场上一垒、二垒、三垒都有跑垒员。当击球员击出内场地滚球跑向一垒时，所有前位跑垒员都必须给后位跑垒员腾出垒位，因此他们都必须向下一个垒跑进，即一垒跑垒员跑向二垒，二垒跑垒员跑向三垒，三垒跑垒员跑向本垒。如果此时防守队员接球后先传杀本垒，然后再传杀三垒、二垒、一垒，则所有垒位都为“封杀”局面。因为所有垒位都是“被迫进垒”。如果防守队员先传杀三垒，并成功地将跑向三垒的二垒跑垒员传杀出局，然后再传杀二垒和一垒，那么二垒、一垒仍为“封杀”局面，因为“被迫进垒”的状态没有改变。但如果传杀本垒，那么本垒就不是“封杀”局面，因为二垒跑垒员已出局，三垒跑垒员跑本垒已不再是“被迫进垒”。

案例二：在击球员击球之前，比赛场上二垒、三垒有跑垒员。当击球员击出内场地滚球跑向一垒时，二垒跑垒员跑向三垒，三垒跑垒员跑向本垒。此时本垒和三垒都不是“封杀”局面。因为一垒没有跑垒员，所以二垒跑垒员无需腾出垒位，也就意味着二垒跑垒员有选择跑向三垒或不跑向三垒的权利，因此二垒跑垒员跑向三垒就不属于“被迫进垒”。由于二垒跑垒员有选择不跑向三垒的权利，所以，三垒跑垒员跑向本垒也就不属于“被迫进垒”。但一垒仍为“封杀”局面。因为击球员完成击球任务后必须跑向一垒，否则将被判出局，所以被视为“被迫进垒”。

5. 触杀

（1）合法触杀行为。合法触杀行为是指防守队员手或手套牢固持球碰触跑垒员或击跑员。若在碰触对方后，发生持球不稳或掉落（跑垒员有意碰撞防守队员手或手套中的球除外），则不视为牢固持球在手，触杀无效。

（2）触杀出局与安全。没有踏在垒位上的击跑员或跑垒员被防守队员持球碰触，则该击跑员或跑垒员将被判“出局”。反之，则判“安全”。

（3）合法触杀行为的使用。防守队员在任何情况下都可以使用触杀行为，即便是封杀局面，也可用触杀行为来替代。

6. 两人同占一个垒

在棒垒球比赛中，每一个垒位只有一名跑垒员可合法占有。如果一个垒位上有两名以上的跑垒员占有，那么在自由进垒局面下，前位跑垒员合法占有，后位跑垒员如果被防守队员持球触杀，则将被判出局。被迫进垒局面下，后位跑垒员合法占有，前位跑垒员如果被防守队员持球触杀，则将被判出局。

案例一：在击球员击球之前，比赛场上一垒有跑垒员。击球员击出安打后，安全跑上一垒，原一垒的跑垒员并未向二垒跑进，仍站在一垒上。此时防守队员持球碰触站在一垒上的两名跑垒员。裁判判一垒跑垒员出局。因为此时两位跑垒员都属于“被迫进垒”，所以作为后位跑垒员的击跑员享有合法占据一垒的权利。

案例二：在击球员击球之前，比赛场上二垒有跑垒员，击球员击出安打后，安全跑上二垒，原二垒的跑垒员并未向三垒跑进，仍站在二垒包上。此时防守队员持球碰触站在二垒上的两名跑垒员。裁判判击球员出局。因为此时二垒跑垒员属于“自由进垒”，所以作为前位跑垒员的二垒跑员享有合法占据二垒的权利。

7. 漏踏垒

击跑员或跑垒员在进垒或返垒过程中若未触踏垒，则被视为“漏踏垒”。漏踏垒的击跑员或跑垒员若被防守队在合适的时间内向裁判提出申诉，则将被判“出局”。

案例一：在击球员击球之前，比赛场上二垒有跑垒员。当击球员击出中外场地滚球后，二垒跑垒员快速跑向本垒，但其漏踏了三垒，随后迅速返回准备补踏三垒。而中外场手则将球传向三垒。三垒手接球后持球踏垒并向裁判提出“申诉”。若裁判员判断三垒手持球踏垒在前，二垒跑垒员返回触踏垒在后，则判二垒跑垒员“出局”。反之，则判“安全”。

案例二：在击球员击球之前，比赛场上二垒有跑垒员。当击球员击出中外场地滚球后，二垒跑垒员快速跑向本垒，但其漏踏了三垒。在其触踏本垒后，其同伴告诉他漏踏三垒，随即其在未触踏本垒的情况下直接回到三垒。紧接着中外场手将球传向本垒，接手接球后持球触踏本垒并向裁判提出“申诉”，裁判判二垒跑垒员漏踏本垒出局。因为二垒跑垒员返回三垒时没有按相反顺序依次踏垒。

（跑垒员漏踏本垒，若无欲返回补踏本垒，则防守队员可持球触踏本垒向司球裁判提出申诉。若跑垒员欲返回补踏本垒，则防守队员须持球触杀跑垒员向司球裁判提出申诉。）

8. 离垒

（1）投手投球离垒。

① 棒球比赛对跑垒员在投手投球时的离垒没有任何限制，跑垒员可在任何时候离垒，甚至偷垒。

② 垒球比赛中，若跑垒员在投手投球出手前离垒。则将被判“离垒过早”出局，死球，且该次投球无效。

在投手投球出手后或击球员完成击球任务后，跑垒员合法离垒，当投手再度持球进入投手区后，跑垒员须立即返垒并踏在垒上，否则将被视为“离垒过早”而被判出局。

（四坏球或第三击接手漏接击跑员到达一垒后，只要没有停在一垒上就可以继续向二垒跑进。若击跑员绕过一垒转向二垒时停下来，则必须立即返回一垒或继续跑向二垒。）

（2）腾空球离垒。击出腾空球后，跑垒员须在防守队员触球后方可向下一垒跑进。若在防守队员触球之前向下一垒跑进，则必须立即返回。若未返回，或在返回触踏原垒位之前被防守队合法提出申诉，则将被判“离垒过早”出局。

案例：在击球员击球之前，比赛场上三垒有跑垒员。当击球员击出左外场高飞球后，三垒跑垒员跑向本垒（在左外场手碰触高飞球之前）。当左外场手接住球时，三垒跑垒指导员指挥其返回三垒。左外场手接球后传向三垒，三垒手接球后持球踏垒并向裁判提出“申诉”。若裁判员判断三垒手持球踏垒在前，三垒跑垒员踏垒在后，则判三垒跑垒员“出局”。反之，则判“安全”。

9. 跑垒员出局，继续比赛

① 当跑垒员按顺序进垒或返垒时，为躲避防守队员的持球触杀，跑离垒线两侧 0.914 米（3 英尺）的跑垒限制道（滑垒、扑垒除外）。

（当跑垒员为了避免妨碍防守队员接击出的球时，可以从防守队员身前、身后，或两侧跑垒。）

② 当击跑员成为跑垒员，踏过一垒试图向二垒跑进时，被防守队员持球触杀。

③ 比赛进行中，跑垒员离开垒位被防守队员持球触杀。

④ 比赛过程中，当除跑垒员以外的成员利用身体协助跑垒员跑垒时。

（本垒打、界外球未被接住或判安全进垒之后，则为死球。）

⑤ 当后位跑垒员的身体超越尚未出局的前位跑垒员时，继续比赛，后位

跑垒员出局。

⑥ 继续比赛中，跑垒员放弃上垒而进入球员席或离开比赛场地。

10. 跑垒员安全进垒，死球

当球进入比赛无效区时，包括击跑员在内的所有跑垒员根据不同局面给予安全进垒。

七、阻挡与妨碍规则

（一）阻挡

1. 接手阻挡

接手阻挡是指接手或任何防守队员阻挡或干扰击球员击球的行为。若击球员未将接手阻挡之球击出，则判击球员上一垒（死球）。若击球员将接手阻挡之球击出，则为“延迟死球”局面，在该攻守行为结束后，进攻队可以选择，即选择按接手阻挡判罚，或选择已形成的局面有效。但当包括击跑员在内的所有跑垒员都进了一个垒以上，则攻队不得再选择。

2. 阻挡跑垒

阻挡跑垒是指防守队员阻挡击跑员或跑垒员合法跑垒的行为，而该防守队员：

（1）手中无球。

（2）未正在接击出的球。

（3）手中无球做假触杀。

（4）手中有球而将跑垒员推离垒位。

（5）手中有球但不是触杀跑垒员，而是故意阻挡该跑垒员的合法跑垒。

阻挡跑垒为“延迟死球”局面。当被阻挡的跑垒员在到达无阻挡可到达的垒位被传杀出局，则立即成死球，判被阻挡的跑垒员安全，其他受影响的跑垒员进至无阻挡发生可到达的垒位。当被阻挡的跑垒员到达或越过无阻挡可到达的垒位后，阻挡自然取消，继续比赛。

（被阻挡于两个垒之间的跑垒员不能被判出局。除非该跑垒员受阻挡后，又发生妨碍，或因漏踏垒、腾空球离垒过早被合法提出申诉。）

（二）妨碍

妨碍是指进攻队员或该队成员阻碍、阻止或扰乱防守队员正在进行的防守活动。

1. 击球员妨碍

当击球员有如下妨碍行为时，死球，击球员出局，所有跑垒员返回妨碍发生时所占的垒位。

（1）击球员踏出击球区妨碍接手接球或传球。

（2）击球员在击球区内故意妨碍接手。

（3）击球员在本垒板附近妨碍防守。

（4）击球员在击球区内或击球区外故意妨碍传出的球。

2. 击跑员妨碍

当击跑员有下列妨碍行为时，死球，击跑员出局，所有跑垒员返回投手投球时所占垒位。

（1）击跑员跑出 0.914 米（3 英尺）跑垒限制道，裁判员认为妨碍：

① 防守队员在一垒准备接传来之球。

（一垒准备接传来之球是指本垒附近传一垒的球击中跑出跑垒限制道的击跑员。）

② 防守队员在一垒的防守行为。

③ 妨碍防守队员试图去接击出的球。

（击跑员为避免妨碍防守队员接击出的球，可以跑出 0.914 米（3 英尺）跑垒限制道。）

④ 妨碍试图传球的防守队员。

⑤ 故意妨碍传出的球。

⑥ 在到达一垒之前（击球区外），妨碍击出的界内球。

⑦ 妨碍未接住的第三击。

⑧ 击球员完成击球任务后甩棒，妨碍防守队员有可能的传杀机会。

（2）跑垒员妨碍。当跑垒员有下列妨碍行为时，死球，跑垒员出局，除非因击球员成为击跑员而被迫进垒，否则其他跑垒员返回妨碍发生时所占的垒位。

① 跑垒员与正准备接击出的球的防守队员发生身体接触，影响防守队员接击出的球。

② 击出的界内球，击中离开垒位的跑垒员，裁判员认为如果没有击中跑垒员其他内场手有传杀机会。

③ 跑垒员故意碰触防守队员失落的球。

④ 跑垒员妨碍试图去接界外腾空球的防守队员或被接的界外腾空球。

⑤ 当防守队员持球等待触杀时，而跑垒员继续奔跑，故意冲撞防守队员时。

（如行为恶劣，则将该跑垒员罚离出场。）

（3）教练员、准备击球员妨碍。跑垒指导员、准备击球员有下列妨碍行为时，死球，所有跑垒员必须返回投手投球时所占垒位。

① 跑垒指导员、准备击球员妨碍试图去接高飞球的防守队员或妨碍被接的高飞球。

② 跑垒指导员在指导区内故意妨碍传出的球或妨碍防守队对击跑员或跑垒员有可能的传杀，判妨碍发生时离本垒最近的跑垒员出局。

③ 准备击球员妨碍防守队员试图传杀跑垒员，判离本垒最近的跑垒员出局。

（4）裁判员妨碍。延迟死球，继续比赛直至攻守行为结束。

① 被传杀的跑垒员出局，则出局有效，继续比赛。

② 被传杀的跑垒员安全，则死球，跑垒员返回传球时所在的垒位。

（5）非比赛人员妨碍。非比赛人员妨碍为死球局面，并依据裁判员的判断，给予击跑员和跑垒员到达无妨碍发生可到达的垒位。

① 妨碍击出的界内地滚球。

② 妨碍防守队员接地滚球，包括腾空球。

③ 妨碍防守队员准备传球。

④ 妨碍防守队员传出的球。

第四节　棒垒球运动的裁判工作

一、裁判员手势

1. 好球与挥击不中、常规出局（图 8-4-1）

双脚左右开立比肩宽，身体保持正直，双眼目视前方，左臂自然置于腹前，右臂在体侧略靠前处，屈肘握拳高举，拳心向左。要求动作稳定、舒展、有力。

（宣判“击”时，发出“STRIKE！”声音后，做上述动作。）

（宣判出局时，在发出“OUT”声音的同时做上述动作。）

图 8-4-1

2. 传球型出局（图 8-4-2）

双眼注视前方，左手指向垒位，左脚向前跨一步，右臂做传球动作。然后回到准备姿势。

图 8-4-2

（该动作适用于接近的出局，且要求动作果断、稳定。展示裁判员的自信与说服力。）

3. 拉弓式出局（图 8-4-3）

图 8-4-3

司球裁判宣判“击”以后，起身做“好球”手势，紧接着两手掌心向下握拳，两臂前伸，然后右臂屈肘后拉，同时右脚后撤，成左弓步，上身保持正直，双眼注视击球员。

（该手势通常在司球裁判宣判击球员三击不中（第三击好球未击）出局时使用。）

4. 常规”安全（图 8-4-4）

双脚左右开立比肩宽，上身保持正直，两臂屈肘抬起置于胸前，且与地面平行，指尖相对。然后前臂带动上臂逐渐向外展开，直至双臂成侧平举。

图 8-4-4

（避免身体过分前倾，手臂抬得过高，呈“大鹏展翅”状。）

5.“接近”安全（图 8-4-5）

左腿向前跨一步，呈弓步状，上身微前倾，两臂屈肘抬起置于胸前，且与地面平行。然后前臂带动上臂逐渐向外展开，直至双臂成侧平举。

6. 暂停、死球、界外球（图 8-4-6）

双脚左右开立比肩宽，上身保持正直，五指并拢，掌心向前，两臂向侧上方上举。

7. 擦棒球（图 8-4-7）

双脚左右开立比肩宽，上身保持正直，两眼注视前方，两手五指并拢，掌心向下，左臂屈肘置于体前，右手置于左手手背上，并向右上方上扬。

图 8-4-5

图 8-4-6

图 8-4-7

8. 比赛开始、比赛继续（图 8-4-8）

图 8-4-8

自然站立，上身保持正直，两眼注视投手。右打击球员，左臂置于体侧，右臂屈肘上举并前伸，手指向投手，同时发出“PLAYBA”声音。左打击球员则相反。

9. 内场腾空球（图 8-4-9）

自然站立，上身保持正直，右臂上举，食指指向上方，两眼注视击出的球。同时发出“INFIELD　FLY”的声音。

10. 延迟死球（图 8-4-10）

图 8-4-9

图 8-4-10

自然站立，上身保持正直，左臂握拳侧平举，右臂自然置于体侧，直至回到继续比赛局面，或攻守行为结束。

11. 本垒打（图 8-4-11）

自然站立，上身保持正直，右臂高举，食指指向上方，并顺时针绕环。

（该判罚应在站稳后完成，不可在移动中完成。）

12. 球、击数复报（图 8-4-12）

图 8-4-11

图 8-4-12

自然站立，上身保持正直，两臂屈臂上举至头部偏上位置。左手显示球数，右手显示击数，并转动手腕。

13. 接球提前离垒（图 8-4-13）

左脚向垒位方向跨出一步，左臂直臂向体侧方向上扬，右臂屈臂内收并随右臂前送，上身略向左侧转动。

（通常情况下，先宣判安全，做安全手势，然后再宣判接球提前离垒（PULL OFF THE BASE），同时做接球提前离垒手势。）

14. 罚离场（图 8-4-14）

侧身站立，左臂直臂伸向前上方，右臂屈肘后摆。然后转动身体，带动右臂向前上方挥动，并指向场外，发出“EJECTION”的声音。

图 8-4-13

图 8-4-14

二、临场裁判员的构成与职责

（一）临场裁判员的构成

棒垒球比赛的临场裁判员分为司球裁判员、司垒裁判员和司线裁判员。司球裁判员位于接手后面；司垒裁判员位于一垒、二垒、三垒垒位附近，所以分别称一垒司垒裁判员，二垒司垒裁判员，三垒司垒裁判员；司线裁判员位于一垒、三垒垒位后侧至本垒打标志杆之间的边线附近。

根据赛事级别、规模以及比赛的重要性选用不同人数的裁判员执裁。通常情况下，职业、专业比赛往往选择 4 人执裁，俗称 4 人制裁判体系，由 1 名司球裁判员和 3 名司垒裁判员（一垒司垒裁判员，二垒司垒裁判员，三垒司垒裁判员）组成；大众业余比赛、青少年比赛，甚至更低级别的比赛往往选择 3 人执裁，或 2 人执裁，甚至 1 人执裁。3人执裁也称 3 人制裁判体系，由 1 名司球裁判员和 2 名司垒裁判员（一垒司垒裁判员，三垒司垒裁判员）组成；2 人执裁也称 2 人制裁判体系，由 1 名司球裁判员和 1 名司垒裁判员（一垒司垒裁判）组成；1 人执裁也称 1 人制裁判，他对比赛负全部责任。在一些重大赛事中，如奥运会棒球、垒球比赛、世界棒球经典赛、世界垒球锦标赛的决赛中往往选用 6 人执裁，即在 4 人制裁判体系基础上再增加 2 名司线裁判员（左司线裁判员和右司线裁判员）。

（二）临场裁判员的职责

临场裁判员代表组委会或竞赛主办单位主持某一场比赛，是比赛的中立“法官”，他受权执行竞赛规则的所有条款。临场裁判员有权指令运动员、教练员、队长或领队采取或不采取某一行动，并执行有关规则及罚则。

1. 司球裁判职责

决定场地是否适合进行比赛；全面负责比赛的正常进行；决定并宣布一场比赛的中止或终止；决定某队比赛弃权，当发生规则中未说明的情况时，有权做出决定。宣判所有的球和击，判定击球员是否为触击，投出或击出的球是否触及击球员的身体或衣服。在司垒裁判员的配合下，判定击出的球是界内球还是界外球，是合法接球还是不合法接球，在跑垒员试图跑回本垒得分时，是安全还是出局。当司垒裁判员需要离开内场时，承担该垒的职责。当被要求协助时做出垒上的判决。

2. 司垒裁判员职责

司垒裁判员依据裁判员手册的规定在场上站位，判定跑向各垒位的跑垒员是安全还是出局，击出的球是落在界内还界外，球被接住前是否落地，是否有漏踏垒、离垒过早、阻挡、妨碍等行为发生。同时，以各种方式协助司球裁判员执行比赛规则。

3. 司线裁判员的职责

司线裁判依据裁判员手册的规定在场上站位，判定击至外场的球是界内球还是界外球；外场腾空球是在落地前被接住还是落地后被接住；球是在比赛有效区被接住还是在比赛无效区被接住；是本垒打还是二垒打；球是否在本垒打围墙或围网上空被干扰等等。

三、记录员职责

记录员工作区应为比赛场地最好的观察位置，以便观察到整个场地以及所有的攻守局面。所以，一般选择在本垒挡网的侧后方，若能安排在高一些位置则更佳，且闲人免进。比赛开始前，记录员应参照秩序册名单认真校对参赛队员名单及球衣号码，若有异议应及时向技术代表或裁判长汇报。

比赛过程中记录员在指定区域记录比赛，并根据规则记录每一个局面，其唯一责权是记录所有的得分与判决，判断击球员是因安打还是防守失误上垒，不得记载与比赛规则或裁判员的判决相悖的记录。若发生三人出局前有交换攻守情况，应立即告知司球裁判；若参赛队提出抗议或因某种原因延期续赛，则应记录下比赛中止时的确切状况，包括比分、出局人数、跑垒员所在垒位、击球员的“球”“击”数等。对击球次序错误，记录员不得向裁判员或比赛任何一方做出提示。

比赛结束后（包括弃权比赛和有效比赛），记录员应迅速核对技术数据，并将技术数据统计报告（即技术统计表）和原始记录纸交记录长。对于任何延期续赛、因故中断和弃权的比赛，记录员需提交相关报告。

在重大比赛使用2~3名记录员时，一名记录员负责纸质记录，记录所有和比赛相关的信息，包括裁判员和记录员的姓名、比赛时间、攻守局面、队员更换等，并对相关技术统计数据做出判定，如安打、得分打、责任失分等；另一名记录员负责电子记录，将所有比赛过程信息同步输入电脑，以便赛后的技术数据核对，确保数据准确无误；第三人则负责记录球数和比赛局面，并辅助关注换人等情况。

四、优秀裁判员的构成要素

（一）先决条件

作为一名棒垒球裁判员，在其履行职责过程中，需扮演多重角色，因此，必须具备多种素质与能力。首先，裁判员必须善于交流。他们必须善于倾听并有效地与场上其他裁判员、教练员、运动员交流，具备一定的语言组织和表达能力。其次，裁判员必须具有团队协作精神。他们必须时刻处在自己的位置上协助其他裁判，但不发表任何意见和观点，以免干扰其他裁判的判断，除非其他裁判的要求。最后，裁判员必须具备良好的身体素质和心理素质，这是做好裁判工作的重要保证和支撑。良好的身体素质有助于提高裁判员反应与灵敏能力，保持注意力集中，并迅速移动到合适的位置；而稳定的心理素质可以使裁判员波澜不惊、稳如泰山，从而提高抗干扰的能力。

（二）道德标准

首先，优秀的棒垒球裁判员应具备高水准的职业道德、高尚的思想情操、良好的文化素养，包括热爱祖国，热爱体育事业，热爱棒垒球运动，严于律己，遵纪守法，自觉遵守国家体育总局、中国棒球协会、中国垒球协会颁布的各项规章制度和裁判员守则，熟悉棒垒球比赛规则和裁判法，严格履行“严肃、认真、公正、准确”的八字方针，为人正直，秉公执法。其次，应具有强烈的事业心、进取心和责任心，把棒垒球裁判工作当作神圣的事业来对待，不为一点私利而出卖自己的灵魂，不为一点好处而丧失自己的良知，自觉抵制各种拜金主义、享乐之风的干扰与侵蚀，与运动队保持正常而良好的工作关系，以自己良好的精神面貌、职业道德、裁判能力赢得教练员、运动员及各有关方面人士的认可与赞许。

（三）行为规范

第一，优秀的棒垒球裁判员应客观、公正。客观、公正是从事运动竞赛裁判工作的首要工作态度，也是棒垒球裁判员职业道德的前提和执着追求的一种境界。第二，要细致观察。在比赛中的每一次裁决都需要通过细致的观察，基于所观察到的客观事实并结合规则做出裁决。第三，要尊重他人。无论是在赛场内还是赛场外，都要尊重其他裁判的权利、尊严和价值，不做任何让他人难堪的事情，避免负面指责其他裁判在赛场上的表现和行为。第四，要担当作为。每一名棒垒球裁判员必须为自己的每一个行为负责，并尽力展示自己在语言动作、行为举止、遵守时间、沟通联系上的高标准，表达自己对裁判工作的克制、尊重、尊严和敬业，并且鼓励其他裁判表现出同样的素质。第五，要谦虚、礼貌。在执裁过程中虚心好学，接受交流，不做出不利于所在棒球或垒球组织及组织有关人员的任何评论或行为，避免以任何形式对运动员进行侮辱。第六，要遵守纪律。无论在赛场上还是比赛之后，都要严于律己，身先为范，严格遵守赛事纪律和行为规范。

（四）职业技能

裁判员必须不断加强学习，寻求进步，通过各种方式研究比赛、规则以及已被认可的裁判技巧，使其裁判专业理论知识和执裁技能适应比赛的要求，确保判罚的公正、准确，保证比赛的公平与安全。同时应记住，作为一名裁判员犯错不可避免，但不能因此背上包袱，感到羞愧而乞求获得他人宽恕，要从错误中吸取训，改进提高，避免以后再犯。为此，我们每一名裁判必须努力追求：

U UNIFORMITY（统一）：保持一致性。

M MOBILE（移动）：经常跑动并且处在合适的位置上。

P PRIDE（尊严）：在态度与穿着上表现出专业风范。

I INCONSPICUOUS（低调）：自信，但不傲慢。

R REVIEW（温故）：学习规则，探究裁判技巧。

E EXCELLENCE（卓越）：努力做到最好。

思考题

1. 体育竞赛组织管理的目标有哪些？
2. 选用体育竞赛方法有哪些基本原则？
3. 16 支队进行混合制比赛，分两个（或三个）阶段进行，决出 1—16 名，如何编排？要比赛多少轮？多少场？

4. 试分析棒垒球运动竞赛规则的发展趋势。

5. 优秀裁判员的构成要素有哪些？

第九章

棒垒球运动的其他形式

本章提要

本章主要阐述软式棒垒球运动，慢投垒球运动，五人制棒垒球运动概况及竞赛规则。

学习目标

1. 了解软式棒垒球、慢投垒球和五人制棒垒球运动的概况。
2. 了解软式棒垒球、慢投垒球和五人制棒垒球运动的场地与器材特点。
3. 了解软式棒垒球、慢投垒球和五人制棒垒球运动的竞赛规则。

第一节　软式棒垒球运动

一、软式棒垒球运动概述

软式棒垒球运动在国际上称为“Teeball”，是指进攻方使用球棒打击放置在击球座上的软式棒垒球，争取完成进垒、得分；防守方在进攻方击出球后，通过各种传接球的配合抑制进攻方进垒、得分的一项竞技性运动。

1980 年，澳大利亚和新西兰将软式棒垒球运动作为棒球、垒球运动的入门游戏，在大洋洲范围内面向 6~12 岁的小学生推广。这是软式棒垒球运动作为一项正式的运动向全球推广的开始。随后美国、加拿大等北美以及中南美洲等多个地区也开始广泛开展。在原国际棒球联合会（IBA）和原国际垒球联合会（ISF）配合下，编辑完成了以 6~8 岁青少年为对象的软式棒垒球运动规则，从而使软式棒垒球运动的发展逐步走上了正轨。

目前，软式棒垒球运动在世界的传播有三大主流区域：一是澳大利亚和新西兰；二是美国和加拿大；三是以东亚为中心的亚洲地区。最近几年，以英国为中心的很多欧洲国家将软式棒垒球作为板球、飞镖等项目的入门运动，受到了广泛的接纳与喜爱。

虽然国际棒垒球联合会（WBSC）对软式棒垒球运动进行了初步规范，但全球软式棒垒球的开展依旧存在着很大的差异。比如美国的软式棒垒球器材接近正式的棒垒球器材，球棒为金属质地或碳纤维、玻璃纤维质地，防守一方要求戴手套，只是球比硬式棒球要软一些；而亚洲开展的软式棒垒球活动使用的是橡塑质地的球棒和发泡橡塑的球，防守方可戴手套也可不戴手套。由于亚洲开展软式棒垒球所用器材较为简单、安全，比较符合亚洲很多国家的国情，所以近十年来软式棒垒球在亚洲得到较快的发展。

二、我国软式棒垒球运动发展现状

2004 年，软式棒垒球项目由民间传入我国，并且部分中小学校将其引入了课堂，收到了良好的效果。2006 年，国家体育总局正式将该项运动命名为“软式垒球”。2016 年，国家体育总局手曲棒垒球运动管理中心正式将“软式垒球”更名为“软式棒垒球”。

由于软式棒垒球运动符合青少年身心发展特点和校园安全要求，同时既讲究规则和礼仪，又充满智慧和技巧，是个人英雄主义和集体主义完美集合的体育项目。所以自 2012 年 1 月起，中国垒球协会与中国教育学会体育与卫生分会密切合作，共同推进软式垒球进中小学体育课堂，并举办各种竞赛活动。目前，中国开展软式棒垒球运动的学校超过万所，参与学生超过十万人，正式挂牌的全国软式棒垒球实验基地近百家，实验学校逾千所，遍布 31 个省市自治区。每年一次的全国软式棒垒球锦标赛也由创办之初的 19 支队伍发展到 2019 年的近 200 支队伍，覆盖全国三分之二以上的省市自治区，参赛人数近 3 000 人。

三、软式棒垒球运动的场地与器材

（一）场地

（1）与棒垒球运动场地基本相同，但无投手区，依据不同年龄设置垒间距离和本垒打距离。

（2）垒包。双色“L”垒包（图 9–1–1）。

图 9–1–1　双色“L”垒包

（二）器材

1. 球体

软式棒垒球运动使用的球为聚氨酯发泡材质制成，直径为 8~8.5 厘米（图 9–1–2）。

2. 球棒

球棒分为三种，适用于不同的年龄和组别（图 9–1–3）。橙色为海绵发泡材质制成，长为 70 厘米，周长 18 厘米，重量 290 克；蓝色为 PU 橡胶材质制成，长 69 厘米，周长 18 厘米，重量 490 克；黄色为 PU 橡胶材质制成，长 74 厘米，周长 18 厘米，重量 540 克。

3. 击球架

击球架由底座和上管组成，上管为 50 厘米可调节高度的橡胶管（图 9–1–4）。

图 9–1–2　软式棒垒球

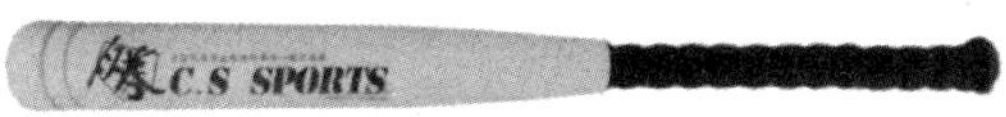

图 9–1–3　软式棒垒球棒

图 9–1–4　击球架

四、软式棒垒球运动的比赛方法与竞赛规则

（一）比赛方法

1. 比赛队员

每队 9 人上场比赛，进攻队员依次击打击球架上的球，防守队员站在场

内，投手成为自由人，可以站在场内任何区域。

2. 比赛局数

攻方每名队员完成一次击球，则攻守交换。双方各完成一轮击球，即为一局。比赛为 5 局或 1 小时。

3. 攻守交换

攻方所有击球员完成一次击球任务后攻守交换。残垒为下一局进攻开始时的局面。最后一名击球员完成击球任务后继续比赛，直至攻守行为结束，期间所发生的进垒、得分有效。

4. 攻守行为结束

任何一名防守队员持球，致使跑垒员停在垒位上或明显丧失进垒机会时，裁判员宣布死球，并将球交于司球裁判，准备下一位击球员。

5. 得分

击球员完成击球任务后，依次触踏一垒、二垒、三垒，最后越过本垒、一垒反向延长线，即得一分（图 9-1-5）。

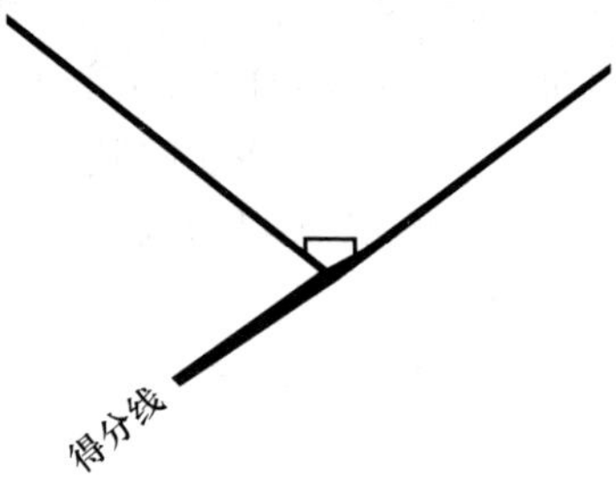

图 9-1-5　得分线

（二）竞赛规则

1. 击球

（1）击球方式

击球员站在任一击球箱内击球座上的球。每名击球员有三次击球机会，若三次击球均未将球击入场内，则出局。

（2）“一击”。

① 击出一个界外球若为第三击，则击球员出局。

② 击球员击球时轻击或砍击。

③ 击倒击球座，或完全击中击球座上管。

（既击中击球座上管，同时又击中球，只要击球座未倒地，则继续比赛。）

④ 击球员试挥时球棒触球。

⑤ 击球员在调整好击球座的高度后 5 秒内未将球击出。

⑥ 击球员在调整好击球准备姿势后，双脚不得再离地改变击球角度。

（3）界外球。击出的球未落于或滚出本垒板前 5 米限制弧线，视为界外球。

（4）腾空球。击出的腾空球被合法接住为死球，击球员出局，所有跑垒员回到击球员击球时所在的垒位。

2. 跑垒

（1）跑垒员必须在球被击出后方可离垒或向下一垒跑进。

（2）封杀与触杀。进垒封杀，返垒触杀

（3）返垒限制线。一旦进入（碰触）返垒限制线，形成被迫进垒局面，只允许封杀，不允许触杀。返回则出局。如进入（碰触）返垒限制线前形成夹杀，则返垒限制线自动取消。

第二节 慢投垒球运动

一、慢投垒球运动概述

慢投垒球运动是垒球衍生出来的运动项目，是20世纪中期由垒球运动中衍生出来的一项新兴体育运动项目。1953年，原国际垒联制定了慢投垒球运动规则，并将其正式命名为慢投垒球（Slow Pitch Softball），为了有别于慢投垒球，所以将原来的垒球命名为快投垒球（Fast Pitch Softball）。慢投垒球从正式命名至今已有近60年历史，在全球得到了快速的发展，成为一项深受大众喜爱的休闲体育项目。

二、慢投垒球运动在我国的发展

在国家体育总局群众体育司的支持下，中国垒球协会自2011年开始举办全国慢投垒球“健康赢”活动，参赛队伍数量逐年增加。目前北京、天津、上海、重庆、江苏、广东等省市相继成立了慢投垒球联盟，每年都举办众多的慢投垒球赛事，其中全国慢投垒球“健康赢”活动总决赛、“周市杯”国际慢投垒球大奖赛、“熊猫杯”中国慢投垒球企业联赛，是目前国内最具代表性的赛事，吸引了大量的棒垒球运动爱好者参与其中。

三、慢投垒球运动的竞赛规则

慢投垒球运动由快投垒球演变而成，因此其比赛方法与竞赛规则与快投垒球基本相同，但在比赛队员人数、投好球区以及击球跑垒等方面存在一定的区别。

（一）场地

与棒垒球运动的场地基本相同，依据不同年龄设置垒间距离和本垒打距离。

（二）队员

1. 额外队员 EXTRA PLAYER

如果额外队员被使用，开场队员名单可由 11 名运动员或 12 名运动员（男女混合比赛）构成。

（1）额外队员称为 EP，在比赛中可以选择使用，但是如果一经确认使用则必须在开赛前被告知，其姓名列于开场队员名单中，作为 11 名击球员中的一员参与进攻。

（2）EP 一经确认使用则必须整场比赛使用。

（3）EP 一经确认使用，所有 11 名队员都必须参与进攻，其中的任意 10 名队员参与防守。防守位置可以调整，但是击球顺序不得更改。

（4）如果两名 EP 被使用（仅在男女混合比赛中），所有 12 名队员都必须参与进攻，其中任意 5 名男性运动员和 5 名女性运动员参与防守。防守的位置可以变化只要在防守位置分配上符合规则要求即可，但击球顺序始终不得更改。

（5）开场的 EP 被替补后可再进场一次，除了作为暂替队员上场以外，只要其回到被替换前的击球位置即可。

2. 暂停

当球被位于内场的队员控制，且依照裁判的判断当前的局面已经结束"暂停"可以宣布暂停。

（三）好球区

本垒板上空的任何部分，且又在击球员自然击球站姿的后肩与膝关节之间的区域。投球必须有明显的弧度，且高度不低于 1.83 米（6 英尺）不高于 3.66 米（12 英尺）。

（四）击球

1. 触击和砍击

触击是指击球员未挥棒击球而是有意轻触来球，使之缓慢滚动进入内场。砍击是指击球员采用自上而下的砍击动作击球，致使击出的球向空中形成很高的反弹。触击和砍击为不合法击球是不被许可的。

2. 球和击

以下情况与快投垒球规则有差异。

（1）一击一球开始。

（2）第三击界外球出局。

3. 击球员出局

当击球员采用触击或砍击方式击中球；第三击被宣判包括两击以后未被接住的界外球。死球局面。

（五）跑垒

1. 偷垒

跑垒员在投手投球时或投球后试图进占下一垒的偷垒行为是被禁止的。在击球员将球击出前跑垒员不得试图向下一个垒位前进。不允许偷垒。

2. 离垒过早

跑垒员在投手投出的球到达本垒板或者击球员挥击之前离开垒位的，视为离垒过早。

3. 跑垒员出局

跑垒员妨碍试图去接界外腾空球的防守队员或被接的界外腾空球。若裁判员认为该妨碍是为了避免明显的双杀，则判后位跑垒员也出局。如果这是第三击则击跑员也将被判出局。除非因妨碍被判罚出局的跑垒员为该局的第三人出局。此情况下该击跑员视为已完成击球任务。

第三节　五人制棒垒球运动

一、五人制棒垒球运动概述

世界棒垒球联合会在 2017 年创立了五人制棒垒球运动项目。该项目具有年轻化、节奏快、不受场地器材限制、容易开展的特性，近几年在世界各地得到了较快的发展，被国际奥委会确定为 2018 年阿根廷青年奥林匹克运动会表演项目，2022 年达喀尔青年奥林匹克运动会正式比赛项目。

二、五人制棒球运动场地与器材

（一）场地

1. 内场

内场为正方形，四个角各有一个垒位。垒间距为 13 米。

从打击区起，在本垒板后方（图 9-3-1），垒位按逆时针方向依次排序

（一垒，二垒，三垒）。

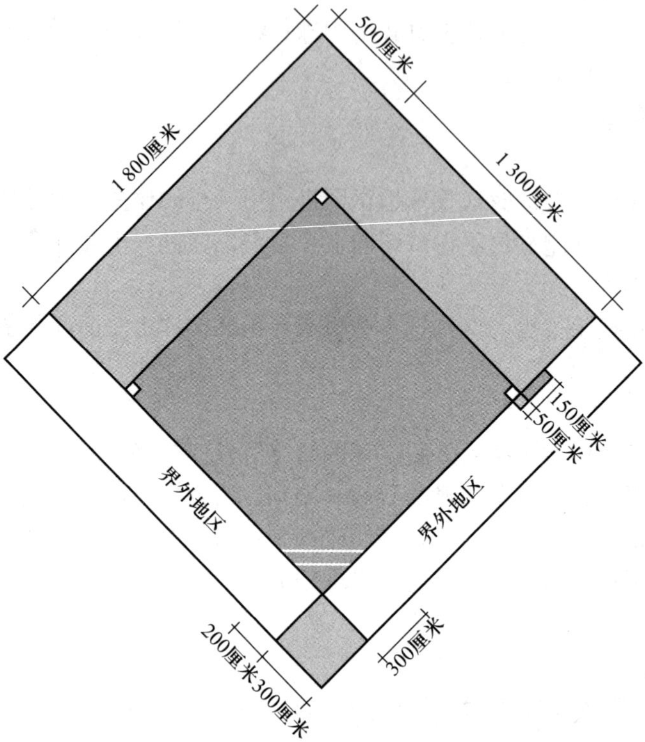

图 9-3-1　内场

2. 界内区

界内区是一块边长为 18 米的正方形区域，其中的一角为本垒。

3. 打击区

打击区是一个边长为 3 米的正方形区域，它位于界外区域由两条边线的延长线在本垒尖角处交叉后形成（图 9-3-2）。

4. 垒包

垒包的理想形状为边长 50 厘米的正方形。一垒和三垒均位于界内区，一侧与边线相切。

（1）一垒。为了避免冲撞，一垒有“两个”（图 9-3-3），这样当防守球员在界内垒上防守时，击球员 / 跑垒者的目标就是触碰到界外区的垒包。

（2）当局面开始后，击球员必须跑向一垒且必须触碰垒包，同时，身体必须停止在一垒后方的 1.5 米安全区（图 9-3-3）。

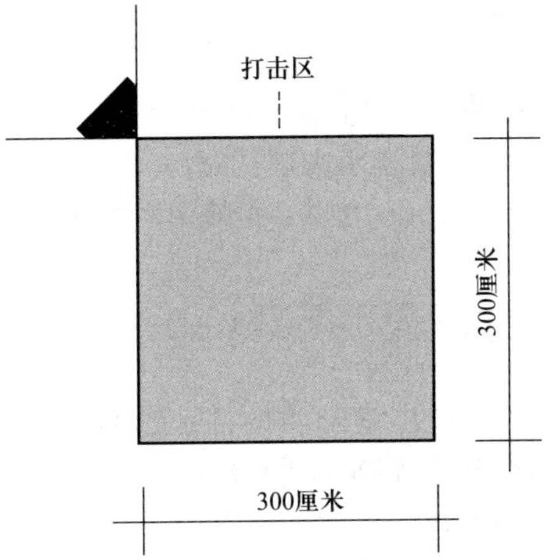

图 9-3-2　打击区

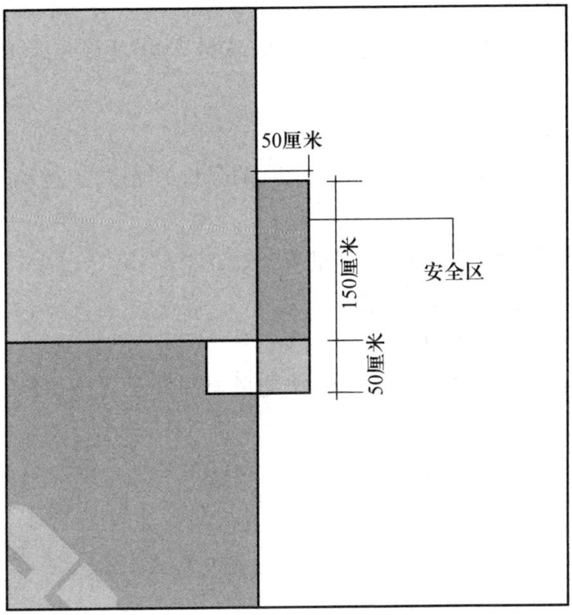

图 9-3-3　垒包

（3）本垒板。本垒板的形状可以与棒垒球本垒板相同。

5. 挡网

挡网的理想高度为 100 厘米。但各赛事、联盟可以自行决定用别的方式作为挡网，例如，使用现有墙体或在场地上做标记。在上述情况中，可以制定专门的场地规则。

（二）器材

球的规格：重量 80 克、尺寸直径 66.5 毫米、圆周 210.8 毫米；弹跳范围：69.2 厘米（从 150 厘米高处掉落至大理石面）；压力：6.15 千克力（往球中心内挤压 30%）；材质：天然橡胶 100%（可使用回收材质）。

三、五人制棒球运动的主要竞赛规则

主队先防守，客队先进攻。防守方的目标是淘汰（使出局）3 名进攻球员，之后方能攻守转换，防守球队转变为进攻球队，反之亦然。

（一）局

一局为比赛的一个部分，一局中两队各击一次。一场五人制的棒球比赛包括五局。

（二）队伍组成

在一场比赛中，上场队员为 5 人。球队最多可以有 8 人（5 名上场，3 名替补）。

（三）男女混合队伍

在男女混合的比赛中，防守方至少有两名性别相同的运动员同时在场。打击顺序没有限制。

（四）世界五人制赛事年龄组别

WBSC 的国际赛事设 U15 组和成人组。

（五）防守－防守球队

当击球员击球时，防守方的 5 名球员必须都处于界内区域。

1. 场上位置

一垒手、二垒手、三垒手、游击手、中场员。

注意：图 9-3-4 中是一个典型的站位，但在实际比赛中，防守方可以根据战术做出相应调整。

2. 进攻－进攻球队

在比赛开始前，进攻球队需提交打击顺序，从 1 到 5 列出 5 名击球员的打序。在全场比赛中，除非某名球员被替换下场，否则应严格执行打击顺序。在替换球员情况，替补上场的球员将执行被替补下去的球员打击顺序。

3. 打击－击球

击球时，击球员身体必须完全位于打击区内，并且直到球进入界内区前不得跨出击球区。击球员必须用手掌或拳头用力击球，使得球至少触碰到界内区一次。

4. 击球违例

球的第一次触地必须与本垒板保持 3 米及以上的距离（在 15 岁以下组别，距离为 2 米），以防止击球过轻或高弹跳（图 9-3-5）。和棒垒球一样，当球在到达一垒或三垒之前离开了界内区，属于击球违例。

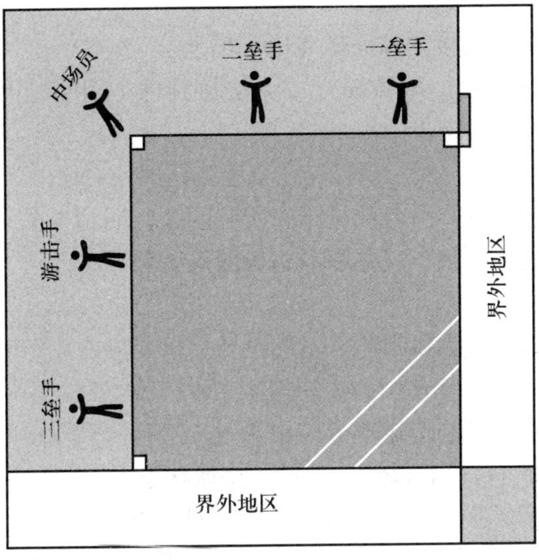

图 9-3-4　场上位置

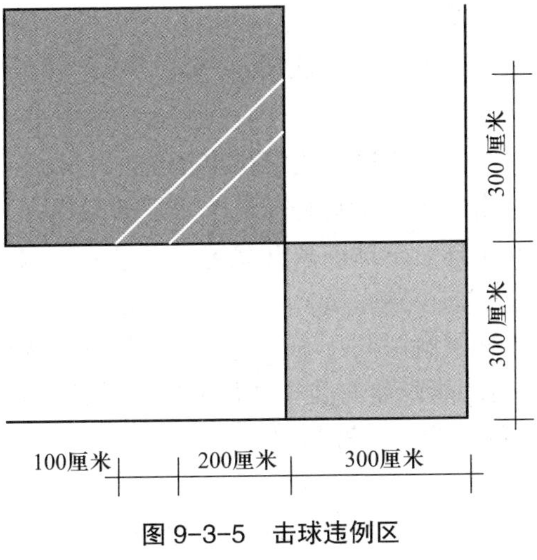

图 9-3-5　击球违例区

5. 场地规则

因击球员合法击球导致球飞出场地，局面停止，所有跑垒员前进一个垒位。击球员前往一垒，一垒的跑垒员前往二垒，以此类推。这一规则适用于一切当防守方无法处理球的情况。最常见的情况如下：

（1）球被击出以后，反弹越过挡网，飞出场地。

（2）当防守传球失误，球飞出了场地（这种情况下需多给一个前进垒位）。

（3）防守球员未能接到球而球飞出了场地。

（4）由于场地原因，导致防守方无法接到球（例如，停车场、楼梯、灌木丛等）。

6. 得分

当一支球队进攻时，一名球员跑完所有的垒，回到本垒为 1 分。即在进攻局时，功触碰一垒、二垒、三垒和本垒板即得 1 分。

7. “出局”

每一局中，防守球队须制造三名进攻球员出局方能攻守转换，转变为进攻球队。

（1）防守队员如何制造进攻方“出局”。

①“封杀局面”时，通过触碰垒包（持球状态下）。

② 当球击出后，防守球员在球落地前将球直接接住。

③ 当垒上跑垒员没有触碰垒包时，在持球状态下触碰跑垒员。

④ 当击球员到达一垒后未能停留在安全区域时，防守球员通过触杀使其出局。

（2）进攻球员因违规的行为或动作而出局。

① 在击球时触碰了任意一条击球区的边线。

② 将球击打到界外区域。

③ 击出的球未触碰到界内区，直接飞出场地。

④ 不按打击顺序击球（包括替补球员）。

⑤ 一名跑垒员在击球员击球前离开垒包。

⑥ 在跑垒时超过了前位跑垒员。

⑦ 有两名或以上球员触碰同一个垒包时，后位球员被判“出局”。

（跑垒员要尽一切可能避免与防守球员的身体冲撞。若一名裁判判定跑垒员本可以避免冲撞，则该跑垒员被判“出局”。）

8. 替补

首发的球员在被换下后仍可以重新加入比赛。替补球员只有一次参赛机会，一旦他们被换下则不可重新参加比赛。

（如果击球员击球后在垒上成为跑垒员时，其中一名替补队员应顶替他跑垒，以便能让他按顺序击球。）

思考题

1. 慢投垒球和垒球运动有哪些区别？
2. 软式棒垒球运动的垒包为何是三片正方形组成？
3. 软式棒垒球运动最后得分是踩踏本垒板还是冲过得分线？
4. 五人制棒球对打击循序有何要求？和棒球运动有何区别？

棒垒球运动专业术语解释

参考文献